中　国　财　务　公　司　协　会
CHINA NATIONAL ASSOCIATION OF FINANCE COMPANIES

中国企业集团财务公司

# 行业发展报告

## （2017）

DEVELOPMENT REPORT ON
CHINA'S FINANCE COMPANIES（2017）

中　国　财　务　公　司　协　会
中国社会科学院财经战略研究院　编著

社会科学文献出版社
SOCIAL SCIENCES ACADEMIC PRESS（CHINA）

# 编委会

# 序

2016年，我国经济形势缓中趋稳、稳中向好，经济结构继续优化。财务公司立足本源，在加强党的领导和坚持稳中求进工作总基调的指引下，以助力供给侧结构性改革为主线，坚定推进改革，坚持始终服务实体经济，妥善应对风险挑战。

坚定不移，始终坚持服务改革大局。2016年，是供给侧结构性改革取得阶段性成果之年，是“三去一降一补”初见成效之年，是国企改革落实之年。财务公司发挥金融专长，通过设计改革方案、投放专项贷款、提供专业咨询服务等方式，坚定不移地支持了各项改革措施的顺利推进。在“三去一降一补”落地的过程中，分别有99家、73家和28家财务公司为传统产业转型升级、发展新兴产业和化解过剩产能提供了金融支持。在国企改革、混合所有制改革的落实过程中，财务公司在配合企业集团职能改革和整合重组中发挥了重要作用。

不忘初心，始终坚持服务实体经济发展。财务公司慎终如始、坚持本源，始终坚决贯彻落实金融服务实体经济的决策部署，继续紧扣所在行业和集团的实际需要，以集团利益最大化、集团主业发展最优化为目标，努力降低财务成本、提高资金效率，全方位助力提升实体经济发展的质量与效益。2016年，财务公司服务实体企业超过7万家，累计发放贷款1.54万亿元，为实体经济降本增效价值贡献达1606亿元。

继往开来，始终坚持创新发展。财务公司为适应产业发展，始终把业务创新作为动力和源泉。2016年，在试点企业成功实践的基础上，财务公司继续稳步开展产业链金融服务，持续改善产业链中小微企业融资环境，助力集团打造健康的产业生态圈，不断增强企业竞争优势；顺应人民银行大力发展电票业务的政策导向，着力加强电票业务推广和基础设施建设，在创新票据池业务、探索票据合作模式、全面配合电票线上清算等方面开展了富有成效的实践；通过深化外汇及跨境资金服务创新，推动财务公司全球化资金管理服务质效提升，2016年，全行业服务涉及的国家和地区已超过50个，有超过39家财务公司为配合集团国际化发展战略提供了包括外汇结算、专项信贷、外汇衍生品及专项财务顾问等金融服务，在助力集团落实“走出去”和“一带一路”战略中做出了切实贡献。

未雨绸缪，始终坚持以风险防控为中心。财务公司在服务改革大局、服务实体经济、创新发展的同时，不断加强风险管理，持续完善风险管理体系，不断优化风险管理方法，有效强化风险管理手段。2016年，财务公司不良资产率仅为0.03%，同比下降0.02个百分点，风险控制情况保持良好。在妥善应对金融风险管控压力的同时，财务公司着力强化集团内部资金配置功能，有效降低企业集团杠杆水平，发挥了独特的稳定器作用。

持之以恒，始终坚持发挥党的核心作用。2016年，财务公司始终坚持党的领导。在建立科学的“三会一层”组织架构的基础上，财务公司着力发挥企业党组织的领导核心和政治核心作用，把党的领导融入公司治理各环节，把基层党组织内嵌到公司治理结构中；明确和落实党组织在公司法人治理结构中的法定地位，把党的领导体现到“三重一大”决策和日常管理监督中。

2017年是实施“十三五”规划的重要一年，是供给侧结构性改革的深化之年，同时，也是企业集团财务公司成立30周年。我们要坚决把思想统一到习近平总书记关于维护金融安全的根本遵循和主要方向上来，把行动统一到习近平总书记关于维护金融安全的决策部署和各项任务上来，作为供给侧结构性改革政策落地的天然载体和重要市场主体，更好地服务实体经济和企业集团健康发展。财务公司要做好如下三点：一要继续坚持服务实体经济的根本宗旨，牢固树立以产业需求为导向的理念，不断加大对实体经济的支持力度；二要发挥金融服务职能，紧跟集团改革发展和战略转型的需要，创新金融服务产品和方式；三要完善风险管理体系，密切关注风险因素变化对企业集团和财务公司自身的影响，防微杜渐、防患于未然。

承前启后、继往开来。为总结2016年财务公司行业的发展情况和取得的成绩，展望2017年行业发展趋势，中国财协第二次编著了《中国企业集团财务公司行业发展报告》。《报告》内容丰富、客观、翔实。希望它能够成为社会各界了解财务公司行业发展的窗口和业内外研究交流的重要参考资料。

是为序。

中国财务公司协会会长

中国电力财务有限公司董事长 董晓

# 导 言

2016年，全球经济增长率约为3.1%，整体处于复苏进程之中；中国国内生产总值达到74.4万亿元，比上年增长6.7%。回望这一年，中国经济继续保持缓中趋稳、稳中向好的局面；供给侧结构性改革取得阶段性成果，经济增长的积极性因素增多；经济发展的结构性矛盾仍然存在，经济和金融风险防范问题仍不容忽视。在这种形势下，企业集团财务公司一如既往地坚持“服务集团”这一定位，在机构数量、机构管理和风险管理等方面呈现积极变化，在资产业务、负债业务、中间业务、同业业务、国际业务等方面表现出一些新的特点。

2016年末，全国共有企业集团财务公司法人机构236家，较上年增加12家，其中，新设财务公司14家，重组合并减少财务公司2家。全行业表内外资产总额为7.50万亿元，同比增长12.43%。其中，表内资产总额为4.76万亿元，同比增长16.89%，表外资产总额为2.74万亿元，同比增长5.44%。全行业资金集中度为45.58%，同比增长2.93个百分点，推动存款规模继续增长，全行业各项存款余额为3.83万亿元，同比增长18.37%。行业平均资本充足率21.25%，同比提高0.06个百分点，比商业银行高出7.97个百分点；行业不良资产余额17.06亿元，较年初下降3.16亿元，行业平均不良资产率0.03%，同比下降0.02个百分点；行业不良贷款率为0.06%，同比下降0.04个百分点，远低于商业银行不良贷款率1.68%的平均水平。2016年，财务公司行业继续保持较好的增长态势，全行业实现利润总额795.62亿元，较上年同期增加26.54亿元，增幅为3.45%，税后净利润增速比商业银行高出0.8个百分点。

建立完善、高效的法人治理结构，是提高财务公司运作效率，降低经营风险，实现关联主体利益共赢的基础。2016年，财务公司行业尤其是国有企业财务公司，积极响应党中央推动国有企业从严治党相关要求，着力强化基础党组织在公司管理中的作用和地位，把党的领导体现到“三重一大”决策和日常管理监督中，切实为财务公司经营把好航向，为强化风险管理奠定扎实的基础；围绕业务发展规划与资金管控需求，财务公司行业不断优化信息系统，加大资金投入力度，提升专业信息人才综合能力，大力推进和完善信息系统建设，将业务流程、资金管控、风险把握、大数据分析等重点因素楔入信息系统，逐步建立起一个高效率、高科技、一体化的信息平台。至2016年末，财务公司从业人员达到11543人，整体呈现学历高、年纪轻、专业性强的发展趋势，为财务公司拓宽业务发展模式，增强金融服务能力，尝试产业链金融，实现创新转型带来了强大动力。

2016年，财务公司行业资产规模继续保持平稳增长态势，负债规模保持稳定增长，与资产业务形成良性互动。2016年末，财务公司信贷余额为2.08万亿元，同比增长23.21%；有价证券投资规模小幅增长，但整体规模仍较小，当年共有40家财务公司开展了金融机构股权投资，累计投资额为167.45亿元，金融机构股权投资规模有所下降。从负债业务来看，2016年末，财务公司行业负债总额4.09万亿元，同比增长16.71%；各行业财务公司存款规模普遍增长，上市公司存款和保证金存款增速较快；存款定价呈现差异化和市场化特征。

2016年，财务公司同业业务和中间业务发展相对平稳，国际业务开始成为财务公司的一项重要业务。通过开展同业业务，财务公司行业2016年实现利息收入402.07亿元，同比增加14.83亿元，增幅3.83%。在中间业务方面，结算业务依然是主力军，占比达到95%以上。2016年，财务公司行业的外汇交易金额超过1.62万亿元；74家财务公司作为主办企业获得开展跨国公司外汇资金集中运营管理的资质，78家财务公司作为主办企业获得开展跨境人民币资金集中运营业务的资质；虽然外币业务创造的年利润占比仍较小，但已呈现出逐年上升的趋势，财务公司国际业务创造价值的能力正在逐步显现。

在开展各项业务的过程中，财务公司坚持立足本源、规范发展，在深化功能定位、创新发展方式、强化业务合作等方面进行了一系列探索，行业发展呈现一些新特点。一是资金集中管理的内涵不断深化，财务公司资金管理已经由“现金池”逐步扩大至“票据池”和“外汇池”。二是产业链金融服务继续增强，产业链下游业务比如消费信贷业务和买方信贷业务等得到持续加强，延伸产业链金融业务，比如“一头在外”的票据贴现业务和应收账款保理业务等在稳步推进。三是行业合作进一步加强，合作领域涵盖同业授信、票据保贴、票据托收、票据转贴、担保业务和代理收付款业务等。四是在金融科技领域方面的探索进一步加强，表现为加快探索建立与IT领域新技术、新思维深度融合的全新服务平台，在互联网金融、大数据和云计算等方面的探索持续深入。

通过依托所属企业集团和充分发挥自身优势，财务公司对服务改革开放大局，服务实体经济发展，服务社会公众利益发挥了重要作用。其一，财务公司通过开展特色金融服务，为来自各行各业所有制不同、经营特点各异的企业集团提供支撑，特别是在以混合所有制改革和供给侧结构性改革为重点的经济体制改革中，在以“一带一路”“走出去”为重点的对外开放中，财务公司都做出了重要贡献。其二，财务公司紧扣所在行业与所在集团的实际需要，努力降低财务成本、提高资金效率、管控各类风险、优化资源配置，通过创造表外价值深化产融结合，通过淘汰落后产能实现转型升级，通过发展普惠金融服务中小企业，为实体经济发展的提质增效做出了重要贡献。其三，财务公司践行绿色发展理念，倡导低碳环保的工作与生活方式，通过开展多种多样的慈善与公益活动，为服务社会公众做出了重要贡献。

2017 年，中国经济将继续坚持稳中求进的总基调，抓住时机深化供给侧结构性改革，进一步实施积极的财政政策和稳健的货币政策，创新宏观调控方式方法，化解经济中潜藏的风险，使经济运行保持在合理区间，增强经济发展的可持续性。在新的形势下，财务公司也将面临来自不同层面的挑战。宏观环境层面，未来一个时期世界经济不确定性将进一步显现，中国经济进入“新常态”，利率和汇率市场化改革取得重大进展，将对财务公司的经营管理、盈利模式、定价模式、外汇业务等构成挑战。政策环境层面，宏观审慎评估体系（MPA）、存款准备金等政策的普适性与财务公司的特殊性的匹配，以及未能加入中国人民银行支付清算系统使其基础功能受限等都对财务公司形成重要制约。企业集团层面，适应企业集团生产经营新形势、服务企业集团落实“一带一路”战略、支持企业集团加快推进国企改革、平衡服务与利润双重考核要求都对财务公司形成挑战。财务公司自身层面，其发展定位、风险管理体系、薪酬激励机制等还有待进一步明确和健全。

2017 年，财务公司将继续强化司库功能定位，深化金融服务创新，完善风险管理体系，做精做实各类业务，为实体经济和企业集团的发展添砖加瓦。其一，司库定位将继续加强，预计持牌司库型财务公司的数量将显著增加，财务公司司库功能的发挥将持续加强，司库功能的具体实现形式将不断丰富。其二，金融服务继续深化，尤其将在产业链金融服务和电票业务两方面展现出蓬勃生机与强大活力。其三，风险压力继续增加，突出表现为企业集团产业结构调整和财务公司市场化业务增加可能导致信用风险加大，稳健货币政策的回归或将影响流动性风险。其四，资产规模继续增长，将表现为贷款规模平稳增加，投放结构更加多元化；投资业务规模继续保持稳定，主要集中在低风险的理财和固定收益类产品上。其五，盈利能力继续减弱，随着财务公司服务集团、让利集团、支持集团发展的要求日益凸显，结算、担保、财务顾问等中间业务手续费的减免幅度扩大，资产收益率和净资产收益率等盈利能力指标可能继续回落。

# 目 录

# Contents

# 第一篇　环境篇

2016 年，全球经济增长率约为 3.1%，整体处于复苏进程之中，但依然呈现低速增长和结构分化格局。面临内外复杂的形势，在稳中求进的工作总基调中，中国经济保持稳定增长态势，2016 年经济增速达到 6.7%。经济短期企稳回升，产业结构呈现优化态势，对全球经济增长贡献十分显著。就业形势整体良好，物价保持相对稳定，对外投资快速增长，供给侧结构性改革日益深化。

2016 年，中国金融部门和金融市场整体保持稳定。货币市场改革不断深化，流动性相对合理。债券发行规模增长较快，债券市场收益率曲线整体上移，杠杆操作面临监管压力，呈现一定的风险。股票市场监管日益强化，新三板快速发展，多层次资本市场逐步完善。外汇市场整体保持稳定，人民币兑美元、人民币有效汇率均出现小幅度贬值，但人民币在国际货币体系中的地位和作用不断提升。

2016 年，货币政策保持稳健和审慎的基调，整体取得了较好的政策效果；财政政策积极有效，扩大支出规模，有效减税降费；“营改增”使得财务公司业务发展承受一定的压力，或将促进财务公司业务结构转型。银监会对财务公司进行规范有效监管，促进财务公司保持规范运行、稳健发展的良好势头，鼓励财务公司稳步开展延伸产业链金融服务试点，要求财务公司服务实体经济供给侧结构性改革，重点防范外部风险。国资委要求中央企业财务公司进一步完善资金集中管理功能，提升融资能力，增强风险控制能力，创新金融服务方式，为中央企业提质增效和转型升级发挥更重要作用。

2016 年，财务公司行业自律发展取得积极效果。财务公司协会紧紧围绕“自律、维权、协调、服务”方针，以自律为基础、以机制建设为重点、以服务为中心，不断完善财务公司自律发展环境。财务公司协会强化战略引导，主动服务供给侧结构性改革；代表行业利益，开辟行业服务新高地；积极沟通协调，营造良好外部环境；推进行业研究，提高行业发展效率；提升服务水平，充分发挥职能作用；完善治理体系，理顺协会运行机制，行业自律水平达到新高度。

# Part 1 Environment

The global economy grew by 3.1% in 2016. The world economy was in recovery with low-speed growth and structure differentiation. Against the intricate domestic and international landscape, Chinese economy sought progress while ensuring stability and maintained a steady growth rate of 6.7% in 2016. The economy was stabilizing and picking up, and the industrial structure has been optimized, making remarkable contributions to the global economy. The employment performed well, commodity price kept stable, foreign investment grew rapidly, and the supply-side structural reform has been deepened.

In 2016, China's financial sector and financial markets remained stable as a whole. Money market reform has been deepened, and the liquidity was relatively reasonable. The issuance of bonds increased rapidly, the bond market yield curve moved up as a whole, and the leveraging business was facing regulatory pressure, showing certain risk. Stock market regulation has been increasingly strengthened, the new three board developed rapidly, and multi-level capital market has been gradually improved. Foreign exchange market as a whole remained stable, the RMB against the dollar and the RMB effective exchange rate were under small depreciation, but the status and importance of RMB in the international monetary system kept rising.

In 2016, China’s monetary policy remained stable and prudential, and achieved positive effects as a whole. The fiscal policy is positive and effective, the expenditure scale has been expanded, and tax and fees have been reduced. The reform from business tax to VAT put some pressure on finance companies, and it may help propel the structural reform of finance companies’ business. Effective regulation of China Banking Regulatory Commission (CBRC) promoted the standardized and stable development of finance companies. Finance companies are encouraged to set up pilots of extending industrial chain financial services, and they are also required to serve the supply-side structural reform of real economy, and pay emphasis on guarding against the external risks. State-owned Assets Supervision and Administration Commission (SASAC) required finance companies of state-owned enterprises to improve the cash pooling management and financing capability, enhance the risk control capability, and innovate new service models to provide more assistance for state-owned enterprises to improve their quality and effectiveness, and support reform and upgrading.

In 2016, the finance company industry has achieved progress in self-discipline. China National Association of Finance Companies (CNAFC) persisted in the principle of self-discipline, rights protection, coordination, and service, improving the self-discipline environment for finance companies with an emphasis on mechanism building and service quality. The CNAFC strengthened the strategic guidance and provided services to the supply-side structural reform. For serving the interest of finance companies, CNAFC improved the service quality of the whole industry, created a more favorable environment through communication, improved the efficiency of the industry through industrial research, better served finance companies, and optimized the governance system, thus driving the industrial self-discipline quality to a new high.

# 第一章
# 经济环境

2016 年，面临复杂的国内国际形势，我国经济保持了良好增长态势，国内生产总值（GDP）同比增长 6.7%，好于市场预期，这主要得益于基础设施、房地产以及消费部门的贡献。2016 年，经济政策坚持稳中求进总基调，实施积极的财政政策和稳健的货币政策，大力推进供给侧结构性改革，深化“三去一降一补”任务，不断加大对外开放力度，内外经济互动良好，经济整体保持平稳发展态势。①

## 一　2016年世界经济形势

### （一）全球经济增长概况

2016 年，全球经济继续处于复苏进程。根据国际货币基金组织（IMF）的统计，2016 年第三季度的全球产出增长率约为 3%（折年率），与前两个季度持平。虽然平均增长率保持稳定，但不同组国家呈现一定的分化特征，发达经济体的增长回升强于预期，而一些新兴市场经济体出现了意料之外的增长减缓。发达经济体中，美国的经济活动在经历了 2016 年上半年的疲软之后强力反弹，经济已经接近充分就业。新兴市场和发展中经济体的情况依然存在显著差异，中国的经济增长略强于预期，但阿根廷、巴西、土耳其等国家的经济活动弱于预期，俄罗斯的经济活动略好于预期。

2017 年 1 月 16 日，IMF 发布了新的《世界经济展望》预测，估计 2016 年的全球增长率为 3.1%，与 2016 年 10 月的预测一致。2017 ~ 2018 年发达经济体以及新兴和发

① 如无特别说明，本章数据均来自 Wind。

展中经济体的经济活动预计都将加快。这两年的全球增长率预计将分别达到 3.4% 和 3.6%，相比 10 月的预测也没有变化。具体来看，预计发达经济体 2017 年增长 1.9%，2018 年增长 2.0%，分别比 10 月的预测高出 0.1 个和 0.2 个百分点；2017 ~ 2018 年全球经济前景预期向好的主要支撑因素是新兴市场和发展中经济体增长预期加快，估计 2016 年增长率为 4.1%，预计 2017 年的增长率将达到 4.5%，2018 年的增长预计将进一步加快到 4.8%（见表 1-1）。

**表 1-1　全球经济增速预测**

| 地区 | 实际（%） | 估计（%） | 预测（%） | | 与 2016 年 10 月预测的差异（个百分点） | |
|---|---|---|---|---|---|---|
| | 2015 年 | 2016 年 | 2017 年 | 2018 年 | 2017 年 | 2018 年 |
| 全球 | 3.2 | 3.1 | 3.4 | 3.6 | 0.0 | 0.0 |
| 发达经济体 | 2.1 | 1.6 | 1.9 | 2.0 | 0.1 | 0.2 |
| 美国 | 2.6 | 1.6 | 2.3 | 2.5 | 0.1 | 0.4 |
| 欧元区 | 2.0 | 1.7 | 1.6 | 1.6 | 0.1 | 0.0 |
| 日本 | 1.2 | 0.9 | 0.8 | 0.5 | 0.2 | 0.0 |
| 英国 | 2.2 | 2.0 | 1.5 | 1.4 | 0.4 | –0.3 |
| 新兴市场和发展中经济体 | 4.1 | 4.1 | 4.5 | 4.8 | –0.1 | 0.0 |
| 俄罗斯 | –3.7 | –0.6 | 1.1 | 1.2 | 0.0 | 0.0 |
| 中国 | 6.9 | 6.7 | 6.5 | 6.0 | 0.3 | 0.0 |
| 印度 | 7.6 | 6.6 | 7.2 | 7.7 | –0.4 | 0.0 |
| 巴西 | –3.8 | –3.5 | 0.2 | 1.5 | –0.3 | 0.0 |
| 南非 | 1.3 | 0.3 | 0.8 | 1.6 | 0.0 | 0.0 |

资料来源：IMF《全球经济展望》（2017 年 1 月）。

## （二）美国经济形势及新政府政策走势

2016 年美国经济增速略有下降，整体呈现稳健复苏态势。2016 年，美国 GDP 增速为 1.9%，低于 2015 年的 2.6%。美国商务部公布的初步数据显示，经季节调整，美国 2016 年第四季度 GDP 环比折年增长率 1.9%，比市场预期的 2.2% 低了 0.3 个百分点（见图 1-1）。虽然美国第四季度实际 GDP 初值不及预期，但是，整体保持稳健增长态势。

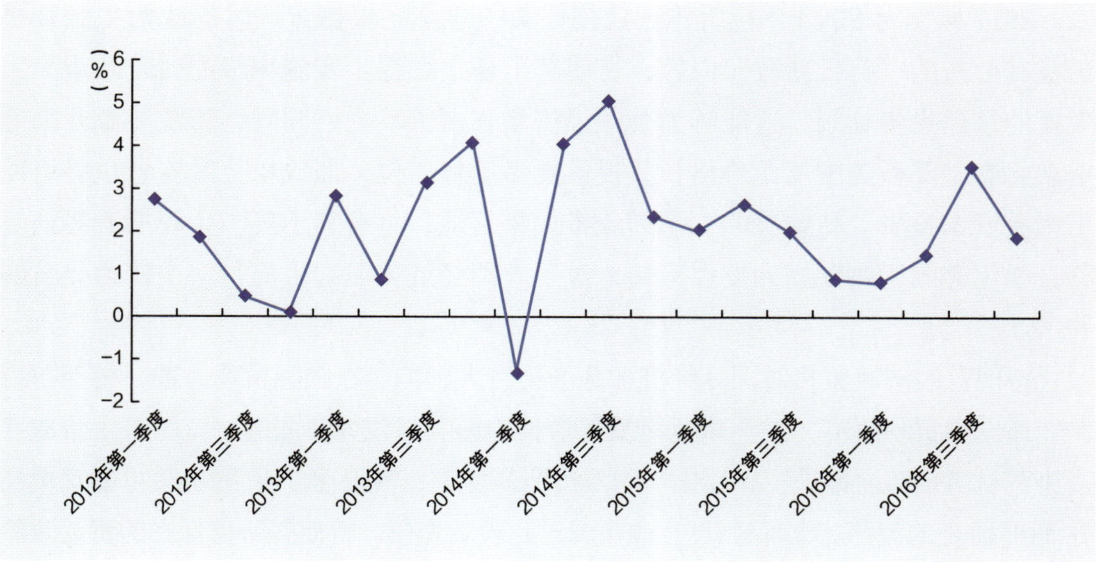


图 1-1 美国 GDP 季度环比折年增长率

资料来源：Wind。

通胀压力有所回升（见图 1-2），成为加息的重要原因。2016 年 12 月 14 日，美联储宣布将联邦基金利率目标区间提升至 0.50%～0.75% 的水平。随着美国就业形势的改善以及潜在通胀水平提升预期的强化，2017 年 3 月美联储又继续加息 25 个基点。

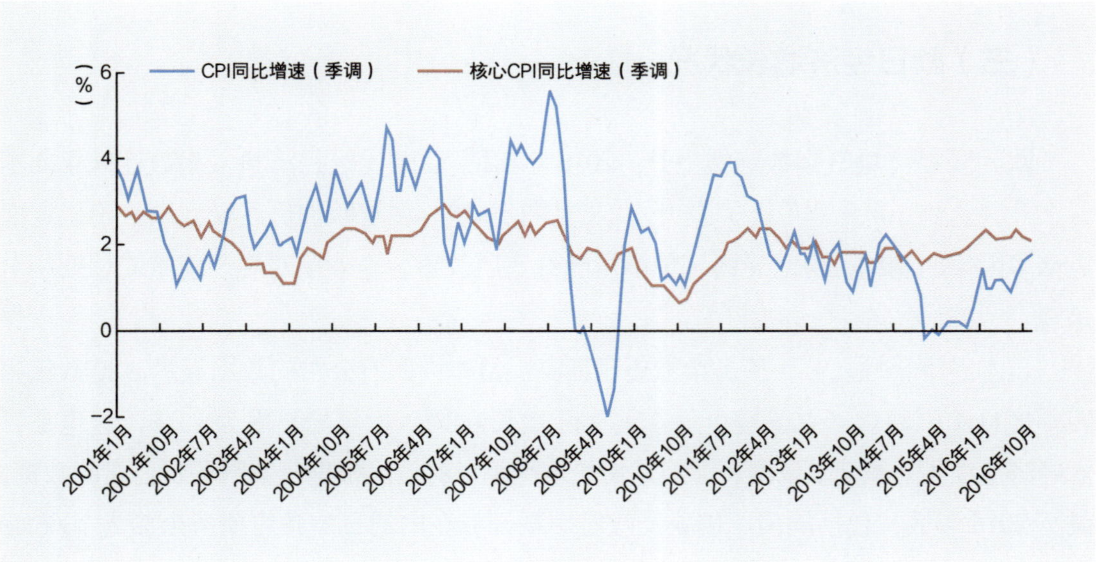


图 1-2 美国月度 CPI 变化

资料来源：Wind。

2017 年 1 月 20 日，特朗普正式接任美国总统。根据竞选时的政治主张和承诺及其公布的“百日新政”内容，特朗普上任之后逐步实施积极的财政政策与大规模的基建投资计划，这能够为美国经济增长提供动力。同时，传统能源开采的重启将有望降低美国能源价格，并提供更多工作岗位，而放松金融监管也将有助于刺激资本投资。特朗普的一系列政策如果落地，将有利于美国中长期的经济复苏，强化美国相对独立的发展策略，对于外围经济体而言可能是一个较为显著的冲击。

特朗普经济政策将对国际经济形势产生巨大影响。在国际贸易方面，特朗普持保守孤立的贸易政策，对全球贸易及其增长的影响是较为负面的。特朗普主张放弃多边贸易协定转而推进“碎片化”的双边贸易协定，其退出 TPP 的决策可能直接导致 TPP 协定的流产。大部分 TPP 成员国对此表示失望。特朗普所持保守的贸易政策很可能导致美国从全球化的引领者变成“逆全球化”的始作俑者，这可能使得原本就已经较为疲弱的全球贸易与投资面临更加艰难的境地。在国际能源价格方面，特朗普重启国内能源的开采，致使美国对全球能源的需求减少；加上美元指数持续走强，以美元计价的能源价格面临下跌风险，也将给资源国带来负面的影响。

总体来看，特朗普的政策给美国和全球带来较大的不确定性，这种不确定性体现在全球的经济增长、贸易投资、地缘政治、环境保护以及可持续发展等多个方面。如果其将带有明显孤立和保守特征的政策付诸实施，必然给世界形势带来更大的动荡和更加严重的分化。

### （三）欧日经济增长状况

欧元区经济景气指数继续上升。2016 年 12 月，欧元区经济景气指数连续第 4 个月上升，达到 107.8，较 11 月提升 1.2（见图 1-3）。尽管欧洲仍然受到政治不确定性等诸多因素的制约，但欧元区订单情况已经有所改善，企业家对生产前景的预期相对乐观。

日本经济小幅复苏，债务余额屡创新高。日本内阁府公布的数据显示，2016 年第四季度日本国内生产总值较上一季度实际增长 0.2%，折年增长率为 1.0%，这也是日本经济连续 4 个季度呈现增长，但是增长水平相对有限。根据日本财务省公布的数据，截至 2016 年底，包括国债、借款及政府短期证券在内的日本政府债务余额为 1066.42 万亿日元，再创历史新高。这意味着日本国民人均负担政府债务额进一步增加，日本政府整固财政的难度进一步加大。

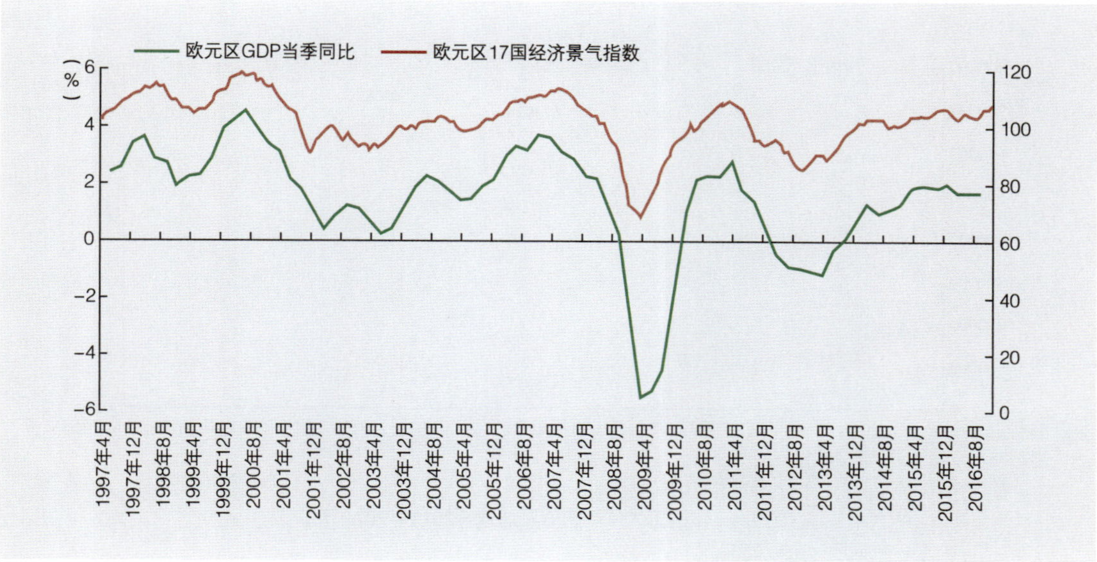


图 1-3 欧元区经济增长与经济景气指数走势

资料来源：Wind。

# 二 2016年中国经济形势

2016 年，中国经济缓中趋稳，稳中向好；供给侧结构性改革取得阶段性成果，经济增长积极性因素增多；经济发展的结构性矛盾仍然存在，经济和金融风险继续集聚。2017 年，需要重点关注外部冲击，坚持稳中求进的总基调，抓住时机深化供给侧结构性改革，进一步实施积极的财政政策和稳健的货币政策，创新宏观调控方式方法，在保证国内需求基本平稳的前提下，增强经济发展的可持续性，化解经济中潜藏的风险，使经济运行保持在合理区间。

## （一）经济增速缓中趋稳，产业结构进一步优化

2016 年，中国国内生产总值达到 74.4 万亿元，比上年增长 6.7%，增速比上年回落 0.2 个百分点（见图 1-4），处在调控预期目标区间。分产业来看，第一、第二和第三产业增加值占国内生产总值的比重分别为 8.6%、39.8% 和 51.6%，其中第三产业比重比上年提高 1.4 个百分点（见图 1-5）。全年人均国内生产总值 53980 元，比上年增长 6.1%。根据国际货币基金组织估算，得益于较大的总量和较快的增速，中国对世界经济增长的贡献率为 33.2%，仍是世界经济增长的主要动力。

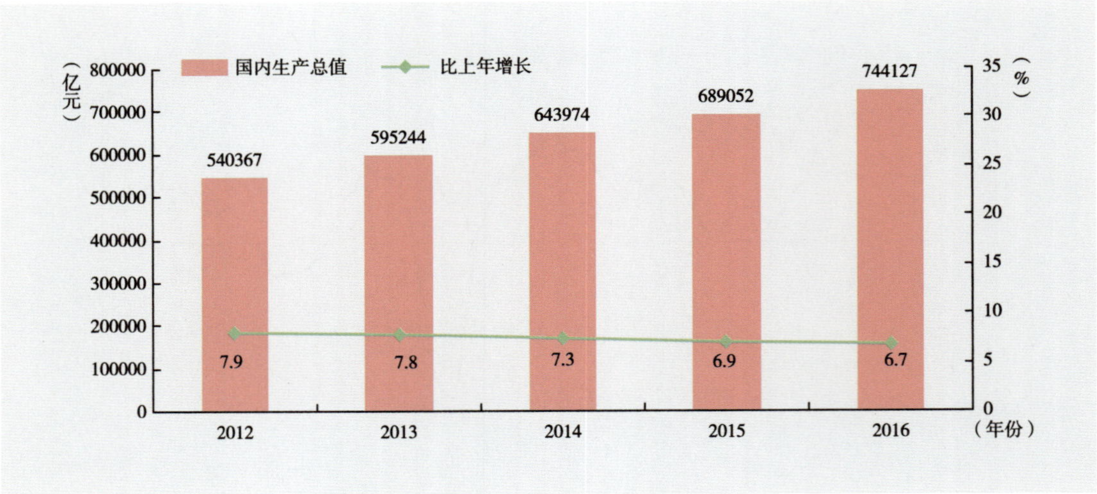


图 1-4　中国国内生产总值及增速（2012 ~ 2016 年）

注：数据经过版权处理。

资料来源：Wind。

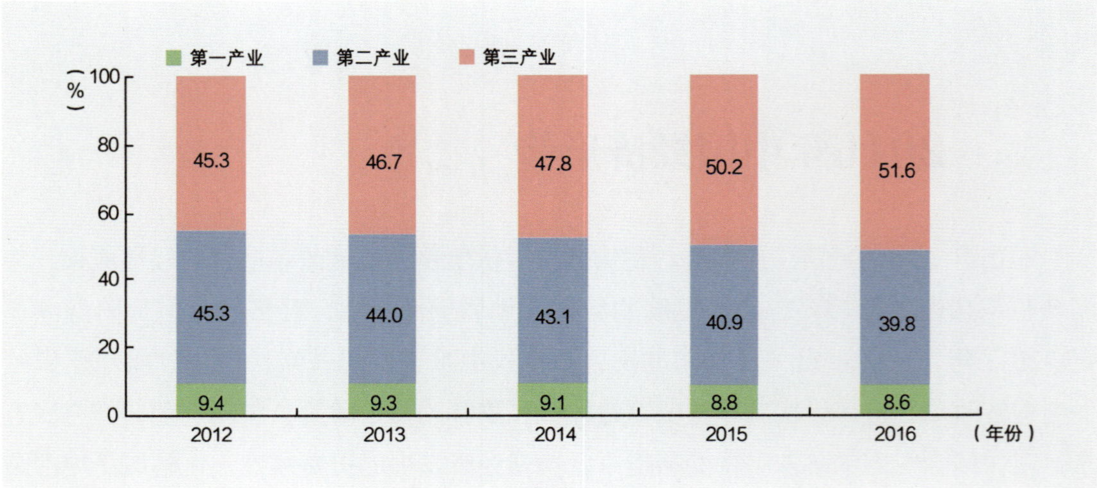


图 1-5　中国三次产业结构演变（2012 ~ 2016 年）

资料来源：Wind。

## （二）就业形势总体稳定，城镇化率进一步提高

虽然经济增速比上年有所回落，但经济总量仍保持中高速增长，服务业发展较快，就业形势较好。2016 年末，全国就业人员 77603 万人，比上年末增加了 152 万人，就业保持基本稳定的态势。从产业结构看，就业主要集中在第三产业。第三产业吸纳就业密度高，其较快增长带来更多就业岗位。全年城镇新增就业 1314 万人，连续 4 年保持在 1300 万人以上（见图 1-6）。

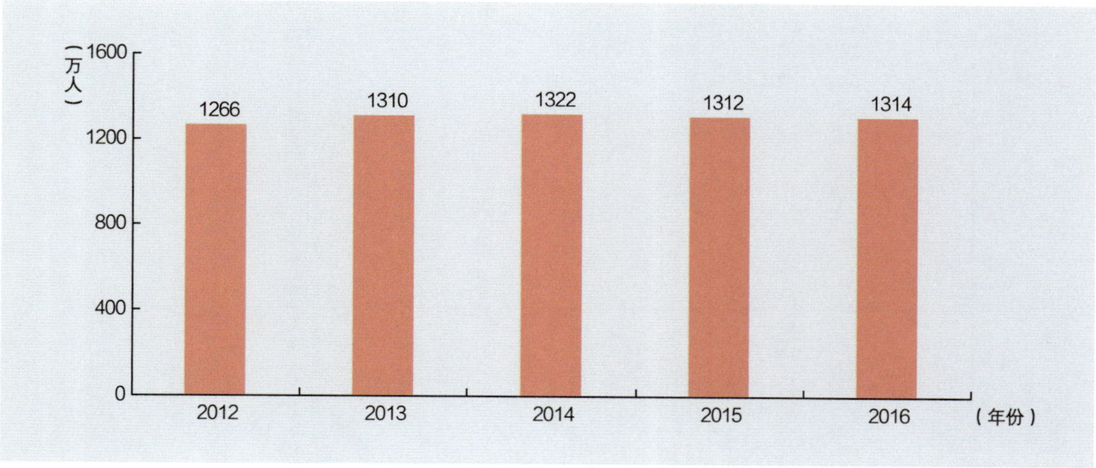


图 1-6 城镇新增就业人数（2012～2016 年）
资料来源：Wind。

按常住人口计算，2016 年城镇人口比上年增加 2182 万人，农村人口减少 1373 万人，农村向城镇转移的人口仍比较多。截至 2016 年末，中国常住人口城镇化率为 57.35%，比上年末提高 1.25 个百分点；户籍人口城镇化率为 41.2%，提高 1.3 个百分点。虽然从增长幅度来看，城镇化率提高幅度有所回落，但仍保持较为旺盛的势头，为经济增长提供了较为扎实的基础和相对稳定的动力。

## （三）消费价格温和上涨，生产者价格由降转升

2016 年，中国居民消费价格同比涨幅呈“前高中低后升”的运行特征，消费领域价格涨幅总体温和，全年居民消费价格上涨 2.0%，涨幅比上年提高 0.6 个百分点（见图 1-7）。工业生产者出厂价格结束了连续同比下降的局面，同比由负转正，生产领域通缩压力逐步缓和（见图 1-8）。

2017 年，支撑价格上涨的有相对宽松的金融货币环境、人力成本趋势性上升、翘尾因素升高；但是，总需求稳中趋缓、农业领域粮食产量和库存双高、以房地产为代表的资产价格稳中有降、通胀预期偏弱等因素将抑制物价涨幅。

## （四）对外投资快速增长，“一带一路”进展积极

在国际经济不确定性加大的环境下，中国外贸形势仍保持较为稳定的局面。货物贸易方面，2016 年中国货物进出口总额达到 24.3 万亿元，比上年下降 0.9%，降幅

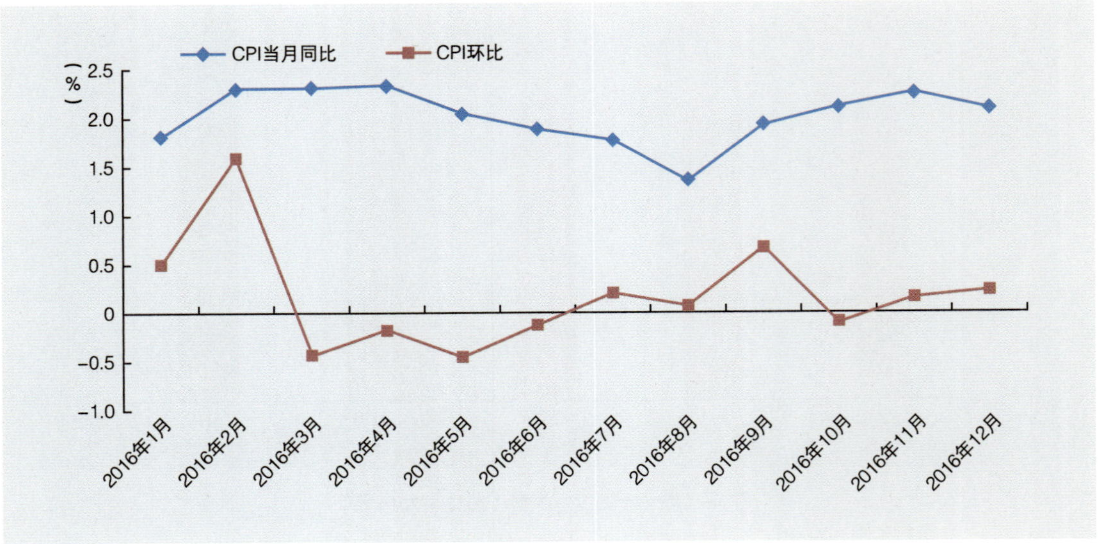


图 1-7 消费者价格指数同比与环比变动

资料来源：Wind。

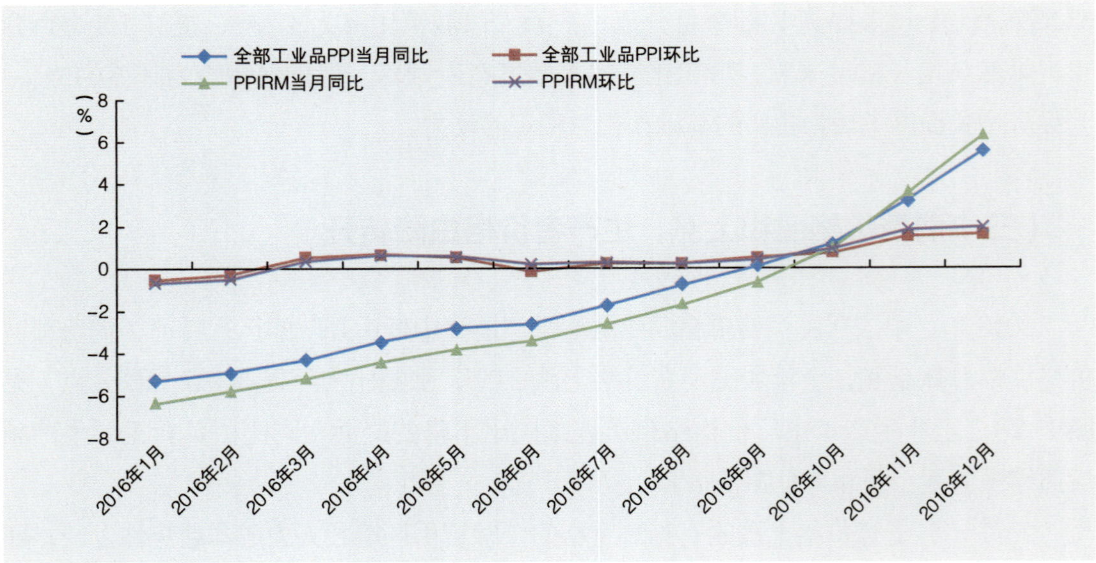


图 1-8 生产者出厂价格指数（PPI）与生产者购进价格指数（PPIRM）变动

资料来源：Wind。

比上年收窄 6.1 个百分点，扭转了较大降幅的局面。其中，出口下降 1.9%，进口增长 0.6%，货物贸易仍保持 3.4 万亿元的顺差。

外商直接投资高速增长成为新的特点。在利用外资方面，2016 年吸收外商直接投资（不含银行、证券、保险行业）新设立企业 27900 家，比上年增长 5.0%；实际使用外商直接投资 8132.2 亿元，增长 4.1%。在对外直接投资方面，2016 年对外直接投资（不含银行、证券、保险行业）1701.1 亿美元，比上年增长 44.1%。其中，投向信息传输、软件和信息技术服务业的对外直接投资比上年增长 2.5 倍，投向制造业的对外直接投资增长 116.7%（见表 1-2）。

**表 1-2 2016 年中国吸引外资与对外直接投资情况**

| 行业 | 外商直接投资 | | | | 对外直接投资 | |
|---|---|---|---|---|---|---|
| | 企业数（家） | 增长（%） | 实际使用金额（亿元） | 增长（%） | 金额（亿美元） | 增长（%） |
| 总计 | 27900 | 5.0 | 8132.2 | 4.1 | 1701.1 | 44.1 |
| 农、林、牧、渔业 | 558 | −8.4 | 123.2 | 30.0 | 29.7 | 45.0 |
| 采矿业 | | | | | 86.7 | −20.1 |
| 制造业 | 4013 | −11.0 | 2303.0 | −6.1 | 310.6 | 116.7 |
| 电力、燃气及水生产和供应业 | 311 | 18.0 | 139.8 | 0.3 | 25.3 | −9.2 |
| 建筑业 | | | | | 53.1 | 18.0 |
| 交通运输、仓储和邮政业 | 425 | −5.4 | 329.2 | 26.7 | 36.2 | 17.1 |
| 信息传输、计算机服务和软件业 | 1463 | 11.6 | 540.4 | 128.0 | 203.6 | 252.2 |
| 批发和零售业 | 9399 | 2.7 | 1011.1 | 36.0 | 275.6 | 72.0 |
| 房地产业 | 378 | −2.3 | 1264.4 | −29.4 | 106.4 | 17.4 |
| 租赁和商务服务业 | 4631 | 3.7 | 1045.9 | 67.8 | 422.7 | 1.4 |
| 居民服务和其他服务业 | 245 | 13.0 | 33.0 | −25.8 | | |

注：不含银行、证券、保险等金融行业。
资料来源：Wind。

2016 年，中国与“一带一路”沿线国家经贸合作进一步深化，双向投资保持较高水平，“一带一路”战略取得积极进展。统计数据显示，2016 年中国对“一带一路”沿线国家进出口 62517 亿元，比上年增长 0.5%。其中出口增长 0.5%，进口增长 0.4%。2016 年中国对“一带一路”沿线国家直接投资 145 亿美元；沿线国家对中国直接投资新设立企业 2905 家，增长 34.1%，直接投资金额 458 亿元。中国对沿线国家承包工程业务完成营业额 760 亿美元，增长 9.7%，占同期中国对外承包工程业务完成营业额的 47.7%。

## （五）供给侧结构性改革效果显现，新经济发展迅猛

在供给侧结构性改革方面，“三去一降一补”取得较为明显的成效。在去产能方面，2016年钢铁去产能4500万吨、煤炭去产能2.5亿吨的目标任务提前、超额完成。在去库存方面，2016年末，规模以上工业企业产成品存货比上年增长3.2%，增速比上年回落0.1个百分点；产成品存货周转天数为13.8天，比上年减少0.4天。在工业企业去杠杆方面，截至2016年12月末，规模以上工业企业资产负债率55.8%，比上年同期回落0.4个百分点。在降成本方面，2016年规模以上工业企业每百元主营业务收入中的成本为85.52元，比上年下降0.1元。在补短板方面，补短板与稳增长相结合，效果显著。基础设施投资主要集中在铁路、农村公路、农田水利、医疗卫生等薄弱领域，这些项目的建成将有效补上经济发展短板。

在创新战略和“大众创业、万众创新”等一系列政策措施的推动下，新经济特别是互联网行业在中国快速成长。2016年，中国互联网普及率达到53.2%。在互联网经济的推动下，网上零售额快速增长。2016年网上零售额比上年增长26.2%，比社会消费品零售额增长快15.8个百分点；快递业务量达312.8亿件。新经济的快速成长对中国传统经济下滑的影响发挥重要的对冲作用，减缓了中国国民经济下行的压力。可以预期，新经济对未来国民经济的发展必将产生更加重要的推动作用。

# 第二章 金融环境

2016 年，世界政治经济“黑天鹅”事件频现，全球金融市场震荡特征显著，中国金融市场总体上健康平稳运行。货币市场交易活跃，市场利率有所上行，交易量同比增长；债券发行规模较快增长，交易量继续增加，债券收益率曲线上移，市场投资者结构进一步多元化，但风险有所显现，年末出现跌势；股票市场成交量同比下降，筹资额上升，股指先下后上，全年收跌；人民币加入 SDR，人民币兑美元出现小幅贬值，外汇储备出现一定程度下降。货币金融市场各项改革稳步推进，监管层按照市场规律，调控手段更加多元，金融市场整体保持稳定。①

## 一　货币市场环境

2016 年，受美联储加息、外汇占款下降以及监管当局强化风险管理等多种因素影响，我国银行体系流动性供求波动有所加大。此前，部分市场机构加杠杆、地方政府债集中发行、金融业“营改增”、交易所可转（交）换债券发行冻结资金等加剧了流动性供求变化的不确定性。为应对流动性偏紧局面，央行降低存款准备金率，完善了公开市场操作机制，增加逆回购操作，银行间外汇市场交易活跃，货币市场流动性整体合理。

2016 年初，为进一步提高央行流动性管理的精细化程度和操作主动性，中国人民银行建立了公开市场每日操作机制，将操作频率由每周两次提高到每日一次。结合流动性供求的长期性变化和季节性特点，人民银行以 7 天期逆回购为主搭配其他品种和工具灵活开展操作，同时丰富逆回购期限品种。8 月下旬和 9 月中旬，为适应经济运

① 如无特别说明，本章数据均来自 Wind。

行特点和流动性形势，应对市场“以短搏长”现象，人民银行在公开市场操作中先后增加了14天期和28天期逆回购品种，以适当延长央行资金投放期限，引导金融机构提高负债稳定性，并通过公开市场业务一级交易商传导优化货币市场交易期限结构，以防范资产负债期限错配和流动性风险。2016年，公开市场逆回购中标利率基本保持稳定。2017年以来货币市场利率中枢上行走势得以延续。①

2016年，人民银行累计开展常备借贷便利操作7122亿元，其中第四季度开展常备借贷便利操作1649亿元，期末常备借贷便利余额为1290亿元。2017年2月3日，中国人民银行将隔夜、7天、1个月常备借贷便利利率分别调整为3.10%、3.35%、3.70%，以加强银行体系流动性管理，引导货币市场平稳运行。②

2016年，银行间回购、拆借交易量较快增长。银行间市场信用拆借、回购交易成交总量697.2万亿元，同比增长33.6%。银行间市场债券现券累计成交127万亿元，日均成交5063亿元，同比增长44.1%；③ 银行间市场债券回购累计成交601.3万亿元，日均成交2.4万亿元，日均成交同比增长30.3%，增速比上年低74.5个百分点。从期限结构看，市场交易更趋集中于隔夜品种，全年回购和拆借隔夜品品种的成交量分别占各自总量的85.2%和87.6%，占比较上年分别上升0.1个和3.5个百分点。④

中资大型银行是货币市场主要资金融出方，证券业机构和其他金融机构及产品净融入资金较快增长，中资中小型银行、外资银行和保险业机构资金需求大幅下降（见表2-1）。

**表2-1　2016年金融机构回购、同业拆借资金净融出、净融入情况**

单位：亿元

| 机构类型 | 2015年 | | | 2016年 | | |
|---|---|---|---|---|---|---|
| | 回购市场 | 同业拆借 | 净融出（入） | 回购市场 | 同业拆借 | 净融出（入） |
| 中资大型银行 | −1885635 | −183955 | −2069590 | −1953274 | −237311 | −2190585 |
| 中资中小型银行 | 619911 | −23790 | 596121 | 356213 | 19786 | 375999 |
| 证券业机构 | 364808 | 106682 | 471490 | 490116 | 175790 | 665906 |
| 保险业机构 | 79014 | 58 | 79072 | −31443 | 97 | −31346 |
| 外资银行 | 104578 | 29785 | 134363 | 70702 | −270 | 70432 |
| 其他金融机构及产品 | 717324 | 71221 | 788545 | 1067686 | 41909 | 1109595 |

注：正值表示净融入，负值表示净融出。
资料来源：中国外汇交易中心。

① 中国人民银行：《2016年第四季度中国货币政策执行报告》，2017年2月17日。
② 中国人民银行：《2016年第四季度中国货币政策执行报告》，2017年2月17日。
③ 《2016年金融市场运行情况》，2017年1月22日。
④ 中国人民银行：《2016年第四季度中国货币政策执行报告》，2017年2月17日。

同业存单发行交易量明显增加，大额存单业务进一步发展，金融机构负债产品市场化定价范围进一步扩大，市场化利率形成和传导机制进一步健全。2016 年银行间市场陆续发行同业存单 17643 只，发行总量为 13.04 万亿元，二级市场交易总量为 70.12 万亿元。金融机构陆续发行大额存单 16896 期，发行总量为 5.3 万亿元，同比增加 3 万亿元。同业存单发行交易全部参照 Shibor 定价。同业存单发行利率与中长端 Shibor 的相关性进一步提高。2016 年，3 个月期同业存单发行加权平均利率为 3.06%，比 3 个月 Shibor 高 15 个基点。①

2016 年，票据融资增长放缓，年末比年初增加 8946 亿元，同比少增 7684 亿元。2016 年，企业累计签发商业汇票 18.1 万亿元，同比下降 19.3%；期末商业汇票未到期金额为 9.0 万亿元，同比下降 13.3%。金融机构累计贴现 84.5 万亿元，同比下降 17.2%；期末贴现余额 5.5 万亿元，同比增长 19.6%。期末票据融资余额占各项贷款的比重为 5.1%，同比上升 0.2 个百分点。② 票据市场利率小幅震荡，总体稳定，年初和年末受季节性因素影响有所走高（见图 2-1）。

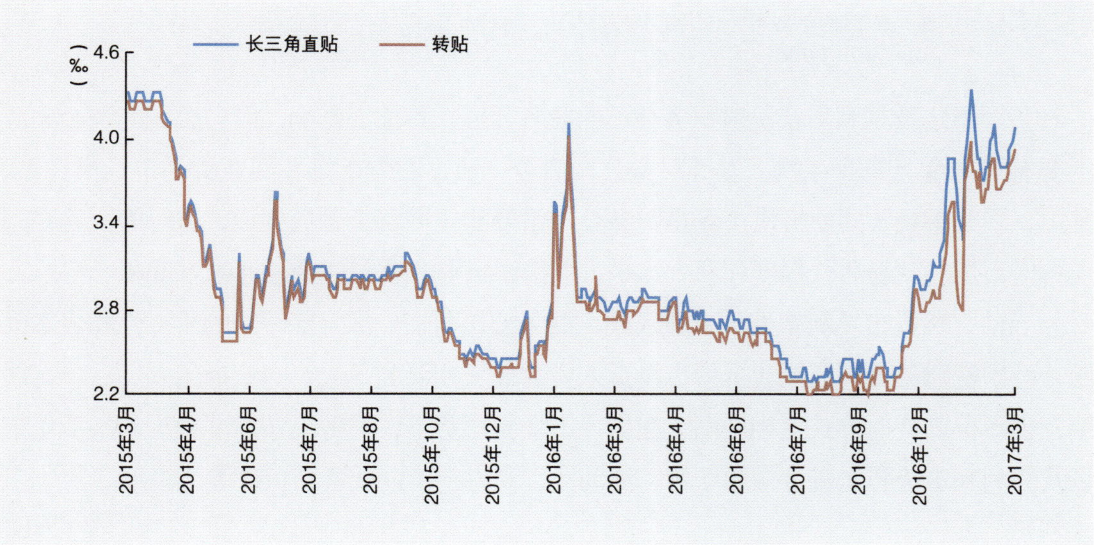


图 2-1 6 个月大额银行承兑票据贴现利率（月息）

注：最新报告期 2017 年 3 月 17 日。

资料来源：Wind。

2016 年前 8 个月，货币市场利率窄幅震荡，总体平稳。2016 年 9 月以来货币市场利率有所上升。10 月下旬开始货币市场利率加快上行。2016 年 12 月同业拆借月加

① 中国人民银行：《2016 年第四季度中国货币政策执行报告》，2017 年 2 月 17 日。

② 中国人民银行：《2016 年第四季度中国货币政策执行报告》，2017 年 2 月 17 日。

权平均利率为2.44%，较上年同期上升47个基点，截至2017年3月延续了震荡上行的趋势（见图2-2）。

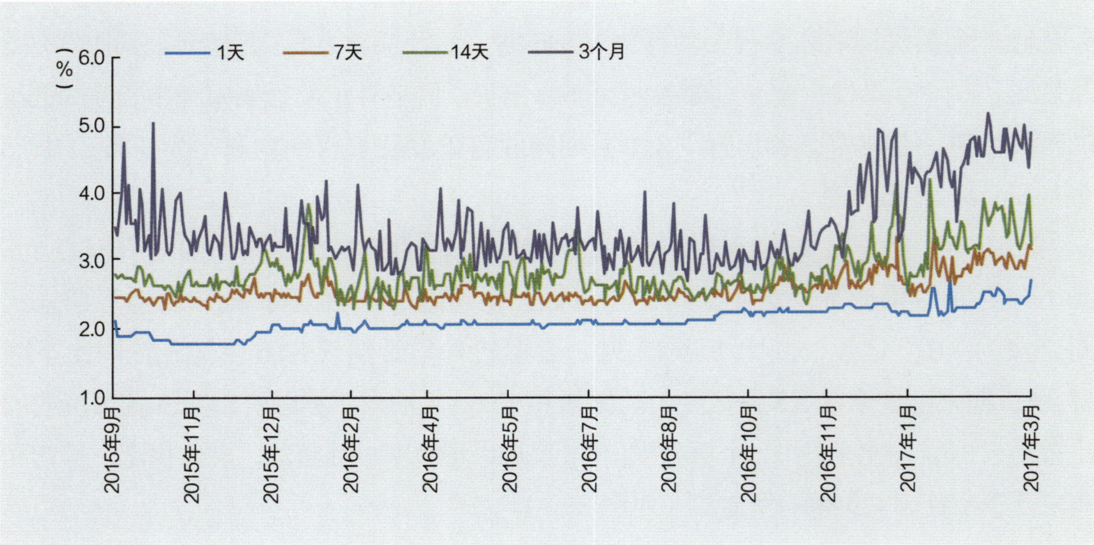


图2-2　银行间同业拆借加权利率

注：最新报告期2017年3月17日。

资料来源：Wind。

货币市场及其利率状况对财务公司的业务开展有着广泛影响。财务公司的资金来源主要有资本金、企业存款、发行财务公司债券、通过回购市场和同业拆借市场操作等。其中，回购市场及同业拆借市场是财务公司重要的短期资金融通渠道，银行间回购和同业拆借市场的交易活跃程度和利率水平，直接影响财务公司资金融通的难度和价格。

当前，货币市场利率处于上涨区间，财务公司面临外部资金筹集的可得性和成本问题，特别是财务公司在同业拆借市场拆入资金最长期限为7天，同业拆借到期后不得展期，也不得以其他方式变相展期。在货币市场新形势下，财务公司需要根据未来货币市场及其利率走势强化资金融通结构、流动性、利率定价以及资产负债等的管理。

## 二　资本市场环境

### （一）债券市场运行状况

2016年，债券发行规模较快增长，债券市场发行各类债券规模达36.1万亿元，较上年增长54.2%。其中，银行间债券市场发行债券32.2万亿元，同比增长53.8%。

债券市场托管余额为63.7万亿元，其中银行间债券市场托管余额为56.3万亿元。2016年债券收益率曲线整体上移，特别是2016年第四季度上移明显，反映这个时间区间内，中国债券市场呈现跌势（见图2-3）。市场投资者结构更加多元，全国性商业银行仍是国债主要投资者，其投资的债券占比近一半，如果加上其他类型的银行，则银行类债券投资者将占到2/3的比例。特殊结算成员、城市商业银行的投资占比列第二位和第三位，分别为14.52%和10.21%，其他投资者占比均不超过10%（见图2-4）。

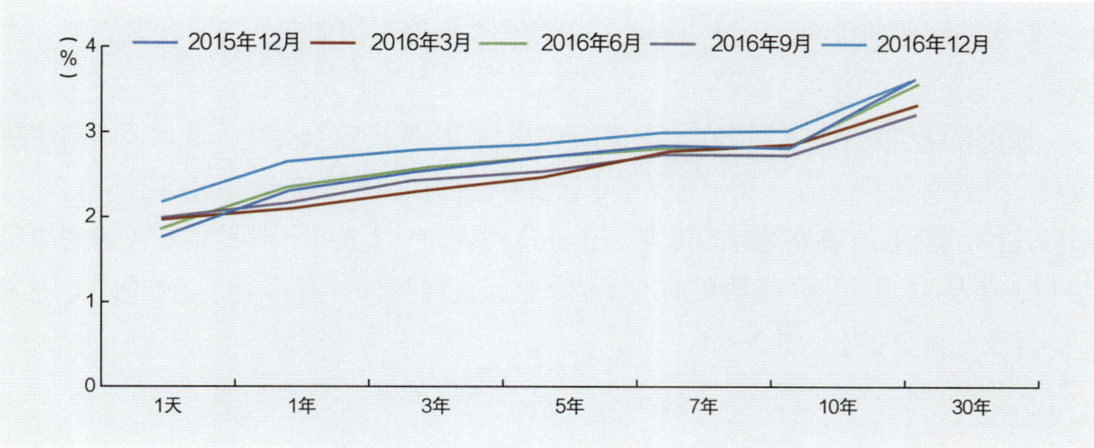


图2-3 中债国债收益率曲线

资料来源：中央国债登记结算有限责任公司。

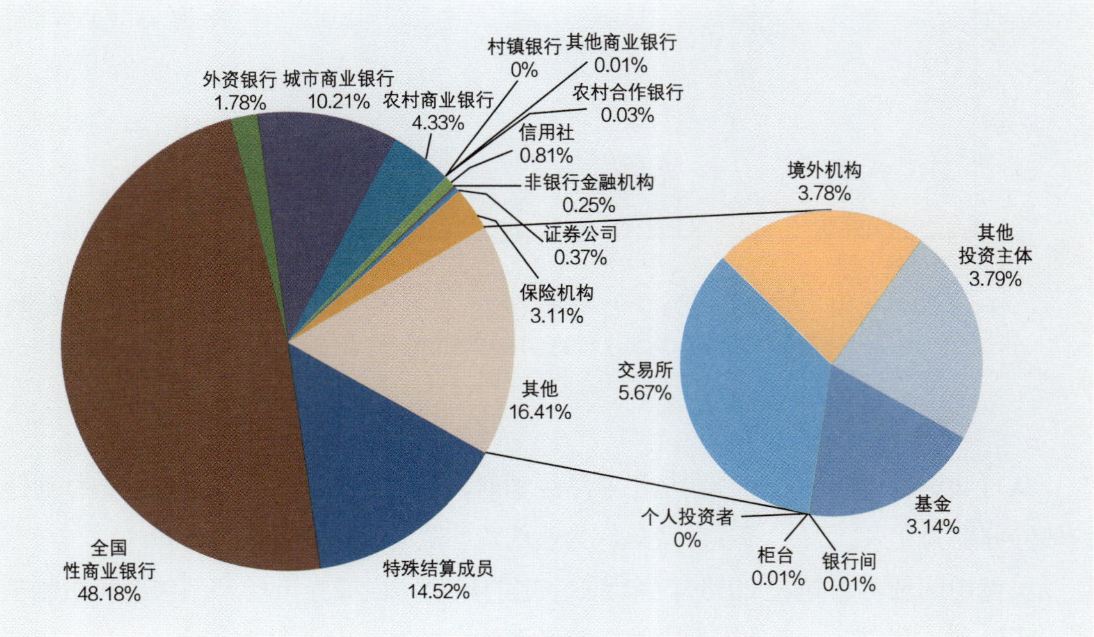


图2-4 国债主要券种投资者结构

资料来源：Wind。

2016年中国债券市场的走势大致分为两个阶段：前三季度在流动性较为宽松的情况下，收益率整体波动不大，利率债和信用债基本在各自均衡点上下徘徊。从第三季度开始，央行加大去杠杆力度，对流动性采取锁短放长措施，债市收益率陡升，第四季度债券市场迎来三年牛市行情后的较大幅度下行。在资金面偏紧以及流动性收紧预期产生的赎回压力下，加之美联储加息落地，2016年底债券市场经历了一轮深度调整，收益率大幅上行，如10年期国债收益率由2.65%上行至3.37%，10年期国开债由3.02%上行至3.93%。12月15日上午，国债期货遭受重挫，5年期国债期货的三个上市合约一度跌停，出现了国债期货上市以来的第一次跌停。

债市暴跌引发了较多的技术性违约，债市信用风险日益显性化。此前，中国债券市场一向鲜有债券违约，2014年仅有6只债券违约，涉及5家企业；2015年有22只债券违约，涉及20家企业。2016年，债券违约成为一大特点，违约债券快速增加到79只，涉及34家企业，违约规模达398.94亿元；截至2017年3月，违约债券已达8只，涉及5家企业（见图2-5）。

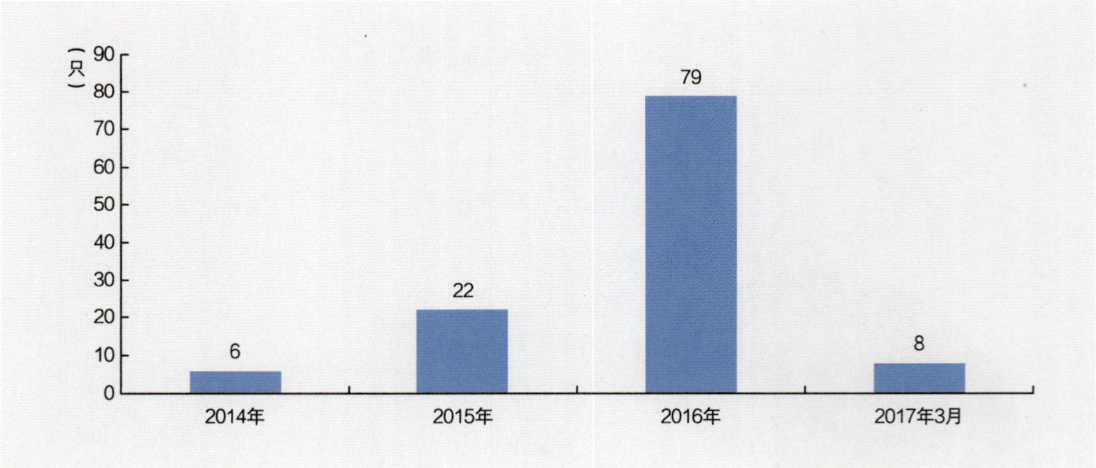


图2-5　2014年至2017年3月中国债券市场违约债券数量

资料来源：Wind。

从行业看，钢铁、贸易公司与工业品经销商、电子设备和仪器、通信设备行业违约债券分别为9只、8只、7只、7只，为违约较严重的行业（见图2-6）。

虽然中国债券市场在2016年经历了一定的风险，但债券市场产品创新和机制创新不断推进，在实现自身发展的同时，为经济社会发展做出了积极贡献。一是推出特别提款权（SDR）债券。二是推出扶贫社会效应债券，规模为5亿元，发债募集资金

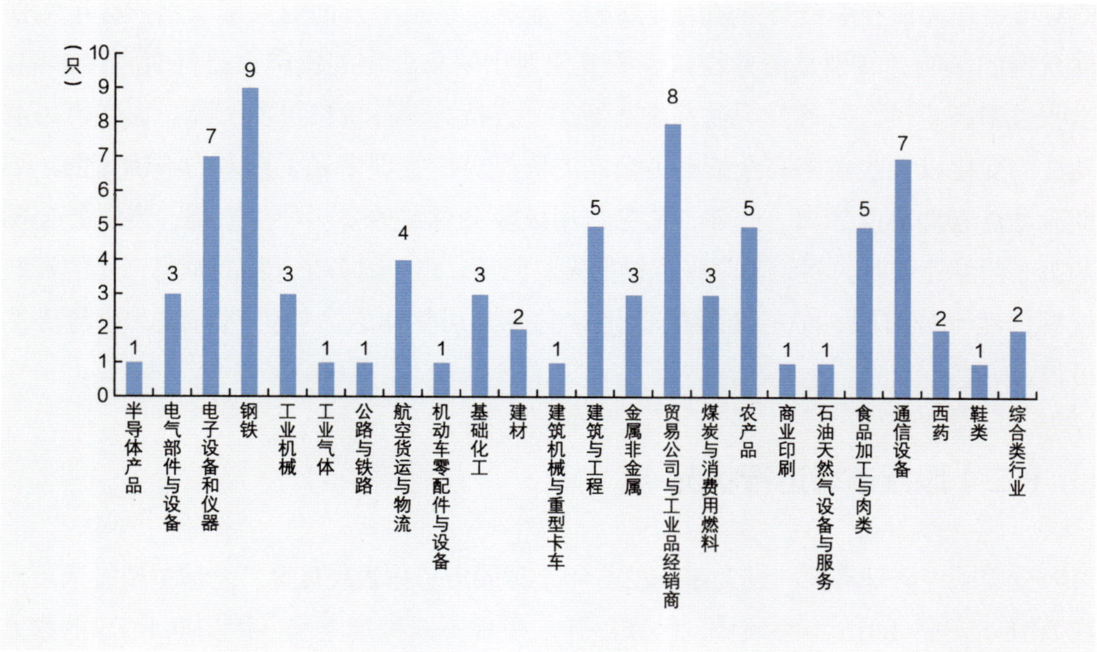


图 2-6　2016 年违约债券情况（按行业）

资料来源：Wind。

专项用于山东沂南县扶贫工程。① 三是发行首批“双创”公司债，助力国家创新驱动发展战略，推进“大众创业、万众创新”。四是推出银行间债市对冲工具“中国版CDS”，通过丰富市场参与者风险管理手段，完善市场信用风险分散、分担机制。

2016 年，中国债券市场改革开放日益深化。5 月 27 日，央行上海总部制定并公布实施《境外机构投资者投资银行间债券市场备案管理实施细则》，不设投资限额，加速银行间债市对外开放。9 月 23 日，中国银行间市场交易商协会发布修订后的《银行间市场信用风险缓释工具试点业务规则》，强化市场化风险管理工具的推行。9 月30 日，财政部会同中国人民银行发布了《关于印发〈国债做市支持操作规则〉的通知》，对建立国债做市支持机制做出规定。10 月 27 日国务院办公厅印发的《地方政府性债务风险应急处置预案》和 11 月 3 日财政部印发的《地方政府性债务风险分类处置指南》，对地方政府性债务风险应急处置做出总体部署和系统性安排。

财务公司是债券市场的重要参与者，受债券市场影响较为显著。一是财务公司通过债券市场进行资产负债管理；二是财务公司通过债券市场进行债券融资；三是财务公司可以承销成员单位的企业债券、试点在银行间交易商协会承销企业集团成员单位

① 中国人民银行：《2016 年第四季度中国货币政策执行报告》，2017 年 2 月 17 日。

债券或者作为债券承销财务顾问开展相关业务。这三个方面业务都受到债券市场发展状况的影响，特别是债券收益率的变化对于财务公司的资产收益具有直接影响。当收益率高企时，财务公司融资成本增加，且持有债券价格可能下降。债券市场流动性的变化以及收益率高企给财务公司的资产负债管理带来了更多的不确定性，短期流动性管理难度加大。此外，债券信用风险会对财务公司产生影响，当财务公司购买的债券违约时，将给其带来直接损失。但是，由于财务公司配置债券市场的资产规模仍然十分有限，债券市场的变化对财务公司整体的影响仍然有限，风险仍然可控。

## （二）股票市场运行状况

受美国经济基本面向好支撑，2016 年全球股市总体表现良好。全球主要股票市场在 2016 年一改 2015 年的颓势，触底反弹，呈现不同程度上涨。俄罗斯 RTS 指数累计上涨 52.22%，为全球重要经济体股市涨幅之冠。标普 500 指数、道琼斯工业指数和纳斯达克指数全年累计涨幅分别为 9.54%、13.42% 和 7.5%。2016 年，受年初熔断机制影响，国内主要股指位居全球主要股指跌幅榜前列（见图 2-7）。但是，国内股市在 2016 年第一季度后整体保持平稳运行的状态。

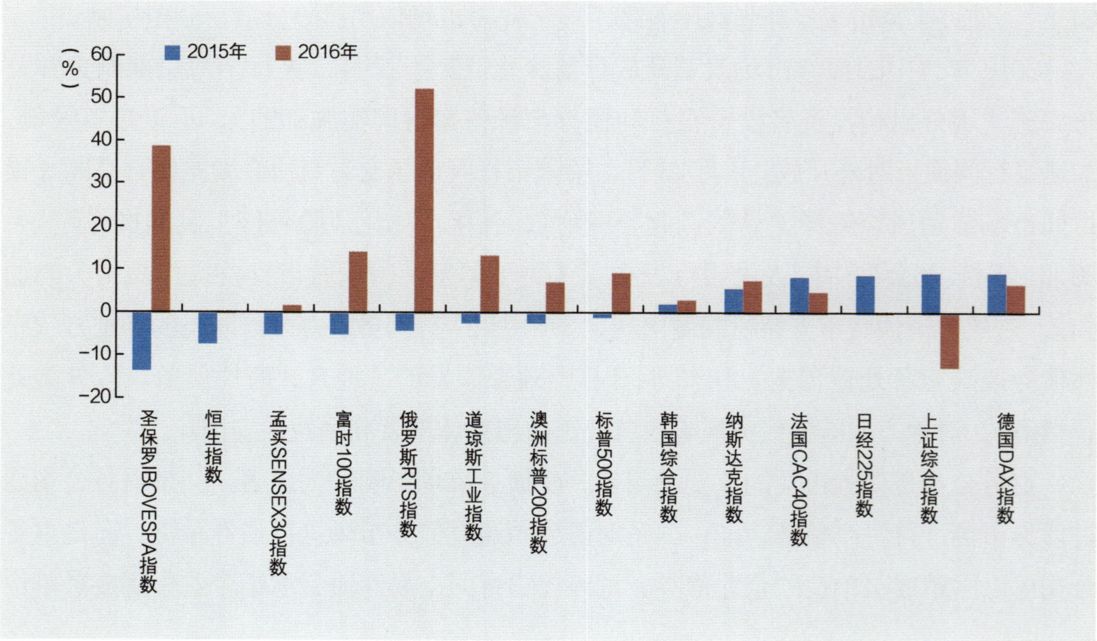


图 2-7　全球主要股票市场指数涨跌幅

资料来源：Wind。

2016 年，国内股市发生了对市场平稳运行以及长期可持续发展影响较为显著的事件。熔断机制引发市场波动、新股发行制度改革、欣泰电气欺诈发行被强制退市、万科控制权之争、险资举牌盛行、深港通开通等，涉及股票基础设施、发行制度、监管框架、上市公司治理结构、不同市场投资以及市场对外开放等领域。

国内股市主要指数跌幅均超过 10%，上证综合指数全年累计下跌 12.31%，深圳成分指数累计下跌 19.64%，创业板下跌高达 27.71%（见图 2-8）。沪深两市流通市值从 2015 年末的 41.79 万亿元降至 2016 年末的 39.34 万亿元，减少 2.45 万亿元。

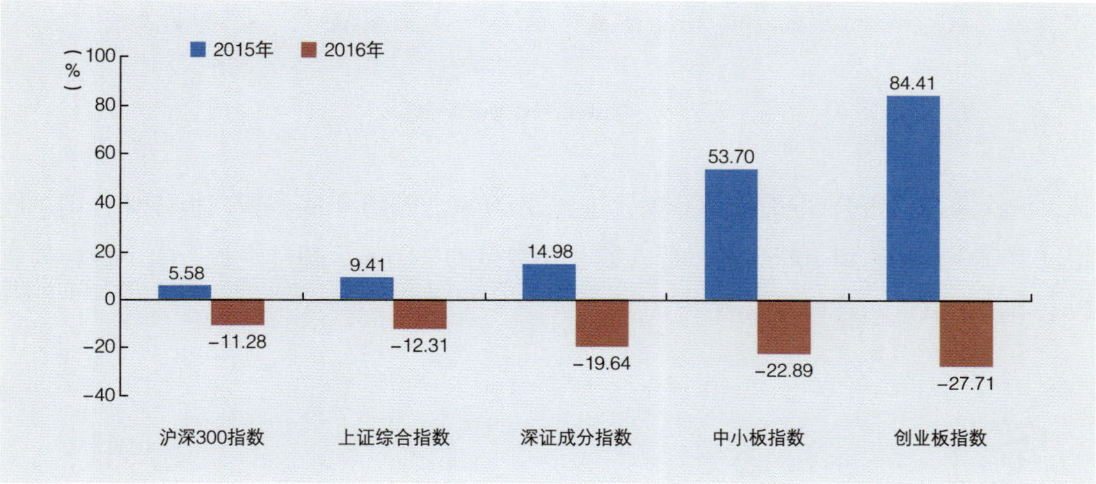


图 2-8 沪深市场主要指数年度涨跌幅

资料来源：Wind。

2016 年下半年，在供给侧结构性改革、“一带一路”战略与国企改革等政策利好刺激下，以及国内经济向好、社保资金入市、人民币加入 SDR、深港通正式运行、保险资金举牌低估值蓝筹股、美股屡创新高等利好的驱动下，A 股在权重板块走高的拉动下继续回升并创出年内反弹新高，至 2016 年 11 月 29 日达到熔断机制后的全年高点 3301.21。

2016 年，国内股市出现结构性的估值重构。2015 年表现不俗的 TMT 行业、颇具成长性和偏主题投资的中小股由于缺乏业绩支撑、互联网属性预期溢价到达顶部，估值持续下行；而有业绩支撑的蓝筹股，受益于国家供给侧结构性改革政策导向，相对有较好表现。分行业（申万一级行业）来看，除食品、建筑材料等行业上涨外，其他行业均呈现不同程度的下跌。特别是，2015 年领涨的传媒、计算机、休闲服务等行业，2016 年跌幅居前（见图 2-9）。

多层次资本市场进一步发展。随着 2016 年 IPO 加速，A 股迎来一次重要的里程

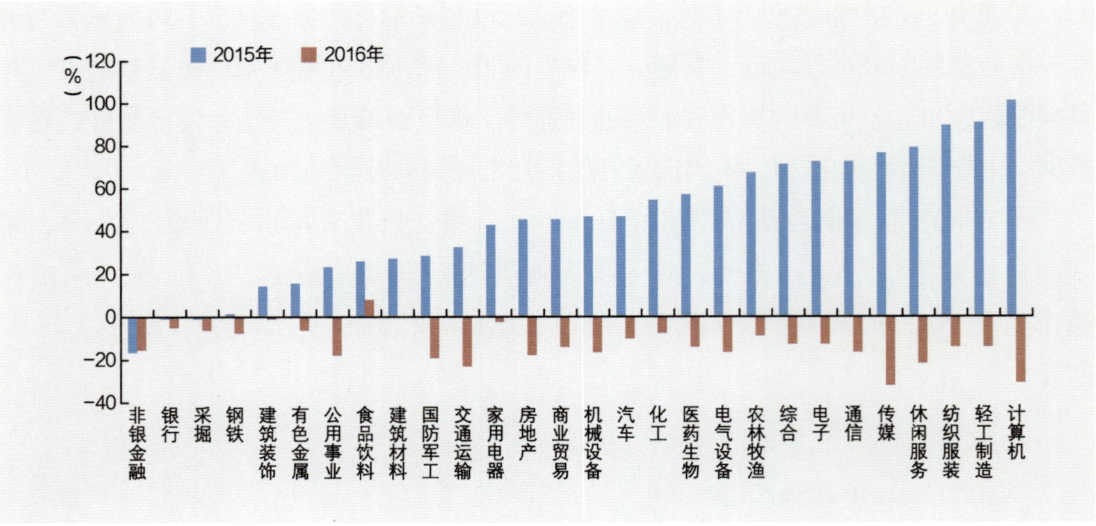


图 2-9　中国股市各行业涨跌幅情况

资料来源：Wind。

碑，沪深两市上市公司超过 3000 家，达到 3150 家。2016 年底，新三板挂牌公司总数超过 10000 家，达到 10850 家，是 A 股公司数量的三倍多，超过主板、中小板与创业板上市公司数量的总和（见图 2-10）。

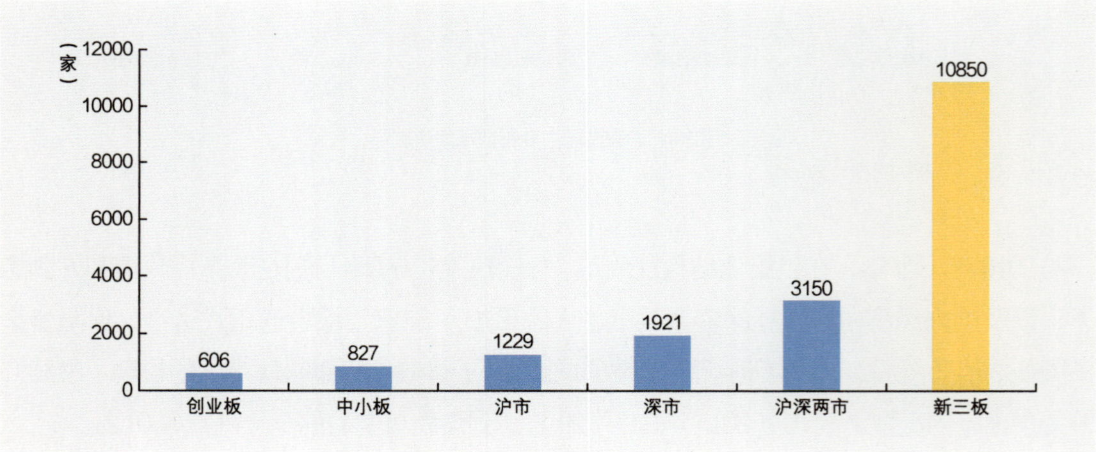


图 2-10　中国股市各板块挂牌公司数量

资料来源：Wind。

2016 年，股票市场筹资额稳步增长。全年各类企业和金融机构通过发行、增发、配股、权证行权等方式，在境内外股票市场上累计筹资 1.5 万亿元，同比增长 28.2%，其中通过 A 股筹资 1.3 万亿元，同比增长 56.2%。①

① 中国人民银行：《2016 年第四季度中国货币政策执行报告》，2017 年 2 月 17 日。

作为机构投资者，财务公司的股票投资受到股票市场波动影响，主要包括投资收益水平、流动性及价格风险等方面。由于风险相对于债券市场更高，股票市场对于财务公司效益的边际影响较为显著。从国内财务公司的实践看，财务公司在股票市场的投资整体规模较小、投资风格稳健、收益相对稳定。根据2016年上半年数据，财务公司重仓流通股的持仓数量合计为3.91亿股，持仓市值合计为31.95亿元。

## 三 外汇市场环境

2016年，外汇市场在全球经济诸多“黑天鹅”事件的影响下，波动较大。2016年初美联储加息一再推迟，美元转为较为显著的下跌行情。英国脱欧致使英镑带领非美货币暴跌，美元重拾升势。年末，美联储加息，基准利率提升25个基点，加上特朗普意外当选美国总统，助推美元上冲突破100关口，全年上涨3.6%。

2016年，人民币兑美元汇率有一定程度贬值。2016年末，CFETS人民币汇率指数为94.83，全年下降6.05%。2016年末，人民币兑美元汇率中间价为6.9370元，贬值幅度为6.39%。① 截至2017年3月，人民币汇率出现回调趋势，但也有小幅波动（见图2-11）。中国经济基本面已经呈现改善的迹象，人民币汇率波动主要是由美联储加息预期增强造成的。

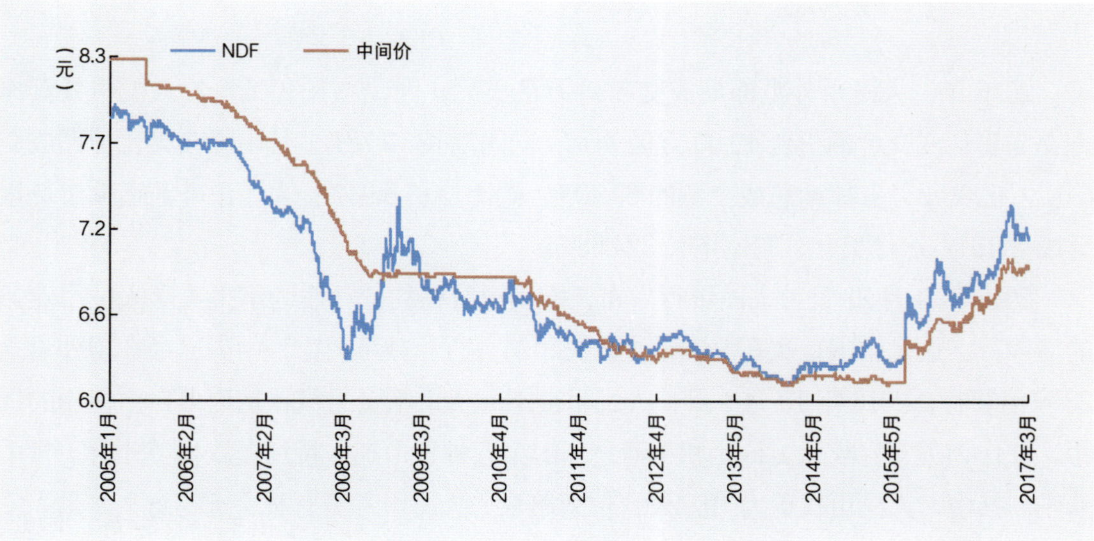


图2-11 人民币汇率中间价与12个月NDF走势

注：最新报告期，中间价2017年3月17日，NDF2017年3月16日。

资料来源：Wind。

① 中国人民银行：《2016年第四季度中国货币政策执行报告》，2017年2月17日。

2016 年上半年，人民币有效汇率指数下降幅度相对较大，实际有效汇率从 3 月 4 日的 127.08 一路下降至 6 月 24 日的 122.29；名义有效汇率则从 3 月 4 日的 121.77 一路下探至 7 月 8 日的 116.16。之后两个指数走势相对平稳，保持窄幅波动（见图 2-12）。根据国际清算银行的计算，2016 年，人民币名义有效汇率贬值 5.85%，实际有效汇率贬值 5.69%。

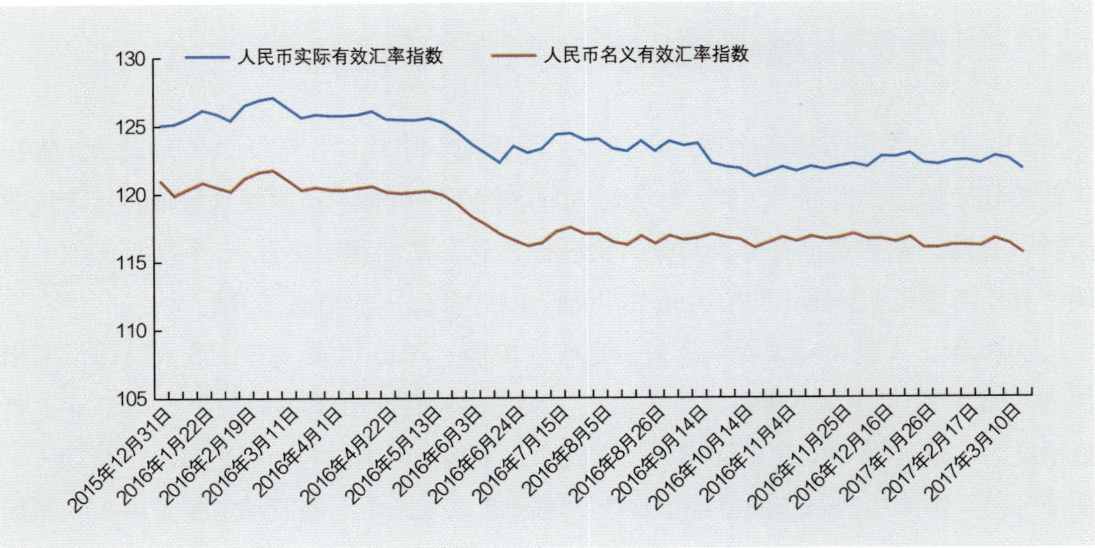


图 2-12　人民币有效汇率走势

资料来源：Wind。

2016 年，人民币外汇即期成交 5.93 万亿美元，同比增长 21.89%；人民币外汇掉期交易累计成交金额折合 10.00 万亿美元，同比增长 19.78%，其中隔夜美元掉期成交 6.04 万亿美元，占掉期总成交额的 60.40%，同比增长 5.94%；人民币外汇远期市场累计成交 1512.92 亿美元，同比增长 324.98%。

2016 年 9 月 21 日，人民银行宣布，中国银行纽约分行成为承担美国人民币业务的清算行。这是中国首次在美国设立人民币清算行。截至目前，中国已经在境外设立 22 家清算行。2016 年 10 月 1 日，人民币被国际货币基金组织认定为可自由使用的货币，并作为美元、欧元、日元和英镑之外的第五种货币加入特别提款权（SDR）货币篮子。其中，人民币权重为 10.92%，位列第三。人民币入篮有着深远的意义，是人民币成为全球化结算货币的关键一步，是人民币国际化取得的重大成果。

2016 年以来，中国外汇市场整体发展态势良好，开放度持续加大，交易机制不断创新，交易效率不断提升，人民币的国际影响力不断提高。外汇市场交易主体进一步丰富，截至 2016 年末，共有即期市场会员 582 家，远期、外汇掉期、货币掉期和期权市场会员各 154 家、154 家、127 家和 87 家，即期市场做市商 30 家，远掉期市场做市商 26 家。[①]

外汇市场的波动将影响财务公司的跨境资金管理业务和结售汇业务，同时影响集团公司的对外贸易。财务公司作为具有金融服务和辅助管理双重属性的金融机构，要求其在规避本机构汇兑风险、争取汇兑收益的同时，还要结合企业集团产业特点有针对性地分析和把握集团外汇风险状况，做好企业集团汇兑风险管理的咨询顾问工作。

① 资料来源：中国人民银行《2016 年第四季度中国货币政策执行报告》，2017 年 2 月 17 日。

# 第三章 政策环境

2016年，中国人民银行、国资委、中国银监会等上级部门继续加大对财务公司行业的支持力度，财务公司数量持续增加，业务稳健运行，行业持续扩大，行业整体呈现平稳健康发展的良好局面，已经成为我国金融体系重要的组成部分和监管当局“最放心的金融机构”。在相关部门的有效监管之下，财务公司行业继续守法经营、规范经营、稳健经营，不断深化功能定位，持续完善风险管控，在政策支持下进一步开拓创新，持续夯实对集团公司、所在行业以及实体经济的支持作用，为企业集团、所在行业以及宏观经济平稳运行提供良好的金融支持。

## 一 货币政策环境

### （一）2016年货币政策走势

2016年以来，面对复杂多变的经济金融形势，中国人民银行按照党中央、国务院的统一部署，主动适应、不断引领经济发展“新常态”，坚持稳中求进工作总基调，实施灵活适度的稳健货币政策，保持流动性合理充裕和社会融资总量适度增长。整体而言，货币政策保持了稳健和审慎的基调，注重根据形势变化把握好调控的节奏、力度和工具组合，加强预调微调，整体取得了较好的政策效果。

在货币供给方面，2016年，银行体系流动性合理充裕，货币信贷和社会融资规模平稳较快增长，贷款结构继续改善，利率水平低位运行，人民币汇率弹性增强，货币金融环境基本稳定。在货币供给上，广义货币平稳较快增长。2016年末，广义货币供应量M2余额为155.0万亿元，同比增长11.3%，增速比上年末低2个百分点。流通中货币 M0 余额为 6.8 万亿元，同比增长 8.1%，增速比上年末高 3.2 个百分点。

在融资与信贷支持上，金融机构对企业资金支持力度较大，致力于促进信贷结构优化，支持经济结构调整和转型升级。2016 年末，社会融资规模存量为 155.99 万亿元，同比增长 12.8%，增速比上年高 0.3 个百分点。2016 年末，人民币各项贷款余额为 106.6 万亿元，同比增长 13.5%。从人民币贷款期限看，中长期贷款增量占比进一步提高，中长期贷款比年初增加 9.8 万亿元，同比多增 3.1 万亿元，增量占比为 77.8%。

在流动性管理方面，2016 年人民银行优化货币政策工具组合和期限结构，保持适度流动性。在年初普降存款准备金率 0.5 个百分点，补充长期流动性缺口的基础上，更多运用公开市场操作、中期借贷便利、常备借贷便利、抵押补充贷款等工具灵活提供不同期限流动性。同时，建立公开市场每日操作常态化机制，开展中期流动性常态化操作。结合流动性供求的长期性变化和季节性特点，中国人民银行以 7 天期逆回购为主搭配其他品种和工具灵活开展操作，同时进一步完善公开市场操作机制，促进了银行体系流动性基本稳定和货币市场利率总体平稳运行。

在中短期利率形成机制上，2016 年人民银行增加常备借贷便利期限品种，保持常备借贷便利利率稳定。2016 年初，人民银行增加常备借贷便利 1 个月期限品种，满足金融机构春节期间流动性需求，要求分支机构对地方法人金融机构按需提供流动性，促进货币市场平稳运行。探索常备借贷便利利率发挥利率走廊上限的作用，保持常备借贷便利利率稳定，对符合宏观审慎要求的地方法人金融机构，隔夜、7 天、1 个月的利率分别为 2.75%、3.25%、3.60%。在春节期间和月末、季末等货币市场利率易发生波动的时点，及时运用常备借贷便利满足中小金融机构临时性流动性需求。

在存款准备金政策上，2016 年 3 月，中国人民银行普遍下调金融机构人民币存款准备金率 0.5 个百分点，以保持银行体系流动性合理充裕。自 2016 年 7 月起，人民银行进一步改革存款准备金考核制度，对金融机构存款准备金的交存基数实施平均考核。这是继 2015 年 9 月将金融机构存款准备金考核由每日达标改为维持期内日均达标后，对存款准备金平均法考核办法的进一步完善，由此实现了存款准备金交存基数计算和维持期考核的“双平均”。实施“双平均”考核存款准备金，有助于提高金融机构流动性管理的灵活性，增强货币市场运行的稳健性，也有利于改善货币政策传导机制，为货币政策调控框架转型创造条件。

在金融风险防范和宏观审慎管理框架建设上，2016 年人民银行将差别准备金动态调整机制升级为宏观审慎评估体系（MPA），对金融机构行为进行多维度引导；将全口径跨境融资宏观审慎管理扩大至全国范围的金融机构和企业将差别准备金动态调整机制“升级”为宏观审慎评估体系。MPA 从资本和杠杆情况、资产负债情况、流动性情况、定价行为、资产质量情况、跨境业务风险情况、信贷政策执行情况七大方面对金融机构的行为进行有效引导。货币信贷基本保持平稳增长态势，银行业金融机构总体上经营稳健，以资本约束为核心的稳健运行机制成为诸多金融机构的基础选择，金融机构自我约束和自律管理的能力及意识有所提高，市场利率定价秩序等得到有效维护，符合加强宏观审慎管理的预期。

在金融市场化改革上，2016 年人民银行继续深入推进利率市场化改革，着力培育以上海银行间同业拆借利率（Shibor）、国债收益率曲线和贷款基础利率（LPR）等为代表的金融市场基准利率体系，不断健全市场利率定价自律机制。人民银行继续完善人民币汇率市场化形成机制，初步形成“收盘汇率 + 一篮子货币汇率变化”的人民币兑美元汇率中间价形成机制，汇率政策的规则性、透明度和市场化水平进一步提高。人民银行继续深入推进金融机构改革，开发性、政策性金融机构改革加快推进，推动邮储银行 H 股发行上市和东方、长城资产管理公司转型发展，着力完善存款保险制度功能，加大农村信用社改革力度。

## （二）中国人民银行与财务公司相关的政策

### 1. 普遍下调存款准备金，完善平均法考核机制

存款准备金调整对于财务公司行业的资金运作具有实质性影响。2014 年 6 月、2015 年 4 月和 2015 年 6 月，中国人民银行对财务公司行业进行了两次定向和一次额外下调存款准备金操作。2016 年 3 月 1 日，中国人民银行普遍下调包括财务公司在内的金融机构人民币存款准备金率 0.5 个百分点，以保持金融体系流动性合理充裕，引导货币信贷平稳适度增长，为供给侧结构性改革营造适宜的货币金融环境。

为进一步完善平均法考核存款准备金，增强金融机构流动性管理的灵活性，平滑货币市场波动，中国人民银行自 2016 年 7 月 15 日起，将人民币存款准备金的考核基数由考核期末一般存款时点数调整为考核期内一般存款日终余额的算术平均值。同时，按季缴纳存款准备金的境外人民币业务参加行存放境内代理行人民币存款，其缴存基数也调整为上季度境外参加行人民币存放日终余额的算术平均值。

### 2. 大力推广电票，筹建试运营票交所

中国人民银行在 2016 年 9 月 7 日下发《关于规范和促进电子商业汇票业务发展的通知》（银发〔2016〕224 号），大力推广电票，全面放开了财务公司电票线上清算业务。2016 年 11 月 2 日，中国人民银行办公厅下发了《关于做好票据交易平台接入准备工作的通知》（银

办发〔2016〕224号），提出筹建票据交易平台（票交所）并于2016年12月8日组织交易系统试运行。票交所系统（一期）试点机构共计43家，包括35家商业银行、2家财务公司、3家券商、3家基金公司，其中两家财务公司分别为美的财务公司和中石化财务公司。

票据作为金融市场上重要的支付工具和融资工具，近年来在企业集团的资金运营管理中发挥重要作用，财务公司作为企业集团的内部金融机构，在加快推进企业集团电票业务发展方面发挥了独特的作用。2016年，人民银行出台银办发〔2016〕224号文，全面放开财务公司电票线上清算功能，这是继2014年7家财务公司试点电票线上清算业务之后的又一次重要政策利好，财务公司开展电票线上清算业务，一方面，能有效规避电票票款兑付资金与信息的异步风险，真正实现电票票款兑付的高效率；另一方面，大额支付系统的线上查询查复等功能，也为财务公司防范票据业务风险提供了有力支持，对财务公司进一步推动电票业务发展有着重要意义。

### 3. 交易商协会市场债券承销取得积极进展

2015年，银行间市场交易商协会根据《银行间债券市场非金融企业债务融资工具管理办法》（中国人民银行令〔2008〕1号）、《非金融企业债务融资工具承销业务相关会员市场评价规则》（协会公告〔2014〕1号）等规则，在组织市场成员代表、债券市场专业委员会及市场基础设施服务类机构进行市场评价的基础上，增加了5家财务公司类承销商，可开展非金融企业债务融资工具承销业务。

虽然根据《企业集团财务公司管理办法》有关规定，5家承销商限于承销其所属企业集团成员单位的非金融企业债务融资工具，但是，2016年以来，获批的南方电网财务公司、中油财务公司、中石化财务公司、国电财务公司、中电投财务公司5家承销商，致力于建立健全承销业务操作规程、风险管理制度和内部控制制度，规范开展非金融企业债务融资工具承销业务，取得了积极进展。南方电网财务公司于2016年12月19日承销了南方电网公司发行的2016年第二期超短融15亿元，发行额为集团发行总额的30%，有力支持了集团债券融资。

# 二 财政政策环境

## （一）2016年财政政策

2016年，我国财政部门以稳中求进工作总基调为指导，继续实施积极的财政政策并加大力度，阶段性提高赤字率，合理确定地方政府新增债务限额，进一步实施减税降费政策，加大统筹财政资金和盘活存量资金力度，调整优化支出结构，压缩“三公”经费等一般性支出，促进经济运行保持在合理区间。

一方面实行大规模减税降费。全面推开营业税改征增值税（简称“营改增”）试点，将试点范围扩大到建筑业、房地产业、金融业、生活服务业，并将所有企业新增不动产所含增值税纳入抵扣范围，新增试点行业全部实现总体税负只减不增的预期目标。前期纳入试点的行业和原缴纳增值税行业因可抵扣进项税增加也实现了减税。全年降低企业税负 5736 亿元。

另一方面合理扩大财政支出规模。适当提高赤字率，增加的赤字主要用于弥补减税降费带来的财政减收，保障政府应该承担的支出责任。新增地方政府债务限额 1.18 万亿元。继续发行地方政府债券置换存量债务 4.9 万亿元，加上 2015 年置换的 3.2 万亿元，累计置换 8.1 万亿元，全年降低利息成本约 4000 亿元。同时，实施针对性强的政策措施，着力推动“三去一降一补”。中央财政设立并及时拨付工业企业结构调整专项奖补资金，支持解决钢铁、煤炭行业过剩产能过程中职工分流安置工作。安排补助资金，支持中央企业处置“僵尸企业”。

### （二）“营改增”对财务公司的影响

自 2016 年 5 月 1 日起，我国全面推开“营改增”试点，金融业纳入试点范围。财务公司属于金融服务业，营业税税率为 5%，“营改增”后改为 6% 的增值税税率。“营改增”改革之后，财务公司税收涵盖范围基本不变，但公司购进货物、服务、劳务、无形资产、不动产取得的增值税进项税均可抵扣，实际税率取决于抵扣项的完善程度。“营改增”给财务公司带来了一定影响。

“营改增”使得财务公司业务发展承受一定的压力。“营改增”后，财务公司实际税负需要考虑抵扣项是否完整问题。在财务公司部分抵扣项较难获得的情况下，财务公司在“营改增”的改革中可能面临税收支出的不确定性。加上利率市场化不断加速、利差逐步缩窄等情况，财务公司的经营面临着一定的压力。

“营改增”有望促进财务公司业务结构转型。“营改增”后，财务公司的存款收入、同业往来利息收入以及利率产品利息收入都纳入免征范围，这使得同业业务和利率债投资业务的税务负担下降，有助于财务公司更多地配置同业资产和利率债券，促进财务公司从传统的存、贷、结、汇业务向多元化业务转型。

# 三　监管政策环境

## （一）2016年银行业整体监管情况

2016 年，我国银行业改革、发展和监管面临的国内外经济环境依然严峻复杂。中国银监会面对复杂的国内外形势和挑战，坚决贯彻落实党中央、国务院重大决策部署，全面贯彻五大发展理念，认真落实“三去一降一补”五大任务，齐心协力，攻坚克难，在服务实体经济、优化业务结构、推动改革创新和防控风险等各领域都取得了积极进展。2016 年全国银行业系统改革、发展和监管各项工作取得新成效，实现了银行业在“十三五”时期的良好开局。

（1）不断提升银行业服务实体经济质效。大力支持国家战略实施和重大工程建设。加强金融产品和服务创新，加大对“一带一路”、京津冀协同发展、长江经济带建设、自贸试验区改革创新、东北老工业基地振兴等国家重大战略和《中国制造2025》等重大决策实施的金融服务力度，主动对接重点领域重大工程项目建设。

（2）支持“三去一降一补”全面推进。银行业系统深刻领会供给侧结构性改革的内涵要求，全力支持去产能、去库存、去杠杆、降成本、补短板，支持打好经济结构性改革的攻坚战。第一，有效支持实体经济去产能。第二，稳妥支持实体经济去杠杆。第三，扎实推进投贷联动试点。第四，努力降低社会融资成本。

（3）普惠金融战略全面实施，着力加大对薄弱领域支持力度。2016 年银监会大力推进普惠金融发展规划任务的实施，大力发展普惠金融。第一，健全完善鼓励发展普惠金融的体制机制。第二，重点支持小微企业和“三农”的融资，确保实现年初确定的小微企业、涉农信贷投放目标。第三，持续改善消费金融服务。

（4）着力推动精准扶贫，补齐建设小康社会短板。2016 年银行业着力突出对贫困地区、贫困人口和特殊群体的特惠政策安排，让其获得更加实惠的金融服务。第一，拓宽金融扶贫覆盖面。第二，加大精准扶贫力度。第三，大力发展扶贫小额信贷。第四，充分发挥各类银行业机构助推脱贫攻坚的积极作用。

（5）着力加强风险防范，严守风险底线，维护金融稳定。2016 年，银监会继续要求银行业把防范化解金融风险摆在更加突出的位置。第一，加强风险管控。防止信用风险传染扩大，防范流动性风险，防范交叉金融产品风险，严密防范操作风险。第二，多措并举消化处置不良资产。探索扩大银行不良资产受让主体，利用资产管理公司等渠道探索开展不良贷款批量化、市场化处置，有效腾挪更多的信贷资源用于服务实体经济。第三，持续提高风险损失消化吸收能力。着力加强内控管理，提高风险防范能力，多渠道补充银行核心和非核心资本，增强损失吸收能力。

## （二）银监会对财务公司的监管要求

2016年，银监会秉承稳中求进工作总基调，基于国内复杂的经济金融形势、行业发展的内在需要以及行业稳健规范经营的内在要求，对财务公司进行规范有效的监管，引导财务公司立足功能定位，发挥独特优势，践行发展新理念，取得了新的成果。

### 1. 推动财务公司更好服务企业集团供给侧结构性改革

银监会明确要求财务公司要将服务实体经济供给侧结构性改革作为改善金融服务的重要内容。作为与实体经济最密切的金融机构，财务公司直接对接了供给侧结构性改革重点任务，通过资金集中管理，提高企业集团资金使用效率，降低了内部交易成本和融资成本，并通过多种方式满足集团重点项目、紧急项目、战略性项目的融资需求。在支持企业集团淘汰落后产能，加快结构调整和转型升级的同时，提升自身的金融服务能力，促进财务公司长远发展。

### 2. 引导财务公司支持企业集团降本增效和转型升级

一是引导财务公司顺应国家产业政策，调整信贷投向，严控对产能过剩和限制性领域企业的新增授信，加大对产能过剩行业兼并重组、“走出去”及战略新兴行业等重点领域的信贷支持力度，有保有压配合集团转型升级。二是支持财务公司创新发展，扩大延伸产业链金融服务试点范围，鼓励其通过为企业集团上游企业提供金融服务，降低融资成本、提高资金运作效率。三是配合国企改革做好财务公司重组整合工作，确保各项工作顺利过渡，确保金融服务的持续性和稳定性。

### 3. 要求财务公司从六个方面更好服务实体经济

银监会在2016年中国财务公司协会年会上要求财务公司应在以下六个方面开展工作，进一步服务好企业集团和实体经济。一是坚守产业金融。财务公司要投身企业集团所属产业，紧盯公司链、资金链、供应链、销售链，主打产业链金融产品，提高对产业链的服务水平。二是投身并购金融。财务公司要将提供并购金融服务作为业务重点，围绕“去、降、补”，开发新产品，服务企业集团以及与产业链相关的兼并重组。三是推进财银合作。财务公司要与商业银行在拆借、票据尤其是商业票据、金融债等方面探索进行深入合作，提升与同业互动的水平。四是苦练公司内功。财务公司要加强资金管理，提高资金归集度；严格管控风险，防范风险传导；降低融资成本，促进企业集团发展。五是强化行业整合。强化财务公司行业协会功能，做好行业评级并发布评级结果，建设行业服务平台，更好支持财务公司行业的长期可持续发展。六是强化外部监管。做好财务公司监管评级，实施再监管检查，确保财务公司行业的稳定，坚守不发生系统性金融风险的底线。

## 四 国资委相关政策要求

### （一）国资委大力推进供给侧结构性改革

2016 年，国务院国有资产监督管理委员会着力推进中央企业实施供给侧结构性改革。国资委强调，推进供给侧结构性改革是协调推进“四个全面”战略布局、贯彻落实“五大发展理念”的必然要求；是适应引领经济发展“新常态”、加快转变经济发展方式的重大举措；是中央企业深化改革、加快做强做优做大的重要途径。2016 年中央企业围绕供给侧结构性改革，坚持做好增量，盘活存量，主动减量“三量调整”，着力抓好巩固加强一批、重组整合一批、清理退出一批、创新发展一批，深入开展瘦身健体提质增效，取得了积极成效。

2016 年，国资委以化解过剩产能为切入点，调整供给结构。中央企业化解过剩产能不仅在于淘汰落后产能，也在于减少低端供给，用“去”为提高有效供给腾出空间。带头化解煤炭钢铁行业过剩产能。截至 2016 年 10 月底，中央钢铁企业完成化解钢铁过剩产能 1019 万吨，分流安置职工 29679 人，超额完成了钢铁行业去产能的任务。中央煤炭企业退出煤矿 53 个，化解煤炭过剩产能 3512 万吨，分流安置职工 3 万余人。加快“僵尸企业”市场肃清，截至 2016 年 10 月末已完成安置人员 11 万人。

2016 年，国资委以推进重组整合为重点，优化资源配置。在 2015 年完成重组 12 家中央企业的基础上，2016 年继续推动港中旅集团与国旅集团、中粮集团与中纺集团、宝钢与武钢、中储粮总公司与中储棉总公司等 10 家企业重组，同时新组建中国航空发动机集团有限公司，中央企业总户数调整到 102 家，央企之间的战略性重组，有力推动了国有资本优化布局，提高了配置效益，促进了企业加快结构调整、转型升级。

2016 年，国资委以创新发展为导向，加快转型升级。中央企业坚持把深化改革与“双创”结合起来，以资本为纽带，推动基金运作和结构调整协调联动，搭建各类双创平台 247 个、技术创新战略联盟 159 个，发起和参与 179 只创新发展基金，在航天、载人航天、探月工程、高速铁路、特高压输变电等领域取得了一批具有世界先进水平的重大科技创新成果，加快培育和孵化了新的经济增长点。

## （二）国资委要求央企财务公司助力供给侧结构性改革

2016 年，在经济发展“新常态”和全面推进供给侧结构性改革的大环境下，国资委要求中央企业财务公司资金集中管理功能要进一步完善，融资能力要进一步提升，风险控制能力要进一步增强，金融服务方式要进一步创新，对中央企业提质增效和转型升级工作发挥更重要作用。第一，更加注重精益高效，助力企业集团提质增效。财务公司要更好地助力企业集团精益管理，提高资产、资金使用效率。第二，更加注重协同融合，助力企业集团的重组和产业链的合作。财务公司应该积极开发产业链金融服务功能，探索在产业链上相互合作的模式。第三，更加注重个性服务，助力企业集团的调整、创新。财务公司面对集团成员单位多元化的资金需求和金融服务需求，要稳妥创新、积极服务，助力企业集团发展。第四，更加注重企业集团风险控制，助力企业集团稳健转型。

国资委要求财务公司助力集团转型发展，进一步合理确定财务公司业务范围、逐步完善财务公司管理体系、着力发挥财务公司专业优势、着力加强财务公司风险管控，并致力于妥善处理好与相关主体的关系，为中央企业的转型和发展提供较为扎实的金融支持。2016 年是中央企业整合重组的重要年份，国资委要求相关财务公司配合企业集团兼并重组进程，做好相关的过渡工作，并积极为企业集团兼并重组提供多元化金融服务，积极推进供给侧结构性改革。

# 第四章
# 行业自律环境

作为财务公司的行业性自律组织，2016年，中国财务公司协会（简称“中国财协”）紧紧围绕“自律、维权、协调、服务”方针，以自律为基础、以机制建设为重点、以服务为中心，认真务实地推进各项工作，行业自律达到新的高度。

## 一　强化战略引导，主动服务供给侧改革

行业年会引领发展方向。在银监会分管领导和非银部的关心指导下，中国财协组织召开业界高级别、高层次的中国企业集团财务公司2016年年会，聚焦行业发展主题，邀请国资委、人民银行、银监会、湖南省政府等政府部门领导和企业集团、商业银行、财务公司领导及科研院所专家共谋供给侧结构性改革下的财务公司发展战略及转型之道，为财务公司未来科学发展指明了方向。

行业评级促进健康发展。中国财协持续完善行业评级体系，制定行业评级实施细则，修订《企业集团财务公司行业评级办法（试行）》，开展评级后评价工作，对行业评级部分事项做出了适当调整，力求通过指标、标准、权重的设置科学引领行业发展方向。

司库理念促进人才培养。中国财协分别赴英美德参加ACT企业司库协会年会、AFP国际财资管理专业人士年会和西门子司库研讨会，加强对国际司库管理经验的研究和借鉴；启动“国际化司库人才培训项目”，举办两期“国际财资管理师（CTP）认证课程培训”，143名参训人员中有63名通过考试并获得首批由中国财协和国际财资管理专业人士协会共同颁发的“国际财资管理师”证书，为行业培育了首批国际国内认可的持证专业人才。

研判形势找准发展路径。中国财协组织召开 2016 年宏观经济形势及企业运营环境研讨会，并向银监会报送《2016 年宏观经济形势分析报告》，积极发挥行业协会作为政府部门参谋的作用；组织编写《企业集团财务公司行业年鉴》《季度行业运行情况报告》，为财务公司经营管理提供参考。

## 二　代表行业利益，开辟行业服务新高地

首次发布行业发展报告。中国财协充分运用多年来在数据统计、行业分析等方面的深厚积淀，发挥业内专家在行业理论与实践研究方面的独特优势，借助中国社会科学院财经战略研究院专业研究的权威性和社会影响力，形成首部行业发展研究专著——《中国企业集团财务公司行业发展报告（2016）》。

首次发布行业社会责任报告。在收集、分析、整理全行业社会责任案例的基础上，中国财协完成财务公司行业首部社会责任报告——《中国企业集团财务公司行业社会责任报告（2015）》，全面展现财务公司行业履行社会责任的成果。

首次策划参加银监会例行新闻发布会。作为首家组织参加银监会例行新闻发布会的会管协会，中国财协以“立足集团，服务实体经济”——财务公司行业践行社会责任为主题参加银监会例行新闻发布会，树立了财务公司行业负责任的社会形象。

## 三　积极沟通协调，营造良好外部环境

中国财协积极梳理分析全行业电票业务开展情况，向中国人民银行提交《关于扩大财务公司电票线上清算试点范围的函》，加速了中国人民银行《关于规范和促进电子商业汇票业务发展的通知》（银发〔2016〕224 号）文件的出台，并组织召开全行业电票业务研讨会，为下一阶段全面推广财务公司电票线上清算奠定基础。

推动扩大产业链金融试点成效显著。中国财协通过在 2016 年行业年会上选择有代表性的 14 家财务公司与国务院国研室和银监会领导进行面对面座谈，深入阐述财务公司开展产业链金融的优势和支持实体经济的作用，撰写相关报告报送国务院国研室和银监会。在银监会领导的大力支持下，2016 年末银监会稳步推进财务公司延伸产业链业务试点的政策正式下发。

加入支付清算系统稳步推进。中国财协组织部分财务公司研究探讨加入支付清算

系统的必要性和可行性，组织了定向问卷调查并形成政策建议报告，推动财务公司行业早日加入人民银行支付清算系统。

## 四 推进行业研究，提高行业发展效率

行业调研扎实开展。中国财协组织开展理事跨区域调研和监事调研，形成《第九届理事会 2016 年调研报告》和《第九届监事会 2016 年调研报告》，在调研过程中积极引导财务公司以司库为发展方向，得到了监管部门和会员单位的一致认同。

热点课题研究有序推进。中国财协组织召开“营改增”对财务公司行业影响座谈研讨会，形成课题研究报告与实务操作手册；有序推进财务公司行业标准化信息系统建设可行性研究；组织财务公司金融同业业务合作课题研究，形成财务公司金融同业业务系列研究报告；形成《关于财务公司非金融企业债务融资工具承销业务试点情况的汇报》，为进一步推动财务公司债券承销资格范围扩大做好研究储备；统筹管理行业研究课题，注重课题研究成果推广。

行业专项调研重点突出。中国财协首次成立由中国财协会员经理组成的财务公司管理办法实施情况专项调研课题组，走访 6 家银监局和 20 余家财务公司，形成相关调研报告并报送银监会。

## 五 提升服务水平，充分发挥职能作用

新建统计系统，优化数据发布流程。中国财协完成新系统的开发测试，提高统计系统对行业评级、行业分析等的支撑力度，完善数据报表审核流程，优化季度数据发布内容，不断提高数据的可视性和会员使用的便利性。

加大宣传力度，扩大行业影响。中国财协创立微信公众平台，拓宽行业宣传渠道，加大主流媒体宣传力度，完成近百篇发稿和多项主题专版报道，编写并出版《创新发展服务转型——媒体视角下的财务公司》《中国企业集团财务公司 2016 年年会特刊》等出版物，多层次、多角度、多形式地展示行业发展成果，反映行业诉求，引导社会舆论，推动监管决策。

优化培训管理，提高培训质量。中国财协完善培训流程和培训档案，组织编撰风险和信贷培训讲义，创新培训内容，形成培训教材、培训师资、培训课件有效结合的

基础业务培训体系，培训的针对性、专业性和实效性进一步提升。2016 年共举办各类培训 11 期，累计培训行业人数 1487 人次。

扩大交流沟通，推动互利共赢。中国财协围绕行业热点组织北京、北方、华东、华南区域交流活动，召开行业信息化建设交流会、经济形势与资产配置交流会等专项会议，并组织行业参加第九届亚洲金融论坛，不断提高交流的针对性和专业性，持续拓宽财务公司行业交流渠道。

## 六　完善治理体系，理顺协会运行机制

完善行业规制建设。中国财协为适应新形势对协会组织发展的要求，再次组织修改调整《中国财务公司协会章程》和《中国财务公司协会会员管理办法》，适度扩大会员范围，增加两类非财务公司会员，并在完善中国财协服务职责和优化部分治理程序方面做出调整，理顺治理结构。

理顺议事决策机制。中国财协定期召开理事会、常务理事会和监事会会议，讨论研究中国财协工作和行业发展中的重大问题，2016 年共组织召开 2 次理事会、3 次常务理事会和 1 次监事会会议。中国财协议事、决策和日常管理机制得到进一步完善。

# 第二篇　机构篇

2016 年，财务公司机构数量继续增加，资产规模稳健增长，资金集中度不断加强，风险管理保持稳健，盈利水平稳步提高。除西藏、新疆外，其他各省（区、市）均设有财务公司法人机构，有 9 家财务公司在海内外设立了分支机构。全国财务公司服务的成员单位涵盖 17 个行业。中央与地方国有企业所属财务公司占比 83.05%，集体民营企业所属财务公司占比 15.68%，外资企业所属财务公司占比 1.27%。全行业表内外资产、负债、净资产、实收资本较年初增加 10% 以上，营业收入下降 1.75%，营业支出下降 14.75%，利润增加 3.45%，全行业资金集中度为 45.58%，较上年提高 2.93 个百分点。根据 2015 年度财务公司行业评级情况，在 2015 年末已开业并正常经营的 222 家财务公司中，A 类 68 家，B 类 116 家，C 类 38 家。

2016 年，财务公司建立健全“三会一层”组织架构，各治理主体职责边界清晰，符合独立运作、有效制衡原则，为公司科学决策、高效运作提供了根本保障。财务公司行业尤其是国有企业财务公司，强化党组织在公司管理中的作用和地位，把党的领导体现到“三重一大”决策和日常管理监督中，切实为财务公司经营把好航向，管好风险。在股权结构方面，财务公司依循集团全资控股或集团和成员企业共同持股的股权架构。2016 年，财务公司在主动配合企业集团落实“三去一降一补”改革任务的同时，进一步加强了风险管理，各类主要风险管控效果更加明显。财务公司行业员工整体呈现学历高、年纪轻、专业性强的发展趋势，从业人员达到 11543 人。财务公司信息系统与时俱进，更新迭代成为常态。财务公司行业围绕业务发展规划与资金管控需求，大力推进、完善信息系统建设，将业务流程、资金管控、风险把握、大数据分析等重点因素楔入信息系统，逐步建立起高效率、高科技、一体化的信息平台。

# Part 2 Finance Companies

In 2016, the number of finance companies continued to increase, the total assets grew steadily, the concentration of funds continued to improve, risk management remained stable, and the profitability of the industry grew steadily. In addition to Tibet and Xinjiang, other provinces (autonomous regions and municipalities) are all equipped with legal entity of finance companies, among which nine finance companies set up branches at home and abroad. Corporate groups served by finance companies cover 17 industries. Among all finance companies, central and local state-owned enterprises accounted for 83.05%, collectively-owned private enterprises accounted for 15.68%, and foreign-owned enterprises accounted for 1.27%. The on- and off-balance assets, liabilities, net assets and paid-up capital increased by more than 10%, business income decreased by 1.75%, business expenditure decreased by 14.75% and the profit increased by 3.45%. The industry concentration was 45.58%, up by 2.93 percentage points year on year. Based on the industrial rating of 2015, among the 222 finance companies, 68 were registered as A level, which is the best; 116 were rendered B level, and 38 were rated C level.

In 2016, finance companies established and optimized the organization structure formed by the shareholder meeting, board of directors, board of supervisors, and the management team, with clear responsibilities for each governance body. The structure is in line with the principle of independent operation and effective checks and balances, and ensures the scientific decision-making and efficient business operation. Finance companies, especially state-owned finance companies, pay great focus on the party committee's role in corporate governance. Party leadership principle is applied in the Three-Importance & One-Large decisions (i.e. important decision-making for state-owned enterprises, important personnel arrangements, important project arrangements and large amount of capital operation) as well as daily management and regulation, which guides finance companies to develop toward the right trajectory and manage risks effectively. In terms of ownership structure, the finance company follows the ownership structure of the Group's wholly-owned holding or member companies' collective ownership. In 2016, finance companies positively responded to the reform of de-capacity, destocking, deleveraging, reducing costs, and making up for the weakness; meanwhile, they strengthened risk management, with categories of major risks under effective control. Employment in this industry shows higher academic achievements, young age, and higher professional skills, and at present, the total employment in this industry registered 11543.

The IT system of finance companies keeps abreast with the times and is in constant upgrading. The industry will focus on business development planning and capital control needs, vigorously promote and improve the construction of the IT system, and integrate the key factors such as business process, capital control, risk control and large data analysis into the IT system, and gradually establish an information platform featuring high efficiency, high-tech, and high integration.

# 第五章
# 机构概览

## 一　总体情况

2016年是推进供给侧结构性改革的攻坚之年，财务公司行业支持“三去一降一补”全面推进，坚守产业金融，服务企业集团降本增效和转型发展，行业发展规模和发展质量继续保持良好势头。

### （一）机构数量继续增加，新设与整合并行

2016年末，全国共有企业集团财务公司法人机构236家，较上年增加12家，其中，新设财务公司14家，重组合并减少财务公司2家[①]。全行业机构数量增速回落，新增财务公司数量较2015年减少14家，但仍保持了2009年以来连续7年机构数量两位数的增长。财务公司行业的不断壮大，是监管部门对财务公司行业规范引导和大力支持的体现，也是企业集团对于财务公司功能作用高度认可的印证。

随着近年来国企改革的深入推进，部分财务公司启动重组整合工作。2016年，北车财务公司与南车财务公司以吸收合并方式完成重组合并各项程序，正式更名中车财务公司，中电投财务公司和国核财务公司重组工作也进入实质阶段。

### （二）资产规模稳健增长，总体增速趋于放缓

资产规模继续保持良好的增长态势。2016年末，全行业表内外资产总额为7.50万亿元，同比增长12.43%。其中，表内资产总额为4.76万亿元，同比增长16.89%，

① 本报告机构数量不含国核财务公司，其数据并入中电投财务公司统计，2016年末国核财务公司未完成注销。

表外资产总额为2.74万亿元，同比增长5.44%。从全行业规模增速水平看，受益于企业集团资金集中管理进一步加强、财务公司业务创新与拓展不断深化等因素影响，财务公司行业资产规模增长势头良好，资产总额增速高于银行业金融机构1.09个百分点。

资产规模增速逐年趋缓。2016年末，财务公司表内外资产总额增速较2015年下降8.11个百分点，剔除新增机构减少因素影响后，仍分别较2015年和2014年回落7.61个和9.92个百分点。这与企业集团加强资金运作、压降货币资金存量以及部分企业集团经营业绩下滑等因素密切相关。

## （三）资金集中不断加强，支持实体成效显著

资金归集能力持续提升。财务公司坚持“资金集中、服务集团”的基本定位，充分发挥“辅助管理”和“金融服务”的双重属性，大力推动企业集团资金集中管理再上台阶。2016年末，全行业资金集中度为45.58%，同比增长2.93个百分点，推动存款规模继续增长，全行业各项存款余额为3.83万亿元，同比增长18.37%，为提高企业集团资金效率奠定了坚实基础；外汇及跨境资金集中进一步加强，截至2016年末，分别有74家和78家财务公司作为主办企业获得跨国公司外汇资金集中运营管理资质和跨境人民币资金集中运营业务资质，跨境双向人民币资金池人民币专用存款账户收付款累计金额超过1400亿元。

金融业务支持力度不断加大。财务公司积极响应产业政策，支持企业集团转型战略需求，切实提高金融有效供给，2016年累计发放各项贷款1.54万亿元，同比增长29.41%，年末贷款余额20.78万亿元，同比增长23.21%，日均存贷比为58.01%，同比提高1.63个百分点；结算支撑能力持续增强，全行业结算业务发生额为251.61万亿元，同比增长10.86%，开展外币国际结算的机构数量进一步增加，2016年末共有78家财务公司开展外币国际结算，较2015年增加14家，业务支撑能力进一步加强。

支持实体产业发展成效显著。财务公司始终坚持服务企业集团的根本宗旨，在提高企业集团资金效率、降低融资成本方面发挥独特作用。2016年，财务公司全年累计为企业集团节约财务费用超过800亿元。同时，财务公司以服务集团产业健康发展为出发点，大力支持集团产业链薄弱领域，改善产业链中小微企业的融资环境。2016年，财务公司继续向产业链下游开展消费信贷、买方信贷和产品融资租赁，年末余额合计达到1421.21亿元，同比增长27.69%；向产业链上游开展延伸产业链业务试点，2016

年末，5 家试点财务公司延伸产业链金融业务累计发生额 423.75 亿元，较 2015 年增加 95.97 亿元，有力地促进了产业链生态圈的健康良性发展。

## （四）风险管理保持稳健，各类风险控制得当

风险抵御能力保持良好。2016 年末，行业平均资本充足率 21.25%，同比提高 0.06 个百分点，高于商业银行 7.97 个百分点；核心资本充足率为 20.41%，同比增加 0.03 个百分点，高于商业银行 9.66 个百分点；行业拨备覆盖率 3303.79%，同比上升 540.49 个百分点，高于商业银行。全行业继续保持良好的风险抵御能力。

各类风险控制得当。2016 年末，行业不良资产余额 17.06 亿元，较年初下降 3.16 亿元，206 家财务公司无不良资产，行业平均不良资产率 0.03%，同比下降 0.02 个百分点，不良贷款率 0.06%，同比下降 0.04 个百分点，低于商业银行 1.70 个百分点，信用风险控制情况良好；全行业平均流动性比例为 64.79%，高于监管最低要求 39.79 个百分点，整体流动性状况较好；财务公司行业投资对象选择普遍较为谨慎，债券、货币基金及理财产品投资在有价证券投资中的占比超过 87%，自营投资余额占总资产比重仅为 6.09%，投资风险较小；全行业即期结售汇交易金额占外汇交易业务总额的 50.45%，超过 80% 的财务公司采用不留风险敞口的平盘策略，总体汇率风险较低。

未发生重大风险事件。2016 年，财务公司不断加强企业党组织的领导核心作用，进一步完善法人治理结构，持续强化风险内控体系，未发生重大风险事件，守住了不发生系统性、区域性风险的底线。

## （五）盈利水平稳步提高，利差空间继续收窄

利润实现情况良好。2016 年，全行业实现利润总额 795.62 亿元，较上年同期增加 26.54 亿元，增幅为 3.45%，剔除新增机构影响，2016 年利润总额增速为 3.58%，较 2015 年回落 5.97 个百分点。税后净利润 619.92 亿元，同比增长 4.34%。从盈利增速水平看，财务公司行业继续保持较好的增长态势，税后净利润增速高于商业银行 0.8 个百分点。

盈利能力略有回落。2016 年，全行业资产收益率和净资产收益率分别为 1.39% 和 9.83%，同比分别下降 0.19 个和 1.13 个百分点，降幅有所收窄，分别下降 0.11 个和 1.07 个百分点。

传统业务利差缩减。全行业净息差和净利差分别为 1.87% 和 1.70%，分别较上年

同期下降 0.33 个和 0.29 个百分点，同比下降幅度较 2015 年分别缩小了 0.2 个和 0.16 个百分点。其中，2016 年行业净息差较商业银行低 0.35 个百分点，体现了财务公司服务和让利企业集团成员单位的主要特点。

# 二　分布情况

## （一）地区分布

截至 2016 年末，除西藏、新疆外，其他各省（区、市）均设有财务公司法人机构，分布地区较上年增加宁夏。总的来看，机构的地区分布集中度仍然较高，其中，北京、广东、上海三地区的财务公司分别为 71 家、21 家、18 家，较上年分别增加 1 家、2 家、1 家，占行业总数分别为 30.08%、8.90%、7.63%，三个地区机构数量合计占总数的 46.61%（见图 5-1）。

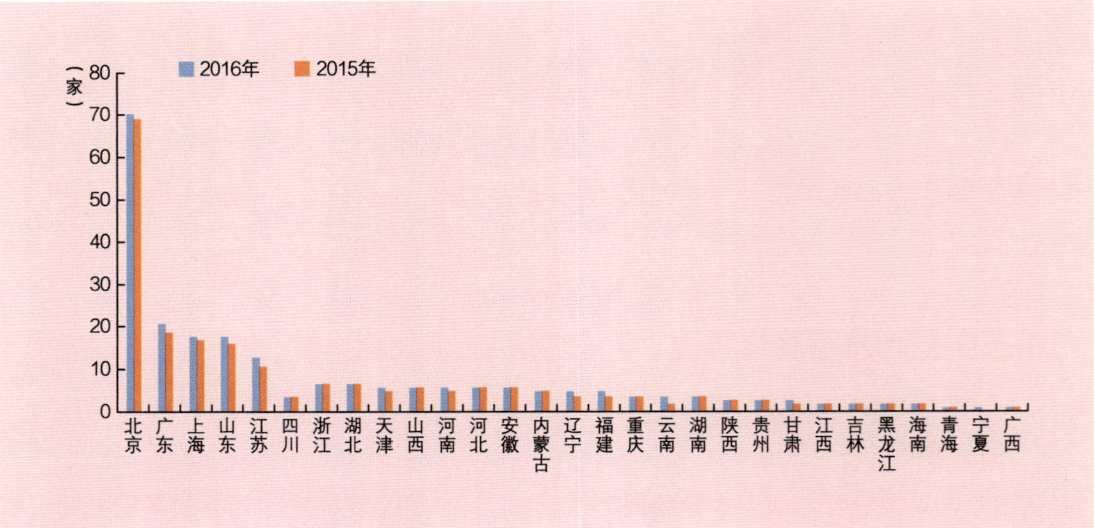


图 5-1　2015 年和 2016 年财务公司地区机构数量

截至 2016 年末，全行业共有 9 家财务公司设有分支机构，其中，中国电力财务公司分支机构数量最多，达 25 家。从全行业分支机构分布地区看，财务公司分支机构涉及 28 个省（区、市），38 个市以及中国香港、新加坡、迪拜等境外分支机构，其中，湖北省分支机构最多，有 4 家财务公司设有分支机构，四川省、黑龙江省和陕西省则各有 3 家分支机构。

## （二）行业分布

截至 2016 年末，全国财务公司服务的成员单位涵盖能源电力、石油化工、钢铁、机械制造、民生消费等 17 个行业。机构数量排名前五的行业是交通运输（24 家）、煤炭（21 家）、投资控股（20 家）、能源电力（18 家）和有色金属（17 家）。

从各行业机构变化看，交通运输、投资控股、石油化工、建筑建材、农林牧渔和其他 6 个行业 2016 年均有机构增加。其中，其他行业新增 5 家机构；农林牧渔新增 3 家机构；交通运输新增 2 家机构；建筑建材、投资控股和石油化工 3 个行业均新增 1 家机构；机械制造行业部分财务公司由于合并重组，减少 1 家；其余行业 2016 年无新增机构（见图 5-2）。

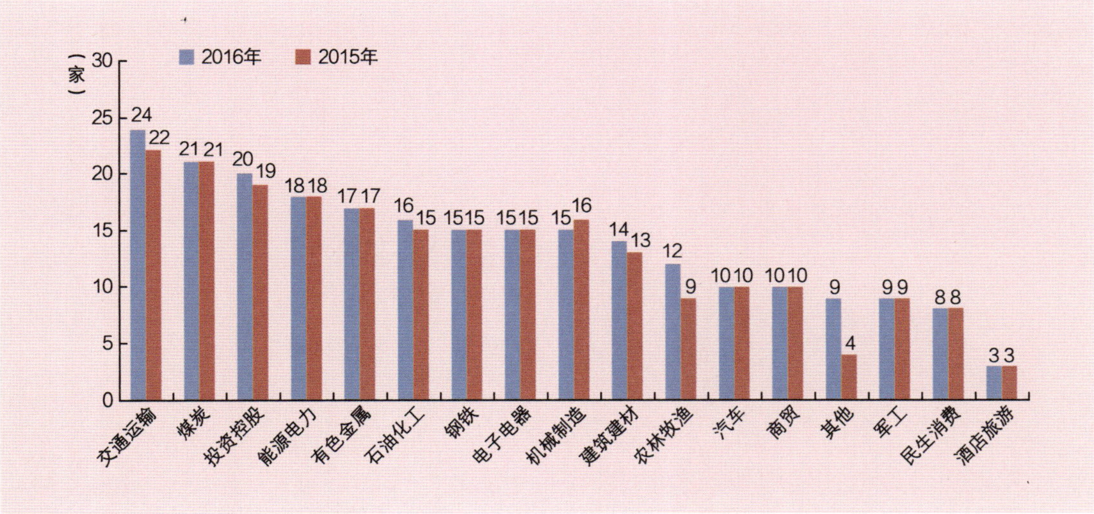


图 5-2　2015 年和 2016 年财务公司法人机构的行业分布

## （三）所有制分布

截至 2016 年末，全国共有 73 家中央国有企业设立了财务公司，与上年持平，占全部财务公司的 30.93%；地方国有企业所属财务公司有 123 家，占全部财务公司的 52.12%，较上年增加 1.67 个百分点；中央与地方国有企业所属财务公司合计占比 83.05%；集体民营企业所属财务公司共 37 家，占总数的 15.68%，较上年增加 0.5 个百分点；外资企业所属财务公司有 3 家，与上年一致，占总数的 1.27%（见图 5-3）。

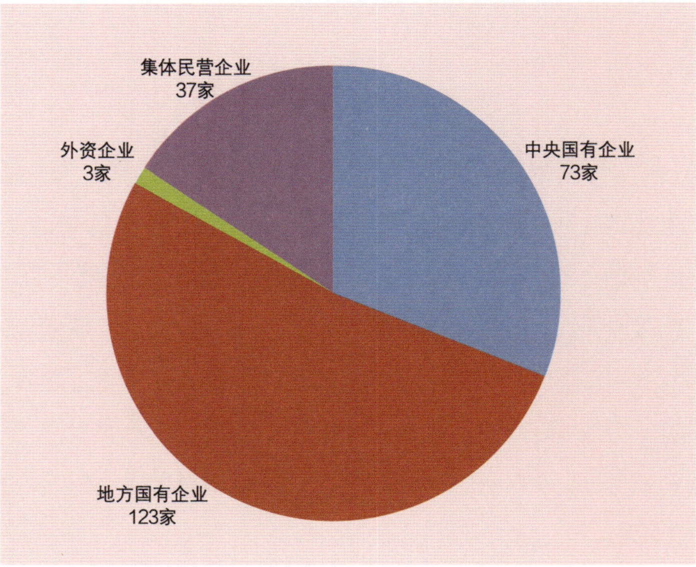


图 5-3　2016 年财务公司法人机构所有制分布

# 三　财务状况

## （一）资产状况

2016 年末，全行业表内外资产总额为 7.50 万亿元，较年初增加 8289.20 亿元，增幅为 12.43%。其中，表内资产总额为 4.76 万亿元，较年初增加 6877.63 亿元，增幅为 16.89%；表外资产 2.74 万亿元，较年初增加 1411.57 亿元，增幅为 5.44%。全行业生息资产规模为 4.61 万亿元，同比增加 6966.25 亿元，增幅 17.79%，占资产规模比为 96.87%，较上年增加 0.75 个百分点。

资产规模过千亿元的财务公司为 3 家，分别是中油财务公司、中国电力财务公司和上汽财务公司。这三家资产规模占全行业比为 15.32%，占比较上年同期下降 1.95 个百分点；资产规模在 500 亿元（含）至 1000 亿元的财务公司为 21 家，较上年增加 4 家，占全行业比为 8.90%；在 100 亿元（含）至 500 亿元的财务公司数量最多，为 93 家，较上年增加 13 家，占全行业比 39.41%；50 亿元（含）至 100 亿元的财务公司为 68 家，较上年增加 2 家，占全行业比为 28.81%；50 亿元以下财务公司为 51 家，较上年减少 3 家，占全行业比 21.61%（见表 5-1）。

**表 5-1 财务公司资产规模分布**

单位：家，%

| 资产规模 | 2015 年末 | | 2016 年末 | |
|---|---|---|---|---|
| | 家数 | 占比 | 家数 | 占比 |
| 1000 亿元（含）以上 | 3 | 1.36 | 3 | 1.27 |
| 500 亿元（含）至 1000 亿元 | 17 | 7.73 | 21 | 8.90 |
| 100 亿元（含）至 500 亿元 | 80 | 36.36 | 93 | 39.41 |
| 50 亿元（含）至 100 亿元 | 66 | 30.00 | 68 | 28.81 |
| 少于 50 亿元 | 54 | 24.55 | 51 | 21.61 |
| 总计 | 220 | 100.00 | 236 | 100.00 |

注：由于 2015 年末成立的 4 家财务公司未提供 2015 年相关数据，因此，2015 年末的数据为 220 家财务公司统计数据，以下同。

从各行业财务公司表内外资产增幅看，2016 年，商贸、民生消费、农林牧渔、建筑建材、交通运输、汽车等 9 个行业财务公司的表内外资产增速高于行业平均水平（12.43%）。其中，商贸行业表内外资产增速最高，为 86.49%；民生消费、其他、农林牧渔行业增速均超过 40%，分别为 61.53%、48.18% 和 46.89%；建筑建材、交通运输和汽车增速为 20% ~ 40%；投资控股、钢铁、电子电器略低于行业平均增速；煤炭行业表内外资产总额有所下降，降幅为 2.35%（见图 5-4）。

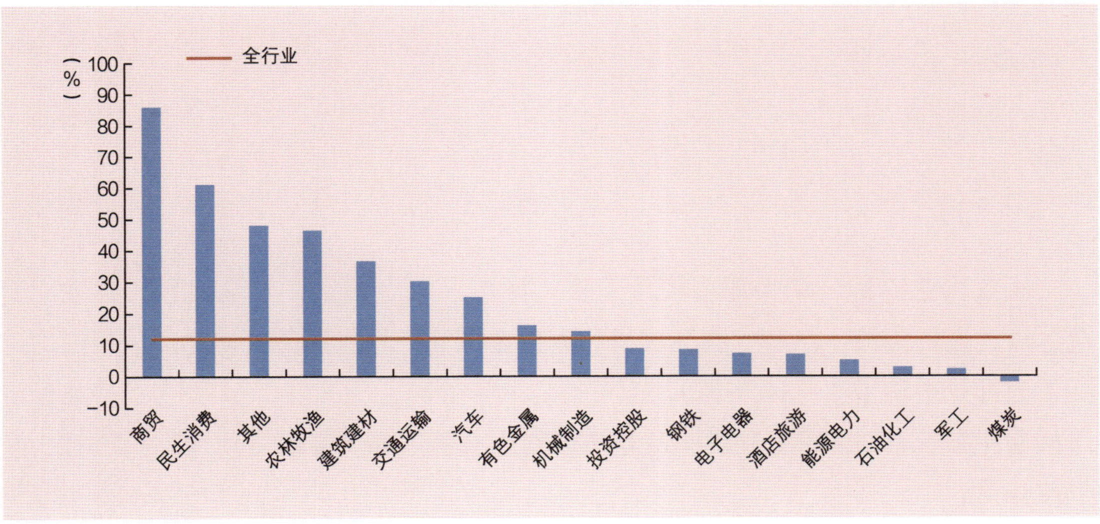


图 5-4 2016 年末各行业表内外资产增速

## （二）负债状况

2016 年末，财务公司全行业负债规模为 4.09 万亿元，较年初增加 5852.32 亿元，增幅 16.71%，增速同比有所回落，略高于银行业金融机构负债增幅（16.04%）。其中，财务公司付息负债总额为 4.04 万亿元，同比增加 5806.58 亿元，增幅 16.80%。占负债规模的比重为 98.78%，基本与上年持平。

负债过千亿元的财务公司为 3 家，分别是中油财务公司、中国电力财务公司、上汽财务公司；负债在 500 亿元（含）至 1000 亿元的财务公司为 17 家，较上年增加 1 家，占全行业比为 7.20%；在 100 亿元（含）至 500 亿元的财务公司为 80 家，较上年增加 14 家，占全行业比 33.90%；50 亿元（含）至 100 亿元的财务公司为 63 家，较上年增加 3 家，占全行业比为 26.69%；50 亿元以下财务公司为 73 家，与上年持平，占全行业比 30.93%（见表 5-2）。

**表 5-2 财务公司负债规模分布**

单位：家，%

| 负债规模 | 2015 年末 | | 2016 年末 | |
|---|---|---|---|---|
| | 家数 | 占比 | 家数 | 占比 |
| 1000 亿元（含） | 3 | 1.36 | 3 | 1.27 |
| 500 亿元（含）至 1000 亿元 | 16 | 7.14 | 17 | 7.20 |
| 100 亿元（含）至 500 亿元 | 66 | 30 | 80 | 33.90 |
| 50 亿元（含）至 100 亿元 | 60 | 27.27 | 63 | 26.69 |
| 小于 50 亿元 | 73 | 33.18 | 73 | 30.93 |
| 总计 | 220 | 100.00 | 236 | 100.00 |

从各行业财务公司负债规模增速看，商贸、民生消费、建筑建材、其他、交通运输、投资控股、汽车、农林牧渔和有色金属 9 个行业财务公司的负债规模增速高于全行业平均增速（16.71%），商贸行业增速最高，为 83.96%；民生消费和建筑建材增速高于 40%；军工和煤炭行业负债同比有所下降，降幅分别为 3.60 个和 9.33 个百分点。

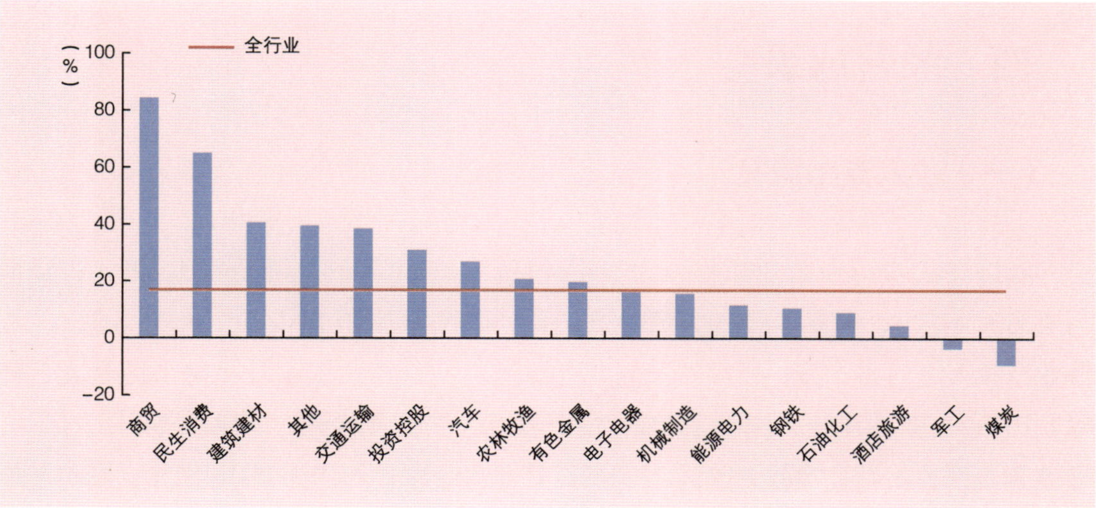


图 5-5 2016 年各行业负债规模增速

## （三）权益状况

2016 年末，全行业净资产总额为 6734.31 亿元，较年初增加 1025.31 亿元，增长 17.96%。实收资本 4331.24 亿元，较年初增加 627.04 亿元，增长 16.93%。

从实收资本规模分布看，2016 年末，62.29% 的财务公司实收资本规模集中在 10 亿（含）至 50 亿元，共 147 家，较上年增加 11 家；50 亿元以上的财务公司有 20 家，较上年增加 2 家，占比 8.47%；10 亿元以下的财务公司有 69 家，较上年增加 3 家，占比 29.24%（见表 5-3）。除 2016 年成立的财务公司外，41 家财务公司进行了增资，增资合计 470.75 亿元。

表 5-3 财务公司实收资本规模分布

单位：家，%

| 实收资本 | 2015 年末 | | 2016 年末 | |
|---|---|---|---|---|
| | 家数 | 占比 | 家数 | 占比 |
| 50 亿元（含）以上 | 18 | 8.18 | 20 | 8.47 |
| 10 亿元（含）至 50 亿元 | 136 | 61.82 | 147 | 62.29 |
| 少于 10 亿元 | 66 | 30 | 69 | 29.24 |
| 总计 | 220 | 100.00 | 236 | 100.00 |

# 四 经营成果

## （一）收入支出情况

2016 年，全行业营业净收入为 964.24 亿元，较上年同期降低 43.98 亿元，降幅为 4.36%。其中，利息净收入为 798.62 亿元，同比增加 27.89 亿元，增幅 3.62%，占营业净收入比为 82.82%；手续费及佣金净收入为 21.90 亿元，同比下降 1.19 亿元，降幅 5.16%，占营业净收入比为 2.27%；投资收益为 132.54 亿元，同比下降 71.18 亿元，降幅 34.94%，占营业净收入比为 13.75%；其他营业净收入合计 11.18 亿元，同比增加 0.50 亿元，增幅 4.71%，占营业净收入比为 1.16%（见图 5-6）。

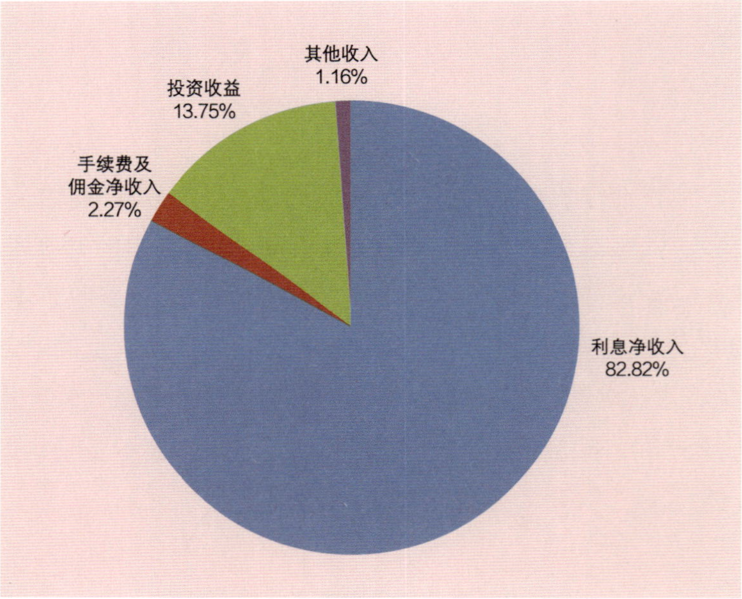


图 5-6 2016 年财务公司营业净收入结构

2016 年行业营业净收入出现同比下降，除受利差缩减和投资收益下降等因素影响外，主要原因是 2016 年 5 月 1 日财务公司全面执行“营改增”政策，流转税由价内的营业税改为价外的增值税，原营业税条件下的部分收入在“营改增”后进入应缴增值税核算，造成营业收入规模减小。

2016 年，全行业营业支出为 112.61 亿元，同比下降 19.48 亿元，降幅 14.75%。其中，业务及管理费为 89.16 亿元，同比增加 11.96 亿元，增幅 15.49%。

营业支出同比下降主要是受“营改增”影响，一方面，营业税税金及附加大幅缩减，同比下降 31.60 亿元；另一方面，少量业务及管理费中的可抵扣项目不再列入支出核算。

## （二）盈利情况

2016 年，实现利润总额 795.62 亿元，较上年同期增加 26.55 亿元，增幅为 3.45%。全行业资产收益率和净资产收益率分别为 1.39% 和 9.83%，同比分别下降 0.19 个和 1.13 个百分点。全行业净息差和净利差分别为 1.87% 和 1.70%，分别较上年同期下降 0.33 个和 0.29 个百分点。

从各行业财务公司利润总额的增速看，民生消费、汽车、建筑建材、酒店旅游、军工、商贸、交通运输和煤炭 8 个行业财务公司的利润总额增速高于全行业平均水平。排名前五的行业分别是民生消费、汽车、建筑建材、酒店旅游和军工，利润增速分别为 34.29%、32.19%、31.83%、22.84% 和 16.83%；利润总额同比有所下降的行业有投资控股、能源电力、其他、电子电器、石油化工、钢铁和机械制造，其中，利润总额同比下降幅度最大的是机械制造行业财务公司，利润降幅为 15.32%（见图 5-7）。

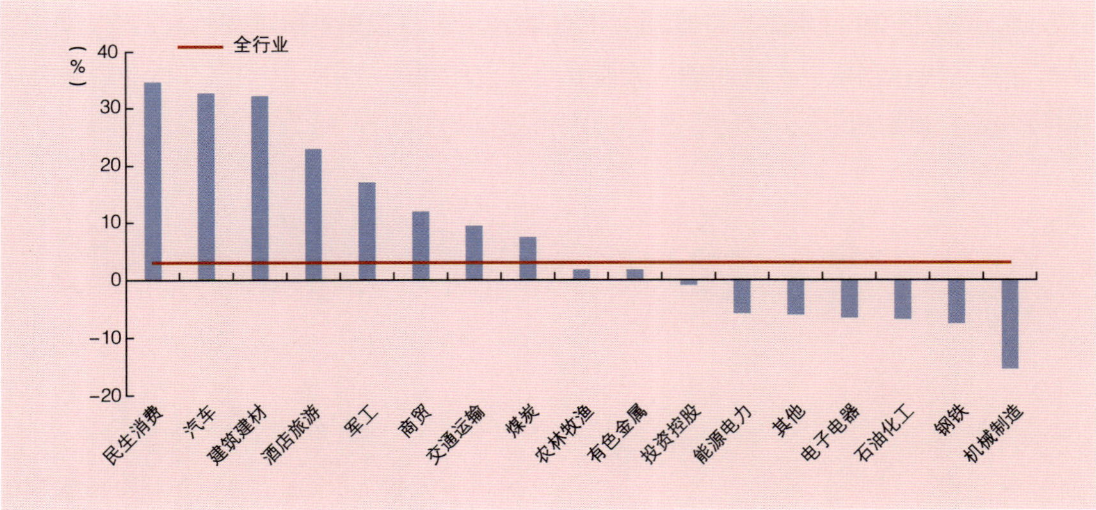


图 5-7　2016 年各行业利润增速

从各行业财务公司的资产收益率看，排名前五的分别是汽车、能源电力、石油化工、煤炭和军工行业财务公司，资产收益率分别是 2.11%、1.79%、1.67%、1.63%、1.45%；资产收益率不足 1% 的有其他、机械制造、商贸、建筑建材行业财务公司，分别为 0.98%、0.96 %、0.95%、0.77%。与 2015 年相比，资产收益率有所增加的有汽车、军工和酒店旅游行业财务公司，分别较上年增加 0.21 个、0.09 个和 0.17 个百分点（见图 5-8）。

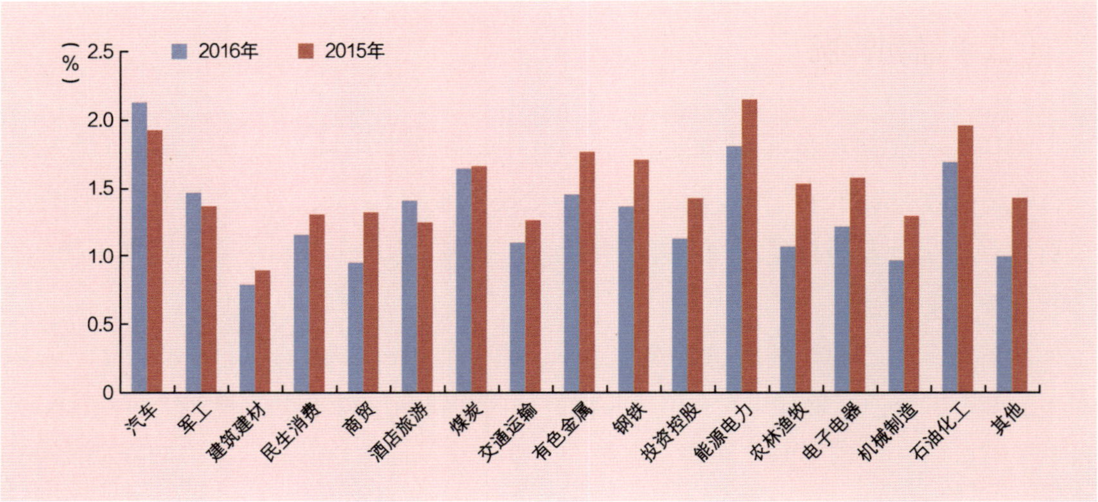


图 5-8　2015 年和 2016 年各行业资产收益率

从各行业财务公司的净资产收益率看，排名前五的分别是汽车、军工、电子电器、石油化工和能源电力行业财务公司，净资产收益率分别是 17.68%、16.57%、11.58%、11.52% 和 11.45%。与 2015 年相比，净资产收益率有所增加的有汽车、军工、建筑建材、民生消费、商贸和酒店旅游 6 个行业的财务公司，其中汽车行业财务公司净资产收益率增幅最大，同比提高 1.64 个百分点（见图 5-9）。

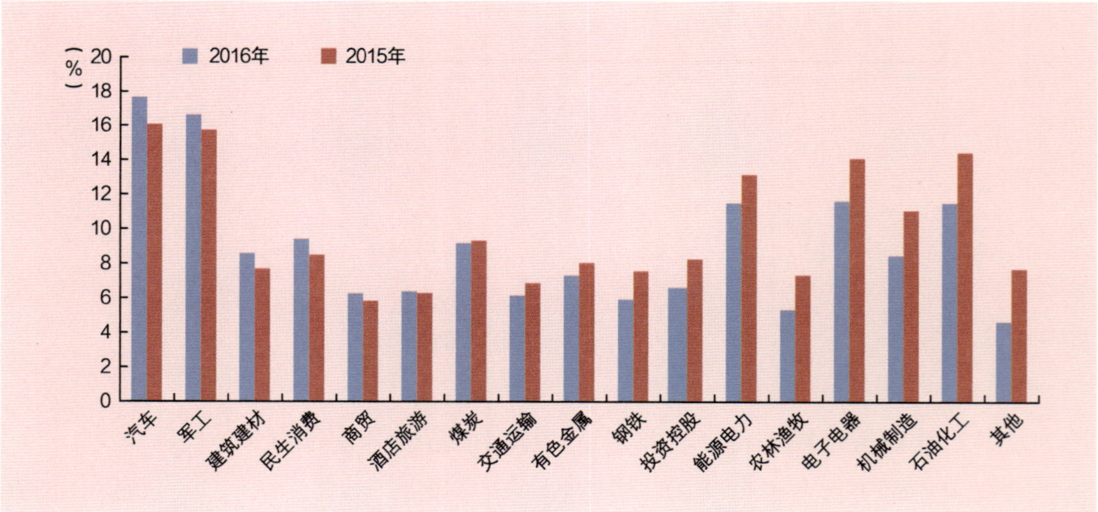


图 5-9　2015 年和 2016 年财务公司分行业净资产收益率

### （三）资金集中情况

2016年，财务公司资金集中度进一步加强，年末全行业资金集中度为45.58%，较上年提高2.93个百分点，继续呈现逐年上升的趋势（见图5-10）。

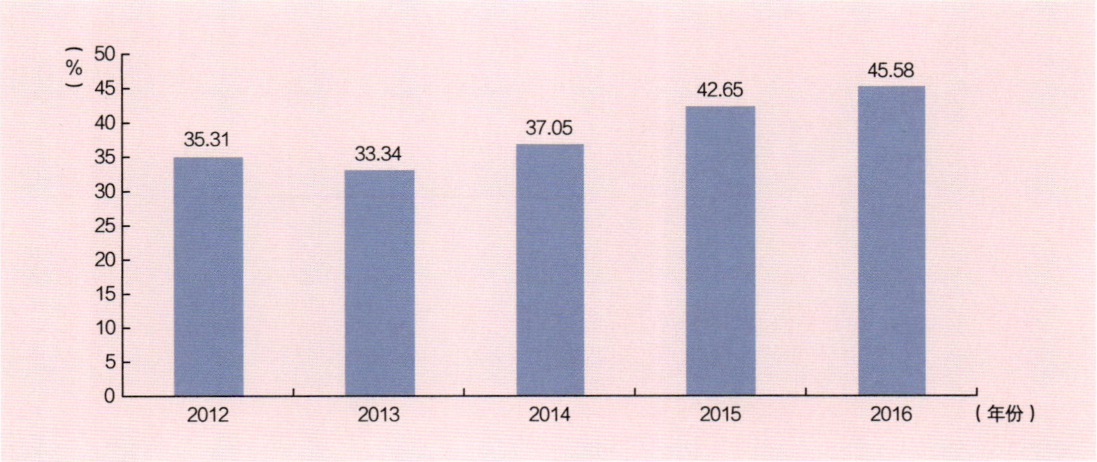


图5-10 财务公司行业资金集中度

## 五 行业评级

为加强行业自律管理，充分发挥行业协会支持和市场约束作用，建立一套全面、客观、公正、透明、科学、有效的行业评级体系具有重要意义。一是促进财务公司了解自身在行业中的位置，找准自身定位，挖掘发展潜力，有的放矢地提升核心竞争力；二是树立财务公司行业发展标杆，发挥先进财务公司示范引领作用，推动行业稳定健康发展；三是为各监管部门更好地掌握行业发展状况、实施分类监管、给予配套政策支持提供重要参考依据；四是推动集团加强对财务公司的支持，促进财务公司更好地发挥核心功能，助力实体经济发展。

在5年多的财务公司行业评价课题研究基础上，中国财协于2015年探索建立了财务公司行业评级体系，制定了《企业集团财务公司行业评级办法（试行）》，并在2016年3月经会员大会表决通过。财务公司行业评级指标体系简称"CORE"评级体系，包括"资金集中管理能力"（Capability of Centralization）、"经营与服务能力"

（Operation & Service）、“风险管理能力”（Risk Management）、“盈利能力”（Earning Capability）四大评级模块 17 个指标。

2016 年，根据《企业集团财务公司行业评级办法（试行）》，中国财协组织完成 2015 年度行业评级工作，在 222 家已开业并正常经营的财务公司中，A 类财务公司 68 家，占比 31%；B 类财务公司 116 家，占比 52%；C 类财务公司 38 家，占比 17%。

# 第六章 机构管理

## 一　公司治理

建立完善、高效的法人治理结构，是提高财务公司运作效率，降低经营风险，实现关联主体利益共赢的基础与核心。2016 年，财务公司普遍能够按照《公司法》、《公司章程》以及监管部门的要求，建立科学的“三会一层”（股东会、董事会、监事会、经营层）组织架构，各治理主体职责边界清晰，符合独立运作、有效制衡原则，为公司科学决策、高效运作提供了根本保障。同时，2016 年财务公司行业尤其是国有企业财务公司，积极响应党中央推动国有企业从严治党相关要求，着力强化基础党组织在公司管理中的作用和地位，把党的领导体现到“三重一大”决策和日常管理监督中，切实为财务公司经营把好航向，管好风险。

### （一）发挥企业党组织政治核心作用

2016 年是落实习近平总书记关于坚持党对国有企业的领导，充分发挥国有企业党组织的政治核心作用，促进国有企业改革和发展有关精神的关键一年。作为企业集团下设的机构，财务公司进一步加强党的领导，加强党组织建设，强化党在企业内的政治核心作用。

在处理党组织和其他治理主体的关系方面，2016 年，财务公司着力明确权责边界，不断完善各司其职、各负其责、协调运转、有效制衡的公司治理机制。很多国有企业集团财务公司已经将党建工作提到了保障公司稳健发展的政治高度，把党的领导融入公司治理各环节，把企业党组织内嵌到公司治理结构之中，明确和落实党组织在公司法人治理结构中的法定地位，使党组织发挥作用组织化、制度化、具体化。同时注重完善“三重一大”决策监督机制，严格日常管理，整合监督力量，切实做到组织落实、干部到位、职责明确、监督严格。2016 年，部分财务公司率先将健全党的组织，建立党的工作机构，落实全面从严治党责任等党组织在公司发挥政治核心作用等方面的内容写入公司章程，不少财务公司党组成员参加公司股东会、董事会，参与公司经营发展决策，绝大多数财务公司坚持“三重一大”决策制度，定期召开党委会研究审议公司重大决策、重要干部任免、重大项目安排、大额资金使用问题。

在加强党委班子建设方面，财务公司切实履行“党政同责，一岗双责，齐抓共管”原则，大多数财务公司的领导班子成员是党组成员，既抓好分管的业务工作，又集中力量抓好党组织建设和党风廉政建设工作，真正做到“两手抓、两手硬”。

## （二）组织架构及三会建设

2016 年，财务公司行业公司治理总体情况良好，普遍建立了“三会一层”的现代金融企业法人治理结构，股东会、董事会、监事会分别代表权力机构、决策机构和监督机构，相互配合、规范运作，形成了有效的权力制衡机制。2016 年全行业共召开股东会 541 次，董事会超过 1044 次，监事会 428 次，有效履行了决策和监督职能。

2016 年，财务公司充分发挥董事会职能，督促经营层把握发展机遇，破解发展难题，协同集团总体发展战略，服务成员单位的发展壮大。全年财务公司董事会以及下设的风控、审计、战略等委员会召开会议共计 2225 次，形成董事会决议 2751 个，涉及法人治理、组织架构、制度建设、运营管理、发展战略、目标任务、深化服务、人才规划、风险防控、审计稽核等经营管理的方方面面，全面保障了财务公司稳步健康运行。另外，财务公司更加重视独立董事作用，2016 年末，有 37 家财务公司引入独立董事共计 43 人，比 2015 年末增加 4 家。

2016 年，财务公司监事会的监督职责进一步得到加强。监事会通过积极列席董事会会议、开展专项现场检查、加强对董事和高管履职评价等方式对财务公司依法运作情况进行了监督，有效促进了公司各项工作科学、合规、稳健运行。调查显示，有 177 家财务公司开展了董事、高管履职评价，有 160 家制定了监事履职评价制度，进一步保障了董事会决策科学，经营层执行决策有力，推进了财务公司各项目标任务的顺利完成，保证了公司股东利益最大化。

在经营层方面，有 30% 的财务公司设置了一正两副的高管配置，有 50% 的财务公司高管人数超过 3 名，充分按照监管部门要求，实现前、中、后台管理相分离。另外，除了监管部门审批的高管外，2016 年，部分财务公司领导班子中还增加了党委副书记、纪委书记等集团任命的高管人员，进一步完善了公司经营层的配置，强化了经营层的管理功能。

在股权结构方面，财务公司因其特有的行业属性，普遍还是依循集团全资控股或集团和成员企业共同持股的股权架构，2016 年有约 90% 的财务公司采用此模式，引入集团外战略投资者的财务公司仍为 17 家。

### （三）经营考核

目前，企业集团均对财务公司有明确的考核评价要求。根据调查，119 家财务公司的考核仍主要设定在营业收入、利润总额等传统的经营业绩指标上，与其他成员单位的考核指标基本一致；98 家财务公司建立了符合财务公司行业特点的考核评价体系，将客户满意度、节约财务费用等具有财务公司特色的考核指标引入考核体系。在经营考核方式上，很多财务公司运用了 KPI 考核模式，根据集团对财务公司的定位，将经营管理、服务水平、监管指标等按照一定权重融入考核体系，综合评价财务公司的经营绩效。

对于强调财务公司服务和管理属性的企业集团，其财务公司的评价考核与其他经营机构具有明显的区别。例如，某财务公司在企业集团的定位是“集团金融秩序维护者、金融资源整合者，产融价值创造者”，集团对财务公司的利润考核指标权重仅为 15% 左右，金融服务的指标占比达到 85%，其考核要点集中在集团整体财务费用是否合理、财务公司融资和结算等保障功能的发挥情况以及财务公司的风险控制能力等方面。

## 二　风险管理

### （一）风险管理概况

2016 年，财务公司风险管理进一步加强，各项基础性工作持续完善，各财务公司持续完善风险管理组织架构，截至 2016 年末，财务公司普遍在董事会下设立风险控制（或管理）委员会，在经营层设立信贷（或贷款）审查委员会，并建立了风险管理报告制度。已有 33% 的财务公司在投资、资产负债管理等业务领域的风险管理工作中引入了定量方法或定量模型，风险管理方法日趋优化。

2016 年，财务公司风险监控指标持续向好，行业总体风险水平进一步降低（见表 6-1）。2016 年末，全行业 206 家财务公司无不良资产，占全行业财务公司的 87.29%，不良贷款率 0.06%，较上年同期下降 0.04 个百分点，低于银行业平均水平 1.68 个百分点；全行业平均资本充足率 21.25%，较上年同期上升 0.06 个百分点，高于银行业平均水平 7.91 个百分点，资本充足情况良好；投资比例、自有固定资产比例、拆入资金比例略有下降，资产负债结构更趋稳健；全行业流动性比例进一步提升至 71.87%，远高于银行业 47.55% 的平均水平，财务公司在年末时点的流动性相对宽裕；全行业担保比例 40.87%，同比增长 18.78 个百分点，主要增长来自票据承兑业务，这是财务公司响应人民银行推广电票业务的政策导向，积极推动企业集团开展电票支付业务，提高产业资金周转效率的结果。

**表 6-1　2016 年财务公司主要监控指标对比**

单位：%

| 监控指标 | 2016 年末 | 2015 年末 |
|---|---|---|
| 不良贷款率 | 0.06 | 0.10 |
| 不良资产率 | 0.03 | 0.05 |
| 贷款损失准备充足率 | 1141.21 | 858.78 |
| 资本充足率 | 21.25 | 21.19 |
| 核心一级资本充足率 | 20.41 | 20.38 |
| 投资比例 | 40.63 | 49.82 |
| 自有固定资产比例 | 0.73 | 0.89 |
| 拆入资金比例 | 17.58 | 22.04 |
| 担保比例 | 40.87 | 22.09 |
| 流动性比例 | 71.87 | 64.79 |

## （二）主要风险防控情况

### 1. 信用风险管理

财务公司的服务对象以集团内部成员单位为主，其信用风险与作为社会化和市场化金融机构的商业银行有着不同的特征。经营范围的内部性决定了财务公司信用风险主要来自集团实体产业经营风险及财务风险的传导。盈利模式的特殊性则决定了财务公司管理信用风险的利益基础是集团整体利益最大化，而非财务公司自身利益最大化。因此，财务公司的信用风险管理重点和特征与商业银行具有一定的差异。

2016 年末，财务公司不良资产率同比继续下降至 0.03%，拨备覆盖率进一步提高到 3303.79%，资产质量仍保持较好水平，拨备较为充足。2016 年，随着财务公司行业的不断发展成熟，信用风险管理工作得到持续重视与加强，财务公司的信贷资产质量继续呈现逐季改善趋势（见图 6-1）。

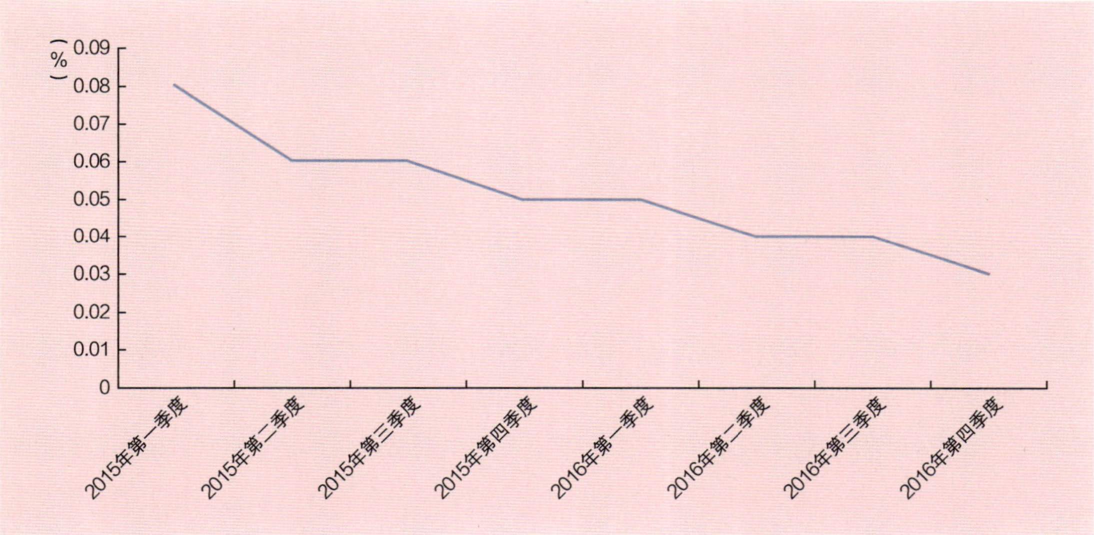

图 6-1 2015 ~ 2016 年财务公司不良资产率变动趋势

信用风险管理措施不断完善。2016 年，财务公司在强化传统的贷前贷后管理措施的基础上，进一步健全风险管理政策和流程，建立外部交易对手名单制管理体系，不断完善符合财务公司特点的量化信用风险管理模型。例如，上汽财务公司针对包括公司金融、消费信贷、买方信贷以及固定收益在内的几乎全部业务，建立了相应的量化风险管理模型，实现了信用风险的有效管控；进一步完善信用风险的压力测试安排，制定并定期演练应急方案和计划，提高财务公司的应急管理水平；主动参与集团整体信用管理，确保集团成员单位的对外偿债性支付，维护集团整体信用，有效防范集团成员单位的财务风险向财务公司信用风险传递。此外，格力财务公司等还在产业链金融业务的信用风险管理方面开展了卓有成效的实践。

案例

## 案例 6-1　格力财务公司产业链金融业务信用风险管理实践

作为首批试点延伸产业链金融服务的 5 家财务公司之一，格力财务公司采取有效措施合理控制信用风险，信贷资产按五级分类全部为正常类，贷款收息率为 100%，资产质量良好，其财务公司对相关业务采用的风控手段如下。

Ⅰ．保理融资业务

第一，格力财务公司目前办理保理融资业务，应收账款必须获得该笔应收账款债务人的确认才予以办理，在获得应收账款确认后，无须产业链上游供应商提供抵、质押物等其他担保即可办理融资。

第二，开发保理系统，整合产业链信息流。格力财务公司利用格力电器在产业链中的核心地位，开发了供应商保理融资业务系统（FN9 系统），整合供应链上的产品流、信息流、数据流、资金流等信息，实现全流程信息交互，增强对产业链企业的控制力，积极防控业务风险。

第三，资金封闭管理。产业链企业需要在格力财务开立结算账户，并将该账户作为接收格力电器付款的专用账户，以便格力财务公司监控流向，保证信贷资金全部用于支持产业链企业正常生产经营，禁止将信贷资金挪作他用，实现资金的封闭管理。

第四，严格客户准入要求。对于新客户，格力财务公司严格审查借款人是否符合格力财务公司服务对象规定、营业资质是否符合格力财务公司对借款人的相关要求以及提供的资料是否真实、有效、完整，并利用格力电器在产业链中的核心地位，通过查询新客户的供货信息、资金信息等来协助评估新客户，对不符合风险控制要求的客户，格力财务公司将拒绝为其提供保理融资。

第五，不断完善契约制度。格力财务公司拟定多项商务合同，在合同协议中明确供应链上游供应商、格力电器、格力财务公司三方的权利及义务。如买方提出争议（包括但不限于买方对应收账款提出拒绝付款、拒绝接受服务 / 货物等主张），格力财务公司对此在《国内无追索权保理合同》中规定，产业链企业应立即解决争议，在争议解决前，格力财务公司有权决定暂停、终止或恢复提供保理预付款。

Ⅱ．“一头在外”的票据贴现业务

对于“一头在外”的票据贴现业务，格力财务公司依托内部电票系统，大力向产业链企业推广使用格力电子商业承兑汇票，实现对票据业务的集中统一管理。供应商可将格力电器开具的商业票据在电票系统中直接向格力财务公司申请贴现，且贴现仅占用票据承兑人的授信额度，不占用供应商的授信额度。同时，作为珠海地区首家电子票据再贴现业务的金融机构，根据需要，格力财务公司再向人民银行申请办理票据再贴现。

Ⅲ.买方信贷业务

针对下游经销商，格力财务公司专门建立贷后大数据分析系统，通过人民银行征信系统、经销商财务数据、格力财务公司信贷系统三个渠道获取信息，从客户存货、现金流、销售情况、融资情况（包括经销商在各大金融机构授信总额、风险敞口总额、担保方式等）等方面做大数据统计分析，加强对客户贷前、贷中及贷后的管理，依据分析结果向经销商提出融资建议，并向总部提出相关管理建议，加强融资企业风险监测预警。

## 2. 市场风险管理

面对利率市场化改革以及金融市场竞争的加剧，财务公司市场风险管理面临新的挑战。一方面，从财务公司服务和管理的双重属性来看，对于存贷利率管理而言，财务公司与各成员单位最终都是从属于企业集团整体利益，因此，财务公司面临的利率风险冲击与商业银行相比相对较小，而大多财务公司外汇业务的开展深度和广度仍然不高且风险策略较为保守，行业目前面临的市场风险与商业银行等机构相比较低。另一方面，大多财务公司在搭建适合自身特点的市场风险管理体系方面仍有较大提升空间，需要在专业人员、方法机制和系统支持方面进一步加强投入。

2016年，获批开展投资业务的财务公司共有125家。从投资结构看，低风险的信托、理财等投资品种占比进一步加大至47%，占比同比增加8个百分点。全行业即期结售汇交易金额占外汇交易业务总额的50.45%。超过80%的财务公司采用不留风险敞口的平盘策略，行业总体市场风险较低。

2016年，财务公司不断健全市场风险管理机制，严格控制市场风险敞口。一是进一步完善贷款定价管理体系，建立差异化定价策略，适时调整资金定价，规避利率风险；二是有价证券投资业务保持相对稳健的投资结构与策略，建立差异化的投资业务风险控制流程，投资重点集中在固定收益产品等低风险品种上；三是外汇业务普遍采用逐笔平盘或当日平盘的策略，严格控制外汇风险敞口。

## 3. 操作风险管理

财务公司的操作风险具有一定的行业特点。一方面，由于财务公司的业务和产品相对简单，客户相对固定，所面临的操作风险水平较低；另一方面，与相对成熟的商业银行相比，部分财务公司在人员的金融专业素质、操作风险管理经验以及信息系统对操作风险的防控能力等方面仍有差距，操作风险管理仍然不可忽视。

通过采取多项措施，2016年度财务公司行业的操作风险得到有效控制，全年未发生重大风险事件。一方面，持续加强风险控制制度和流程建设，强化业务操作培训及轮岗制度；另一方面，进一步提升信息系统功能及其稳定性，扩大系统的业务覆盖面，充分发挥信息系统的刚性约束效能，加强业务连续性管理，建立灾备中心，不断提高信息系统的操作风险防范能力。

案例

## 案例 6-2　浦发财务公司 IT 应急管理做法

浦发财务公司核心业务系统涵盖公司日常结算和信贷业务，为客户提供网络服务平台。随着核心系统在财务公司自身经营管理和服务集团功能中的作用日益重要，一旦系统出现故障将导致业务连续性或数据安全受到严重威胁，IT应急管理的重要性日益凸显。浦发财务公司应急管理工作主要包括以下四个方面。

一是应急组织架构。财务公司现有的应急管理相关制度已经明确应急管理组织机构及职责。公司进一步细化应急组织架构，明确由哪些人参与应急，参与人的角色、职责，并且形成参与者的呼叫树和联络清单。应急组织架构要达到以下目标：在响应启动阶段，支持保障组值班人接到系统突发事件报告后，对事件状况进行核实，对其初步影响进行评估并上报应急领导层，应急领导层决策启动快速应急响应；在人员集结阶段，支持保障组根据呼叫树和联络清单通知各应急成员集结到位。

二是应急预案。应急预案是应急管理体系的主体。在突发事件发生时，应急预案能确保实现快速高效有序地响应和处置，是突发事件发生后响应处置工作的主要依据。财务公司应急预案的内容主要包括业务影响分析、风险评估、应急策略、应急响应处置和报告的流程，以及各技术条线的应对措施等内容。业务影响分析和风险评估是制定应急预案的前提和依据。根据业务影响分析结果制定的应急策略的具体内容，主要包括业务功能分析、应急恢复目标、资源保障策略等。应急响应处置流程分为响应和处置两大部分。突发事件报告主要描述本级单位发生突发事件后的初次报告、事中报告和事后报告的报告流程、报告要求（报告频率、报告表、报告方式、报告路径等）。

三是应急演练。应急演练是检验、评估应急预案的重要手段。演练能暴露信息系统连续性运行和应急预案的缺陷，提高应急处理人员的熟练程度和技术水平，同时可以加强各业务部门应急之间的协作。财务公司应急演练主要包括演练前准备、演练实施和演练总结等环节。演练前准备指参与演练人员根据已制定好的演练计划方案进行相关准备工作。演练实施主要包括流程的演练和技术演练，相关人员需对演练过程中的问题、时间等进行详细记录。通过对演练情况的评估和总结，可以发现演练的组织实施及应急预案中存在的问题，进一步提高应急人员的执行能力，完善应急预案，使业务连续性管理和应急管理日渐完善。

四是现场应急。现场应急是应急管理的核心，目的是在应急事件发生后按照应急预案进行有序处理和快速恢复。公司现场应急包括监测、报告、响应、恢复和评估 5 个环节。

应急管理工作是一项长期而重要的工作任务，要逐步建立常态化的应急管理工作机制，不断完善、改进应急管理工作。调动财务公司全体员工普遍参与，通过长期的演练和常态化的管理机制，不断积累经验，实现业务连续性管理的总体工作目标，切实保障财务公司的信息系统的安全稳定运行，推动业务经营的持续稳健开展。

### 4. 流动性风险管理

财务公司是集团内部资金市场的中枢，其流动性管理具有较强的特殊性。一方面，财务公司能够通过与集团预算的协同管理提高资金收支计划的准确性，在流动性风险管理方面更具有预见性；另一方面，财务公司外源性资金来源渠道相对匮乏，流动性调节能力有限，客户集中度高，资金“大进大出”现象明显，资产与负债的期限错配相对严重，流动性管理也有一定难度。

2016 年，财务公司行业流动性风险总体可控。各季末的流动性比例继续处于 60%～70% 的较高水平（见图 6-2），始终明显高于监管下限 25%。这说明一方面财务公司流动性风险很小，另一方面说明在流动性压力和流动性调节工具有限的情况下，财务公司资金运用有进一步加强的空间。

在流动性管理机制建设方面，多数财务公司在经营层甚至董事会设立资产负债管理委员会，实现流动性风险的统筹管理。根据监管要求制定资金管理或流动性风险管理应急办法，进行流动性风险压力测试安排，提高财务公司流动性危机的应急处理能力。同时，有条件的财务公司积极申请加入银行间市场和交易商协会，丰富财务公司流动性管理工具。

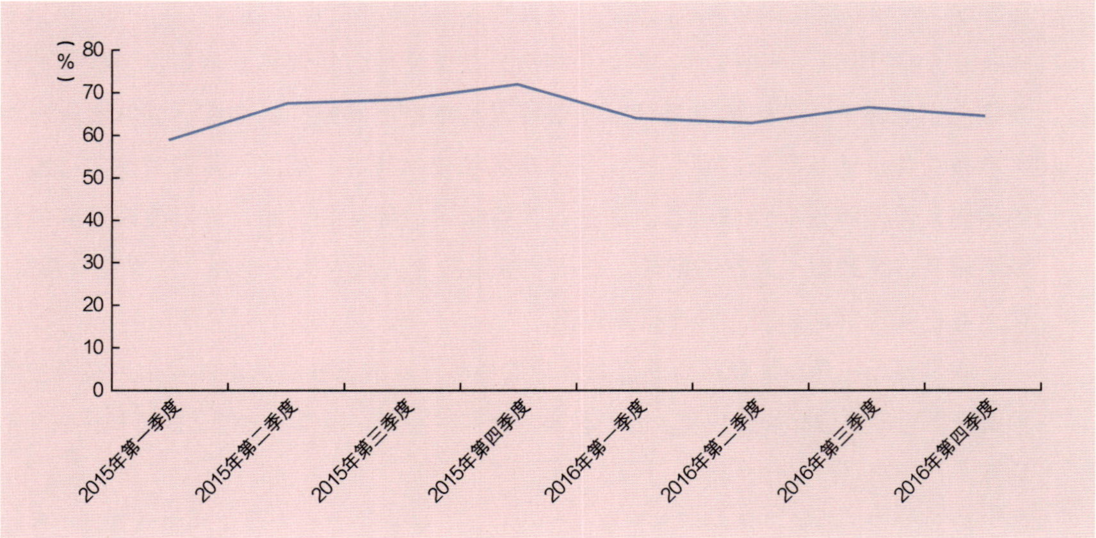


图 6-2　2015 ~ 2016 年财务公司流动性比例变动趋势

# 三　人力资源管理

## （一）人力资源基本情况

2016 年，财务公司行业员工整体呈现学历高、年纪轻、专业性强的发展趋势，为财务公司拓宽业务发展模式，增强金融服务能力，尝试产业链金融，实现创新转型带来了强大动力。

截至 2016 年末，财务公司从业人员达到 11543 人。从年龄结构看，财务公司员工呈现年轻化趋势，同时老、中、青三级配比较为科学，既有大量年轻、富有朝气和冲劲的一线新鲜血液，也有工作经验丰富、业务熟练的中年管理型骨干，很好地形成了整个行业以老带新，以新促老，创新拓展与稳健发展相融合的良好氛围（见图 6-3）。

从学历结构看，财务公司逐渐成为集团高级、专业人才的密集地。2016 年末，财务公司行业本科及以上从业人员 10524 人，占比 91%，其中博士 106 人，硕士 3436 人，涉及经济、金融、财务、审计、法律、计算机等众多专业领域，极大地提升了财务公司人才队伍的专业化水平，也为整个财务公司行业的创新和发展提供了核心动力。

但是，财务公司行业因受其企业集团内部因素限制，整体薪酬水平普遍并未体现

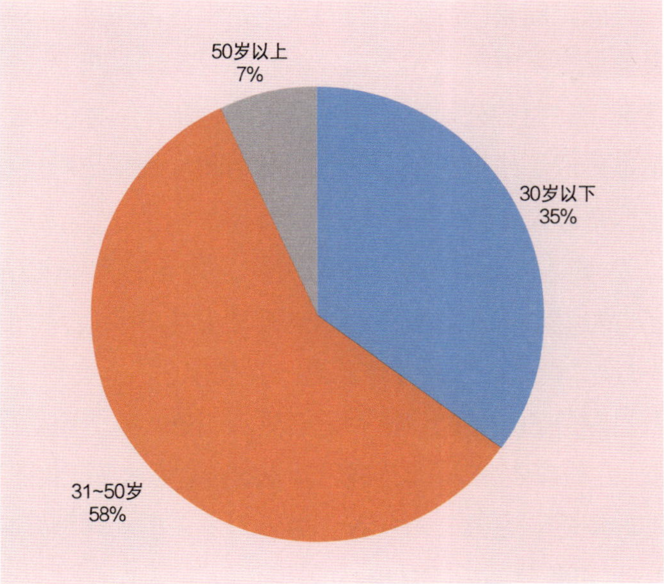


图 6-3 人员年龄结构

其金融机构特性，市场属性偏弱，大部分采用固定工资总额模式，缺乏竞争力。据不完全统计，2016 年，财务公司薪酬水平达到或接近本地区其他金融机构水平的只有 89 家，占比 39%，达到或接近本集团内部第一方阵收入水平的仅 60 家，约占比 27%，更多财务公司的薪酬与本地区其他金融机构仍有一定差距。从未来财务公司行业发展趋势和承担集团金融战略发展平台功能来看，薪酬水平将限制财务公司进一步的发展，影响财务公司行业吸引人才、留住人才。这也是财务公司亟待解决的问题之一。

## （二）人才队伍建设情况

2016 年，财务公司普遍将人才队伍建设作为推进企业创新发展的重点工作之一，均将人才的引进和培养列入公司中长期发展规划。将人力资源规划的制定与公司业务未来定位、集团战略发展目标紧密结合，通过积极完善人力资源管理和激励机制，大力推行员工培训深造计划，科学设计员工职业发展通道，引育并举，吸引外部专业人才，培养内部优秀员工等方式，着力打造一支具有金融、财务、企业经营等方面专业素养的复合型、实战型人才队伍，为财务公司更好地服务于集团的发展提供智力保障。同时通过建立人才联动机制，为集团金融业务发展、战略创新转型提供优质的人才储备。

从招聘情况看，目前大部分财务公司不是直接自主招聘，而是采取向集团申报招聘需求和名额后招聘或跟随集团统一招聘的模式，虽然自由度上受到了限制，但从另一个方面看，这反而促进了财务公司在选择招聘时更加珍惜机会，谨慎、精细地制定招聘计划和用人标准，对财务公司更好地吸收人才、制定人才发展规划起到了促进作用。招聘模式上基本采取了线上猎头、专业网站招聘与线下招聘会相结合的形式，更加科学化、效率化地甄选人才。

2016 年，有 197 家财务公司开展了招聘工作，共计招聘 1623 人，其中具有金融领域工作背景和经验的 1246 人，占比 77%，应届毕业生 377 人；学历上，硕士及以上 546 人，占比达到 34%，财务公司人才队伍进一步优化。

从招聘需求看，财务公司招聘目标和方向更加明确，部分财务公司是因现有业务开展需要进行招聘，更多的财务公司是为适应行业发展趋势包括产业链金融、“互联网 +”、投行业务等方面进行招聘。完善公司业务，为公司未来创新转型及拓展新业务储备高素质人才成为 2016 年财务公司招聘最核心的因素。

从人员变动情况看，2016 年全行业净流入 988 人，有 159 家财务公司人员实现净流入，其中新增人数超过 5 人的有 66 家，据不完全统计，占比达到 29%；有 19 家财务公司人员出现了净流出。据不完全统计，除了因个人原因正常离职外，有 50% 以上的流出人员是因所在集团整体发展需要被调动吸纳到集团或成员单位重要岗位。

培训方面，2016 年，财务公司行业通过“请进来，走出去”等方式，积极开展培训，提升员工综合素质。针对 2016 年金融形势变化、金融创新加快和企业行业特点，财务公司行业全年开展包括行业法规、形势分析、基础功能、业务创新、稽核审计、风险控制、信息建设、内控管理等各类培训共计 5793 次，参训人员达到 69742 人次。同时，部分财务公司还建立了更加生动、个性化的学习方式，如员工内部讲习制度、“分享、学习”交流平台、微信学习群等。部分财务公司还支持员工自学进修，建立了金融上岗认证模式或对员工持证上岗提出要求，鼓励员工参加包括银行从业资格考试、会计考试、经济师考试等不断提升自我能力。有 162 家财务公司定期组建金融课题小组研究新业务。51 家财务公司独立编撰内部专业期刊，一方面为公司业务发展提供信息参考，另一方面通过研究、学习提升了自身的业务本领。通过全方位、立体式、多层次的学习活动，2016 年，财务公司员工的展业能力和综合水平普遍得到提升。

### （三）绩效管理情况

绩效管理是实现企业内员工敬业、团队高效、执行流畅、基业长青的基石和保障。2016 年财务公司行业普遍建立了符合自身特点的考核管理机制。一些财务公司还进一步细化、明确了具体的操作流程，优化了管理模式，通过建立、完善规范严谨、赏罚分明、公平公正的薪酬绩效管理体系，以责任和贡献度来评价员工，以能力来评定岗位职级，以按劳分配的价值分配体系来维护公平的企业环境，激励先进、鞭策后进，从而实现为公司的创新发展、生机蓬勃提供具有正能量的“内循环”。

**案例**

## 案例 6-3　国电财务公司全员绩效考核体系

国电财务公司按照“谁管理，谁考核”及“工作不同，考核不同”的原则，构建员工、部门（职能管理 + 业务经营）和公司“三层两类”的全员绩效考核体系。由公司领导对部门整体和中层干部进行考核评价（由块到线），由部门经理对员工进行考核评价（由线到点），实现“人人肩上有任务、各个部门有指标”，确保公司管理经营任务有效传递，使考核过程客观公正，考核结果科学有效。

同时，国电财务公司根据金融业务（项目）特点规律，区分职能管理部门和业务经营部门工作实现的不同方式，制定分类考核制度，其中，职能管理部门以月度及年度重点任务和部门关键绩效为考核核心，业务经营部门围绕业务拓展、经营效益、成本控制、风险管控等业务线重点环节进行考核，化小核算单元，做到精准考核、客观公正，科学评价工作实绩；对业务经营部门市场化业务制定专项考核奖励制度，对标市场，强激励硬约束，激发员工干事创效的积极性。

国电财务公司考核内容涵盖工作业绩、能力素质及品德修养、敬业精神与工作态度、廉洁从业多个方面。为了确保业绩目标完成，加强监督指导，公司实施了“月度管常规工作、季度管重点项目、年度管责任状落实”的督导机制。在薪酬管理上，国电财务公司合理划分和应用半年度、年度及任期内不同周期考评结果，分别用于薪酬发放、岗位调整或职务升降、劳动关系存续、储备及发展继任等方面，指导薪酬分配、干部使用、开发培养。

**案例**

## 案例 6-4　华电财务公司薪酬管理的主要做法

华电财务公司在薪酬管理上，一方面，积极提升激励机制和市场化水平，建立了基于岗位价值和业绩贡献的薪酬分配体系，标准收入看岗位，岗变薪变，超额奖金看业绩，能升能降。参照市场确定定薪策略，一般岗位保持市场中位水平，激励约束并重，优胜劣汰，允许合理流动；高端岗位保持市场领先水平，以更好地吸引人才，同时设定业绩目标，能进能出。另一方面，不断优化结构和薪酬发放方式。通过调整薪酬结构，改善员工对月收入的正向感知，进行以半年为周期的考核评价，增强员工对绩效完成进程的关注，设置年终奖金，根据业绩目标完成情况决定年终奖金，鼓励先进，让综合业绩优秀的员工有更好的回报，充分体现努力创造超额绩效，将获得更高的激励。

# 四　信息化管理

在金融领域中，随着信息科技的迅猛发展，信息系统开始扮演越来越重要的角色。强大的信息系统除了能提升财务公司的经营管理能力，促进业务的创新发展，还能在成员单位资金管控等风险、安全领域发挥重要作用，不仅是财务公司经营能力和风险管控能力的重要体现，更成为衡量一个财务公司是否先进，是否能够可持续性发展的重要标准。2016 年，随着财务公司行业的快速发展和经营模式的转型升级，信息系统不断与时俱进，更新迭代也成为当下一种常态。

## （一）信息化基本情况

2016 年，在互联网金融蓬勃发展和财务公司转型升级的大背景下，财务公司业务不断延伸、功能不断丰富。为了更好地适应这一变化，2016 年财务公司行业围绕业务发展规划与资金管控需求，普遍通过信息系统升级改造，加大资金投入力度，提升专业信息人才水平等方式，大力推进、完善信息系统建设，将业务流程、资金管控、风险把握、大数据分析等重点因素楔入信息系统，逐步建立起一个高效率、高科技、一体化的信息平台。

截至 2016 年末，财务公司行业共有 132 家财务公司设立了独立的信息技术部门，占比 56%，尚未设立信息部门的财务公司也基本拥有专业从事信息管理的人员，大都隶属于办公室等综合部门。从人员配置情况来看，2016 年全行业 IT 从业人员达到 748 人，占财务公司从业人员总数的 6.48%，较上年增加 94 人，增幅达到 14%。

从资金投入情况看，2016 年财务公司行业信息系统总投入达到 9.46 亿元。财务公司普

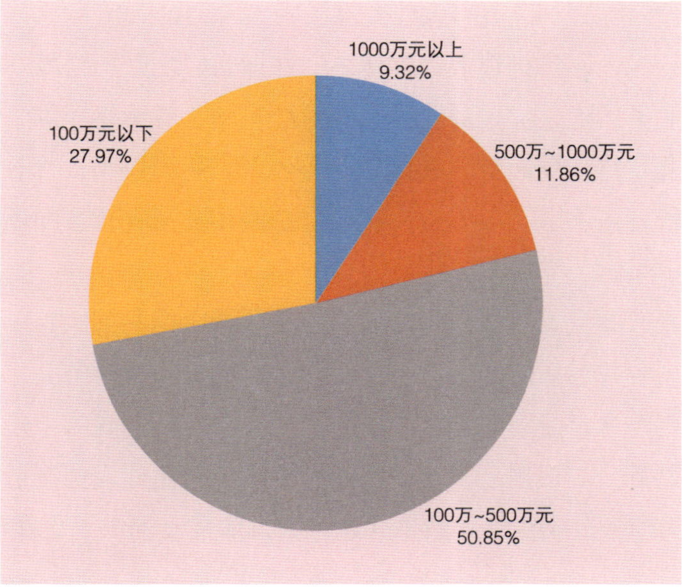


图 6-4 信息系统投入规模

遍建立了专门的信息系统建设预算指标，2016 年信息系统投入在 1000 万元以上的有 22 家，占比 9.32%；1000 万（含）以下 500 万元以上的有 28 家，占比 11.86%；500 万（含）以下 100 万元以上的有 120 家，占比 50.85%；100 万元（含）以下的有 66 家，占比 27.97%（见图 6-4）。信息人员和资金投入的不断增加，充分体现了在当前财务公司发展中，信息系统的建设越来越被各家公司所重视，其所承担的功能也越来越多、越来越重要。

在系统建设方面，2016 年，很多财务公司开展了信息系统的更新和升级工作，主要涉及硬件设备、业务模块、系统优化、安全防护等多个方面，随着财务公司功能的不断深化和行业发展趋势的不断演进，信息系统建设也开始更加频繁化、常态化。

## （二）支持业务开展情况

2016 年，财务公司行业信息化建设与公司业务高度融合发展，除了对存贷结核心业务系统进行优化升级外，还着力推动三证合一的征信系统、电票清算系统上线，推动集团“票据池”系统搭建，推动“营改增”系统的建设和应用，尝试开展移动互联网应用，为财务公司的发展和创新提供了良好的系统平台。2016 年，财务公司行业在渠道管理、客户管理、产品管理、财务管理、决策支持、共享支持等重要信息系统模块方面进行了大量的优化和拓展，进一步提升了信息系统支持业务发展的能力。

除了服务支持常规业务运营需求，信息系统通过整合信息资源，开展大数据分析，为提升公司管理水平和决策有效性提供了强大助力。2016 年，一些财务公司搭建并不断完善数据仓库，逐步构建大数据体系，并探索应用区块链等前沿技术，为拓展业务活动、控制业务风险、优化商业模式、精准实施业务策略提供了重要参考。但就目前财务公司行业整体状况而言，大部分财务公司因规模较小，行业分散，个性化需求复杂，信息化程度还不够高等因素，在数据挖掘和决策支持方面还处于摸索和尝试阶段，仍需进一步深化。

在信息系统联通的模式方面，2016 年，主要表现为两种模式：一是财务公司拥有自己的业务核心系统并与集团的业务系统实现了对接；二是财务公司在依托集团信息系统的基础上，再结合自身业务特点和实际需要，研发嵌入式的子模块和子系统。两种发展模式都是财务公司根据自身发展特点和集团信息化建设情况选择的。与集团信息系统的融合，为财务公司实现大数据联通、数据库建设提供了更加便利的条件。

### （三）系统运维安全情况

财务公司普遍将系统安全作为信息系统建设的重要一环，不断夯实运维基础，积极推进管理提升，强化技术业务协同，完善系统安全制度建设和灾备管理，确保信息系统的安全稳定运行。截至 2016 年末，109 家财务公司建立了异地灾备系统，占比近 50%，88 家财务公司实行了信息系统登记保护制度，从物理、网络、主机、应用、数据等方面设计防护技术措施，强化边界和终端安全关键技术手段，构建更为安全的信息系统防护技术体系。

2016 年，行业内一些财务公司通过构建一体化的运维安全体系，实现从单个系统的简单运维，向规范化、标准化、流程化、体系化安全运行工作的转变，系统安全运行保障能力得到极大提升。

**案例**

#### 案例 6-5　中国电力财务公司构建信息系统运营支撑体系

2016 年，中国电力财务公司为满足新核心业务系统上线的应用要求，保障新系统平稳运行，构建了一套可对新系统业务、应用、平台各个层面进行全方位支持的完备的运营支撑体系，组建了一支具备产品及参数维护能力、应用及平台运维能力的综合保障团队。该公司对新建立的核心业务系统软硬件环境资源进行了详细梳理，采购了证书管理软件、服务器及网络安全设备等软硬件，将与核心系统相关的 18 个子系统按照服务重要性划分为 A、B、C 三类，并对公司三个数据中心未来的定位进行了合理规划，一个用于满足各系统厂商联调测试、数据移植验证、运维仿真等相关要求，一个用于搭建新核心试点环境、用户测试环境、系统生产环境，一个用于满足各系统厂商内部开发、单元测试等相关要求。同时，建立了独立的系统安全防护方案，重点从边界、网络、主机、应用、数据五个层次进行安全防护设计，确保建立起层层递进、纵深防御的更加稳健和可靠的防护体系。

## （四）信息系统发展模式

核心业务系统是财务公司开展业务运营管理的命脉，通过核心系统可以实现业务信息流、资金流在成员单位、财务公司及商业银行（或其他机构）之间的高效传递。目前，除了少数拥有自主开发能力的财务公司，大部分财务公司的核心系统以采购形式集中由少数几家软件服务商提供。

目前财务公司应用的多数软件厂商系统虽然具有相对统一成熟的功能模块，能够快速支持业务开展，但其标准化、紧耦合、难扩展的架构特点，使得很多财务公司的业务创新和个性化需求被业务系统所限制，不能及时更新迭代升级，影响了财务公司的创新发展。从调查情况看，除了极少数大型财务公司主要依托自身开发力量开展信息化建设，近年来，很多财务公司也逐渐开始自主或与厂商合作研发符合自己个性化需求的信息系统。

**案例**

### 案例 6-6　粤电财务公司搭建综合性金融服务电子平台

粤电财务公司成立以来，陆续自主设计、定制了多款电子平台，替代了原有的用友业务系统和相关应用。从使用情况来看，自主定制的系统更加灵活、便捷、符合个性化需求，也便于优化升级，省去了很多财务公司被固定开发商“套牢绑定”的烦恼。“粤汇通”核心业务系统是粤电财务公司在吸收、消化商业银行信息化成果的基础上，基于软件厂商的技术平台，委托建设银行、广州南天科技公司开发的一套有自身特色的，并且适合粤电集团资金集中管理需要的综合性金融服务电子平台，知识产权归属粤电财务公司。2011 年 4 月，平台正式上线运行，先后进行了多次升级，替代原有的用友业务系统，大大提升了工作效率。电子商业汇票系统是公司基于北京软通动力科技公司的产品所开发的应用系统，通过该系统，财务公司作为直接接入者对接人民银行的 ECDS 系统，实现电子商业汇票的开票、贴现、转贴现、再贴现等各种操作。该系统在 2010 年上线运行。

统一监管平台系统是公司基于中软融鑫科技公司的产品所开发的应用系统，通过该系统可以从“粤汇通”等业务系统自动抽取数据，生成符合监管要求的 1104 报表、人民银行大集中等日月季年报表，同时自动上报金融标准化等数据，成为人民银行广州分行辖内最早开展金融统计标准化报送的财务公司。该系统在 2013 年上线运行。目前正在开发二期项目，实现资本充足率、行内报表等新功能。

同时公司还注意紧跟时代科技的步伐，开发了移动粤汇通 APP。这是根据集团统一安排，委托粤电信息科技公司（粤电集团下属成员单位）统一开发的手机应用，移动粤汇通 APP 支持苹果和安卓手机，通过手机端的移动粤汇通 APP，成员单位可以远程完成网上付款、内部转账、代付工资等各种操作，极大地提升了工作效率，为成员企业提供了更加便捷的服务。

# 第三篇　业务篇

2016年，财务公司行业业务整体保持平稳较快发展。资产继续保持平稳增长态势，资产增速高于银行业，资产占比保持相对稳定。财务公司行业表内外资产规模7.50万亿元，同比增长12.43%，其中，表内资产规模4.76万亿元，同比增长16.89%。财务公司不断强化融资功能，加大对企业集团成员单位贷款服务力度，2016年末信贷余额为2.08万亿元，同比增长23.21%。有价证券投资规模小幅增长，信托与理财产品投资占比最高，整体规模仍较小。共有40家财务公司开展了金融机构股权投资，累计投资额为167.45亿元，金融机构股权投资规模下降，商业银行是股权投资首选领域。

2016年，财务公司行业负债规模保持稳定增长，与资产业务形成良性互动，行业负债总额4.09万亿元，同比增长16.71%。存款规模大幅增长，各项存款余额为3.83万亿元，同比增长18.37%。存款来源结构整体稳定，上市公司存款和保证金存款增速较快。存款定价呈现差异化和市场化特征。债券新发行规模为零，卖出回购款项余额313.57亿元。

2016年，财务公司行业同业业务发展结构性特征较为显著，存放同业稳定增长，拆借业务、买入与卖出业务降幅明显。通过开展同业业务，财务公司行业实现利息收入402.07亿元，同比增加14.83亿元，增长3.82%。

2016年，财务公司中间业务整体平稳发展，业务结构出现较为显著的变化，业务品种不断创新。结算业务依然是中间业务的主要类型，占比达到中间业务规模的95%以上；中间业务品种不断创新，财务公司在保险代理、财务顾问等业务上有所创新和突破。

国际业务逐步成为财务公司的主要业务之一。2016年，财务公司行业的外汇交易金额超过1.62万亿元。74家财务公司作为主办企业获得开展跨国公司外汇资金集中运营管理的资质，78家财务公司作为主办企业获得开展跨境人民币资金集中运营业务的资质。财务公司国际业务创造价值的能力在逐步显现。

# Part 3 Business

In 2016, finance companies as a whole have maintained steady and rapid development of their business. Their assets continued steady growth, higher than that of the banking sector. The proportion of assets in the banking industry remained relatively stable. The asset scale of finance companies on- and off-balance sheet is 7.5 trillion yuan, up by 12.43% over the same period of last year. Among them, the assets in the balance sheet are 4.76 trillion yuan, up by 16.89% year on year. Finance companies strengthened their financing function step by step and increased loans to subsidiaries of their group, with credit balance of 2.08 trillion yuan by the end of 2016, up by 23.21% year on year. The investment in securities has increased slightly. Trust and financial product investment made the highest percentage of the portfolio, but the overall size of investment is still not very large. A total of 40 finance companies have invested in equity of financial institutions, with the cumulative investment of 16.745 billion yuan. Investment in equity of financial institutions has declined and equity of commercial banks is preferred.

In 2016, finance companies have maintained a steady growth of debt, forming a positive interaction with the asset business. The total debt of the industry stood at 4.09 trillion yuan, up by 16.71% year on year. Deposits increased significantly and the balance of deposits was 3.83 trillion yuan, an increase of 18.37% year on year. The structure of deposit source was predictable. Deposits from listed companies and margin deposits witnessed faster growth. Deposit pricing was differentiated and market-oriented. The size of newly issued bonds is zero and financial assets sold for repurchase are 31,357 million yuan.

In 2016, interbank business of finance companies has shown a clear structural feature. Due from banks grew steadily. Interbank lending, buying and selling business registered a significant decrease. Through interbank business, the finance companies have achieved interest income of 4.002 billion yuan, up by 1.483 billion yuan or 3.82% year on year.

In 2016, intermediary business of finance companies grew steadily, with a significant change in business structure and frequent innovation of business types. The settlement business is still the main type of intermediate business, accounting for more than 95% of the total scale. There are frequent innovations of business types and finance companies have made innovations on insurance agents, financial consulting and other businesses.

International business has gradually become one of the main business of the finance companies. In 2016, the finance companies' foreign exchange transactions amounted to over 1.62 trillion yuan. As host companies, 74 finance companies got qualifications for centralized management of foreign exchange funds of multinational companies and 78 finance companies got qualifications for centralized management of cross-border RMB funds. International business of finance companies has created more and more values.

# 第七章 资产业务

## 一 总体情况

2016年，财务公司行业资产继续保持平稳增长态势。2016年末，财务公司行业表内外资产规模7.50万亿元，同比增加8289.20亿元，增幅12.43%。其中，表内资产规模4.76万亿元，同比增加6877.63亿元，增幅16.89%。2016年新成立的14家财务公司资产为807.03亿元，占全行业新增资产的11.73%。

2016年，财务公司资产增速高于银行业，资产占比保持稳定。2016年末，财务公司行业表内资产总额占银行业金融机构资产总额① 的比重为2.05%，同比增长0.01个百分点（见图7-1）。从资产总额增速上看，财务公司16.89%的增速高于银行业金融机构（15.80%）、商业银行（16.60%）和大型商业银行（10.79%）的增速。

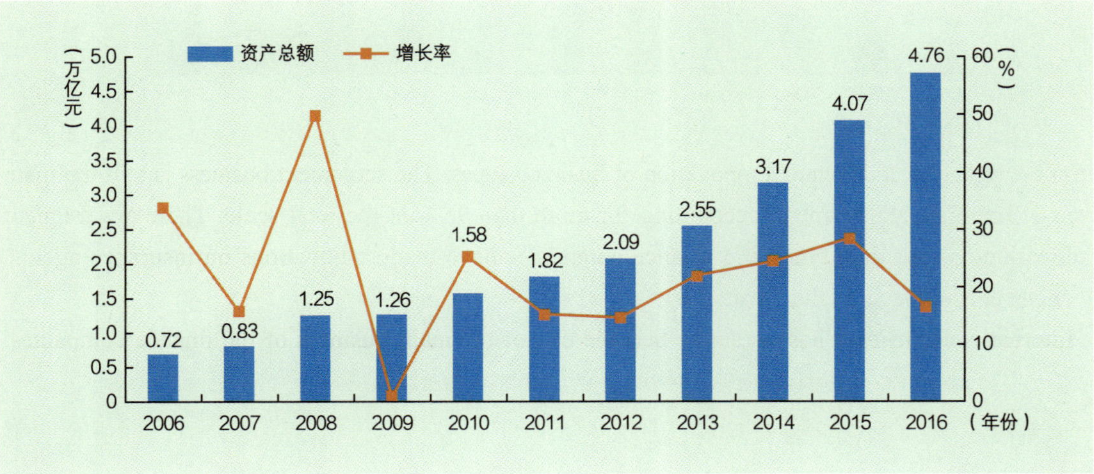


图7-1 财务公司资产规模及其增长率

① 2016年，银行业金融机构资产总额232.25万亿元。以下如无特别说明，本章财务公司行业数据均来自中国财务公司协会，银行业金融机构和商业银行数据均来自中国银监会网站。

总体看来，2016 年，财务公司资金运用的充分程度相比上年有所提高。财务公司资金运用强化了服务实体经济的功能。从资产配置看，财务公司行业资产结构仍明显具有“确保头寸、侧重信贷、兼顾投资”的特点，注重防控风险。2010 年以来，头寸资金（即存放同业款项）占比呈持续上升态势，2015 年达到最高，2016 年该比例小幅下降至 41.33%，同比下降 1.72 个百分点。如果加上存放央行的法定准备金，财务公司约 47.78% 的资产为货币资金形态。信贷资产占比同比上升了 2.24 个百分点至 43.65%。信贷资产作为财务公司核心资产的地位日益显著，对企业集团和所在行业的信贷支持力度有所强化。受债券市场和股票市场波动等影响，财务公司投资类资产占比 6.09%，同比下降 1.06 个百分点。由于多点备付，财务公司必须保留更多的资金头寸来应对成员单位的支付需求，将相当部分资产配置在低收益、低风险的头寸资金上，相比商业银行 47.71% 的信贷资产占比，财务公司信贷资产配置还有一定的潜力（见图 7-2）。

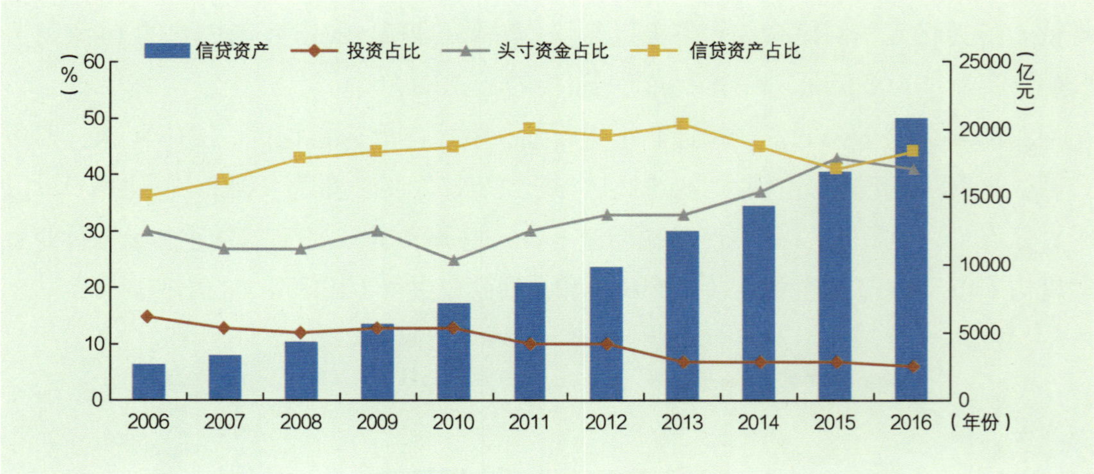


图 7-2 财务公司资产配置

## 二 贷款业务

财务公司不断强化融资功能，加大对企业集团成员单位贷款服务力度，促进企业集团平稳发展。财务公司内生于企业集团，具有服务和管理的双重属性。信贷服务能力是财务公司发挥功能作用的关键。2016 年末，财务公司信贷余额为 20777.02 亿元，同比增加 3913.34 亿元，增幅 23.21%。财务公司不仅运用信贷手段，满足成员单位的资金急需，支持成员单位的生产和技术改造；还运用买方信贷、消费信贷及融资租赁手段，有力促进成员单位的产品销售，这都是服务属性的体现。截至 2016 年末，据调查问卷不完全统计，半数以上的财务公司已经成为所在企业集团的融资平台，其中有 124 家财务公司参与集团融资的决策，有 82 家财务公司对成员单位的融资拥有审批权。财务公司统一管理企业集团及其成员单位对内对外融资，一切从企业集团的主营业务特点出发，以企业集团的利益最大化为最终目标，这是管理属性的体现。

从信贷投放期限看，财务公司短期贷款比重和增速均比长期贷款高。2016 年末，短期贷款 11197.35 亿元，同比增加 2385.75 亿元，增幅 27.08%；中长期贷款 7281.49 亿元，同比增加 1602.24 亿元，增幅 28.21%。短期贷款的比重较高体现了集团的融资战略，即流动性资金需求更倾向于通过内部财务公司解决，项目类资金需求更倾向于通过外部商业银行解决。财务公司信贷期限特征，充分体现了财务公司在企业集团内部的流动性管理功能。

从担保方式看，财务公司信用贷款的比重和增速均高于担保贷款。2016 年末，财务公司信用贷款余额为 14730.89 亿元，同比增加 3111.77 亿元，增幅 26.78%，占贷款总额的 70.90%，占比较上年增加 1.27 个百分点。担保贷款 6046.31 亿元，同比增加 801.57 亿元，增幅 15.28%，占贷款总额的 29.10%，占比较上年下降 1.27 个百分点（见图 7-3）。整体上，信用贷款占主导地位，充分体现财务公司服务企业集团的便利性和有效性，亦反映了财务公司贷款投向集团成员单位、信用风险较小的特点。

从贷款投放对象看，财务公司服务成员单位的能力进一步增强。2016 年底，集团

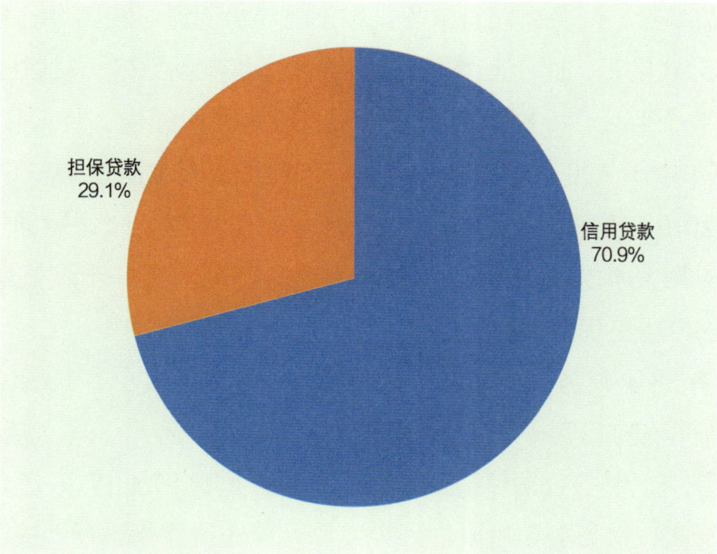


图 7-3　2016 年财务公司贷款担保方式构成

母公司贷款 2144.09 亿元，同比增加 774.66 亿元，增幅 56.57%，占贷款总额的 10.32%，占比较上年增加 2.20 个百分点。其他成员单位贷款 13127.44 亿元，同比增加 2233.63 亿元，增幅 20.50%，占贷款总额的 63.18%，占比较上年下降 1.42 个百分点。上市公司贷款 3875.52 亿元，同比增加 693.43 亿元，增幅 21.79%，占贷款总额的 18.65%，占比较上年下降 0.22 个百分点。其他单位贷款 1629.97 亿元，同比增加 211.62 亿元，增幅 14.92%，占贷款总额的 7.85%，占比较上年下降 0.56 个百分点（见图 7-4）。

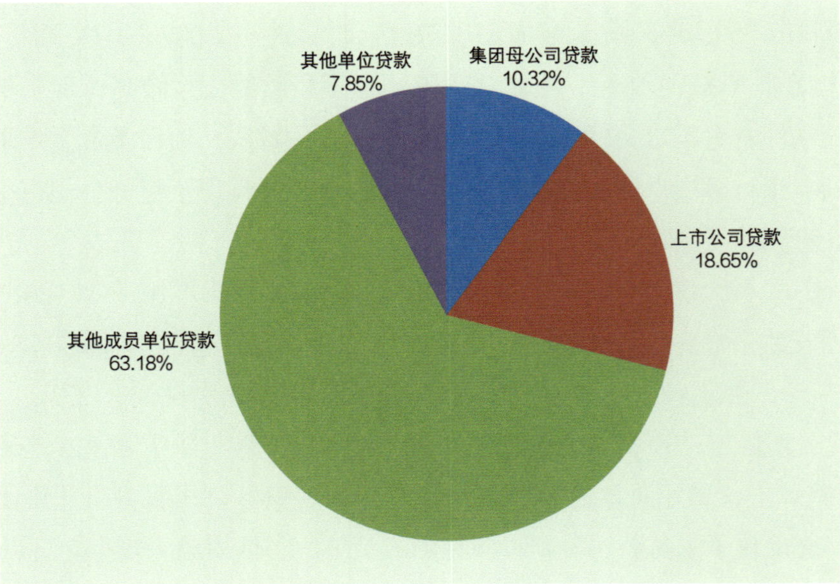


图 7-4　2016 年财务公司贷款投放对象结构

从贷款收益率看，财务公司贷款收益率下降趋势明显。2016 年，财务公司行业贷款利息收入 845.00 亿元，比上年增加 37.37 亿元，增幅 4.63%；贷款收益率为 4.74%，比上年降低 1.06 个百分点。财务公司贷款利息收入增长缓慢，贷款收益率下降明显，一是因为 2015 年中国人民银行 5 次降息（一年期贷款利率从 5.60% 下降到 4.35%）压缩了财务公司 2016 年贷款利息收入；二是因为 2016 年财务公司短期贷款较中长期贷款增长较快，期限结构发生变化；三是因为财务公司为进一步降低成员单位融资成本，发放比外部市场更优惠利率的贷款。

2016 年，有 38 家财务公司开展了银团贷款，较上年减少了 10 家，共参与银团贷款 310 次，比上年增加 174 次。银团贷款总额 3307.54 亿元，同比减少 794.51 亿元，降幅 19.37%，其中，财务公司负担额 446.52 亿元，同比增加 17.36 亿元，增幅 4.05%。通过参与银团贷款，财务公司可以很好地发挥示范压价作用，帮助成员单位从外部商业银行获得更有利的贷款条件，来进一步降低成员单位的融资成本。

## （一）票据贴现

2016年，有170家财务公司开展了票据贴现业务，发生额合计3147.37亿元，同比减少1265.47亿元，降幅28.68%。票据转贴现业务发生额合计1773.25亿元，同比减少1478.80亿元，降幅45.47%。其中，票据转入发生额395.28亿元，同比下降615.26亿元，降幅60.89%；票据转出发生额1377.97亿元，同比减少863.54亿元，降幅38.53%。此外，86家财务公司开展了票据再贴现，发生额合计481.17亿元，同比增加92.74亿元，增幅23.88%（见图7-5、图7-6）。2009年以来，财务公司票据贴现量呈现快速增长态势。2016年，财务公司票据贴现量出现大幅下降，主要原因有以下三点：一是企业集团调整负债结构，

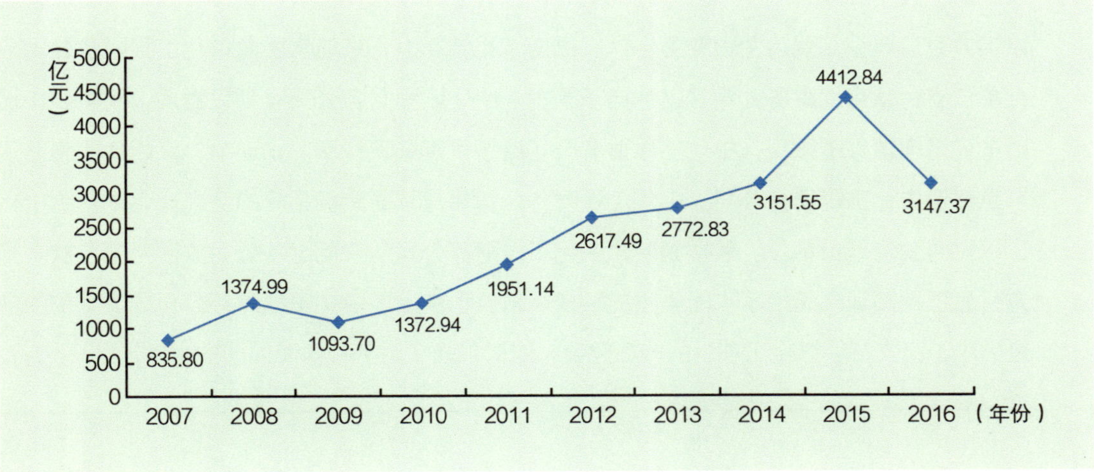


图7-5 财务公司票据贴现规模

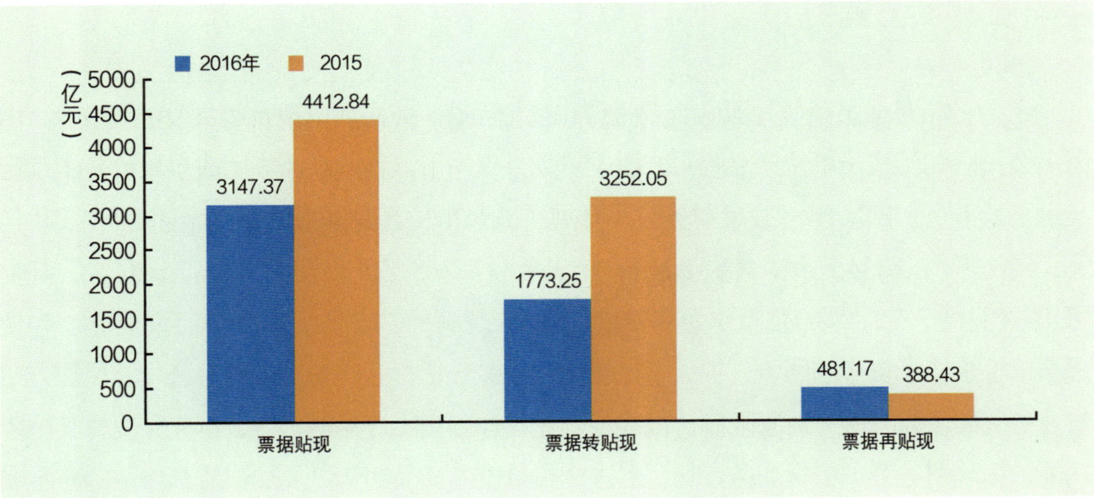


图7-6 2016年和2015年财务公司票据贴现发生额对比

增加长期融资比例；二是成员单位票据融资需求减少，更多通过流动资金贷款满足融资需求；三是企业集团与上游供货商结算方式发生变化，由票据结算改为现金结算。

案例

### 案例 7-1　财务公司间合作下的买方付息票据贴现

中化工程财务公司与京能财务公司各自成员单位在主业上存在上下游关系，存在开展产业链金融合作的基础。北京能源投资（集团）有限公司（以下简称“京能集团”）在内蒙古有一个煤化工项目开工，项目总投资约 103.67 亿元，中化工程财务公司有 4 家成员单位中标京能集团此项目的不同标段，中标标段合同额总计超过 17 亿元。中化工程财务公司与京能财务公司在双方成员单位签约的同时，签订了战略合作协议，配合各自成员单位开展以买方付息票据贴现为主的业务合作。每当工程结算时，京能集团向中化工程财务公司成员单位支付从京能财务公司开出的电子票据。中化工程财务公司收到票据后，到中化工程财务公司申请办理贴现，中化工程财务公司给予优惠贴现利率。贴现前，京能集团将贴现利息汇至中化工程财务公司。中化工程财务公司将与票面金额相等的全部现金支付给中化工程财务公司成员单位。票据到期，中化工程财务公司从京能财务公司收回全部票款。买方付息票据贴现既满足了京能集团的融资需求，也满足了中化工程财务公司成员单位的资金需求，又支持了煤化工项目的施工建设，同时加强了财务公司同业间的合作。

## （二）买方信贷

买方信贷是成员单位与买方企业签订购销合同后，应买方申请及成员单位的推荐，由财务公司向购买成员单位产品的买方提供贷款，仅用于该合同项下集团成员单位所销售产品的信贷业务。2016 年，28 家财务公司开展了成员单位产品买方信贷，发生额 2175.07 亿元，同比增加 163.14 亿元，增幅 8.11%；年末余额 322.03 亿元，同比下降 71.15 亿元，降幅 18.10%（见图 7-7）。买方信贷作为一种融资销售，既满足了购货方对采购资金的需求，也使成员单位加快了资金的回流，扩大了市场份额，提升了行业竞争力。财务公司开展买方信贷业务突破了原有服务对象限制，由成员企业延伸到集团产品购货方，可充分发挥其融资功能，拓展财务公司信贷业务市场，促进成员单位的产品销售以及加快成员单位的应收账款收回。财务公司通过买方信贷业务对刺激内需以及整个经济体起到了强有力的促进作用。

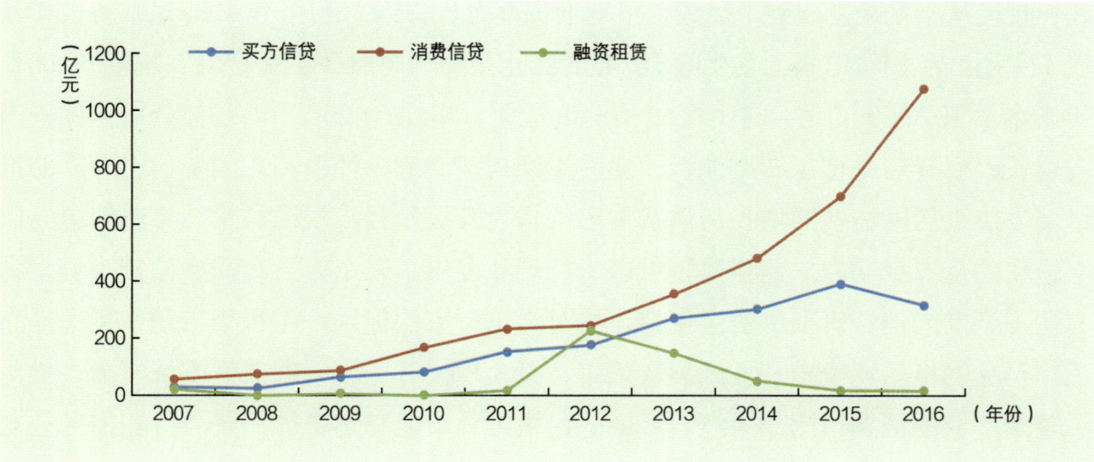


图 7-7 财务公司集团产品买方信贷、消费信贷和融资租赁规模

**案例**

## 案例 7-2 五粮液财务公司买方信贷助力集团销售

五粮液是中国白酒企业的龙头，近三年年均实现销售收入 250 多亿元，在全国各地有营运商 434 家，专卖店1140 家，均采用先款后货的销售模式，经销商对融资需求相对较强。八成经销商在金融机构有融资，其中贷款在融资中占比为 70%。2016 年，五粮液财务公司开始拓展买方信贷市场，为“五粮春”、“五粮特曲”和“五粮头曲”3 个品牌的 6 户经销商办理买方信贷 2 亿元，其中，贷款 0.6 亿元、电子银行承兑汇票 1.4 亿元。五粮液财务公司买方信贷业务发挥了良好的作用。一是支持了成员单位销售，解决中小经销商融资难、融资贵的问题，支持了中小经销商的发展，降低了成员单位对大经销商的依赖；二是中小经销商解决资金问题后，会把更多的精力投入拓展市场、加强渠道建设上，从而更有利于成员单位加强市场管控、维护市场秩序，实现整个市场的健康发展；三是充分发挥财务公司的金融功能，实践产融结合，促进财务公司、中下经销商和成员单位多方共赢。

## （三）消费信贷

消费信贷是指向个人发放的、用于购买集团成员单位生产的耐用消费品或支付其他费用的贷款。财务公司行业消费信贷发展最为迅猛，10 年间，始终保持高速增长，规模从十亿级发展到千亿级，平均增长率为34.26%。2016年，16家财务公司开展了集团产品消费信贷，发生额1024.36亿元，同比增加386.31亿元，增幅60.55%；年末余额1076.79亿元，同比增加378.88亿元，增幅54.29%。消费信贷可以促进内需增长，引导居民增加即期消费，促进生产与消费的良性循环。消费信贷可以助推经济发展，居民消费的增长与消费需求结构的升级是经济规模扩张与经济向更高层次进化的重要推动力。消费信贷可以支持产业发展，以个人汽车消费信贷为例，为有购买意向的消费者提供资金支持，将对汽车厂家的促销产生积极带动作用，提高工厂产品的市场竞争力和资产周转效率，极大地提升了工厂的向好发展能力，优化了整个产业的消费格局。除汽车金融外，格力、申能和创维等消费品行业财务公司也积极发展消费信贷业务，并成为促进集团主业发展的重要金融平台。

案例

## 案例7-3　申能财务公司“绿能贷”消费信贷产品

2016年12月18日，申能财务公司召开首个消费信贷产品的发布会，举行了“和气生财”发布会暨“绿能贷”首批客户签约仪式，推出了针对购买申能集团燃气板块成员单位产品的消费信贷业务——“和气生财”之“绿能贷”，消费信贷业务正式落地。

“绿能贷”是面向公众推出的商品分期绿色消费贷款。通过与燃气集团线下的燃气展厅进行合作，向购买林内燃气设备的上海地区的燃气个人用户，提供“零首付、零利率、零手续费”的“三零”12期分期付款业务，以及最高达贷款金额10%的返利，用于直接抵扣燃气账单。客户可以在燃气全新展厅近距离了解和体验燃气设备后，直接在展厅下单，并申请“绿能贷”分期付款业务。“绿能贷”倡导绿色、环保、节能理念，业务申请采用无纸化服务，通过PAD和手机完成。贷款审核通过后，客户将收到确认通知，林内提供配套送货安装服务，无须支付额外费用，客户便能够收到精心挑选的燃气设备，并安装妥当。

“绿能贷”作为申能财务公司服务申能集团“产融结合”的金融创新产品，既融合了燃气的元素，又能够体现产品的金融属性。通过促进清洁能源替代，推广天然气使用，借助林内燃气设备这一商品为载体进行设计，并且配套燃气标准化、专业化安全检修增值服务。通过产融结合，以金融产品推广天然气及相关设备销售，积极探索金融服务集团能源主业的新途径。这是通过消费信贷产品捆绑消费者对燃气专业服务的需求，探讨与燃气集团共同开发燃气大数据，用于对消费贷客户的风险评估、客群分析，以期建立申能财务公司与燃气集团未来长期、稳定、共赢的合作模式。

案例

## 案例 7-4　创维财务公司工厂化消费信贷系统开发

创维财务公司目前正在开发完善工厂化消费信贷系统，通过 IT 来实现全流程自动化，大大提高运营效率，有效控制成本。首先是合同电子化，系统采用了“四要素”（姓名、身份证、银行卡、银行卡预留手机号码）鉴别技术，确保贷款人是本人。采用重庆市易保全网络科技有限公司的保全服务，对电子合同档案的有效性和真实性进行保全。其次是实现审核审批自动化，系统结合第三方征信数据自动评分评级，审核自动化可以使系统自主运营，扩大业务规模（见图 7-8）。

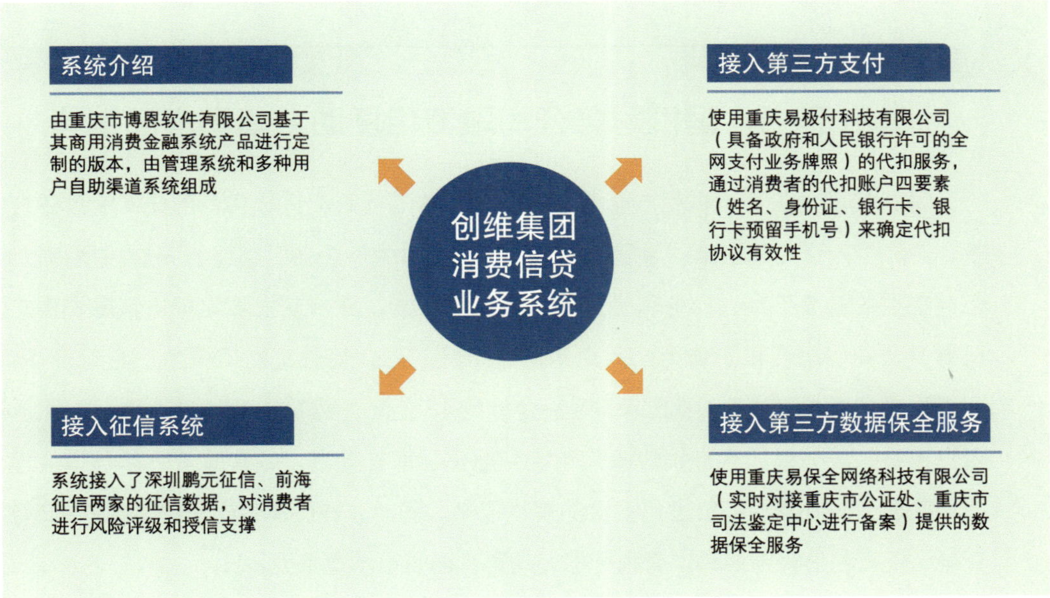


图 7-8　创维财务公司消费信贷业务系统

创维财务公司开发消费信贷系统的目标是可以适应消费信贷业务“短、频、快”的特点。“短”是指消费信贷的审批过程要短，“分分钟给出审核结果”；“频”是指消费信贷业务频繁，申请时间不确定，根据零售时间不分工作日、节假日的特点，“人家的休息日，我们的工作日”；“快”是指资金结算快，每一笔贷款发出后，资金系统需要迅速响应业务系统，准确无误地发放每一笔贷款。

### （四）融资租赁

集团产品的融资租赁是指财务公司依据承租人对集团成员单位产品的选择，向成员单位购买租赁物后出租给承租人使用。2016年，8家财务公司开展了集团产品融资租赁，年末余额22.39亿元，同比增加0.44亿元，增幅2.00%；发生额20.69亿元，同比增加3.63亿元，增幅21.28%。融资租赁是一种较好的融资方法，更是一种较好的营销模式。对于生产、制造公司而言，通过财务公司将自己生产的物件以融资租赁方式销售，是一种新的营销方式。这种新的营销方式可以避免生产、制造公司生产的物件库存过多，致使流通环节不畅通；可以提高生产、制造公司存货周转率；可以扩大物件销路，提高物件的市场竞争力。

案例

#### 案例7-5　国机财务公司融资租赁助力集团产品销售

国机集团内工程机械生产企业采取分期付款的模式促进销售，形成了大量的应收账款，造成生产资金的紧张。为缓解紧张，工程机械生产企业又与银行开展按揭销售业务，但存在授信额度不足、业务审批时间长等制约因素，并未从根本上解决其融资需求。国机财务公司以融资租赁作为切入点来解决资金问题，促进工程机械生产企业产品销售，融资租赁业务累计办理2305笔，金额合计约18亿元，租赁形式包括直租及回租。通过融资租赁，成员单位客户销售政策制定专业化程度在提高，销售政策更加科学合理，更好地实现了应收款和存货占用资金的规模控制。同时，成员单位在未增加风险的前提下，获得了更有利的谈判筹码，有利于扩大销售，增强市场竞争力。

## 三　投资业务

### （一）有价证券投资

财务公司行业在风险可控的前提下，在服务集团产业发展的同时，在投资比例监管范围内，投资债券、信托与银行理财产品、股票，积极探索资金增值渠道。2016年末，财务公司有价证券投资余额为2897.63亿元，同比增加13.77亿元，增幅0.48%，占资产总额的6.09%，同比下降1.06个百分点。其中，债券投资556.27亿元，同比增加39.47亿元，增幅7.64%；基金投资612.58亿元，同比下降207.91亿元，降幅25.34%；股票投资129.44亿元，同比下降8.95亿元，降幅6.46%；信托与理财产品投资1354.45亿元，同比增加205.56亿元，增幅17.89%。信托与理财产品投资增幅最大，主要是由于股票市场低迷、资本市场不确定性因素增多，财务公司行业投资趋于谨慎，加大了对风险较易把控的信托与理财产品的投资力度。2016年，财务公司行业获得债券、理财等利息性收入47.17亿元，同比下降4.14亿元，降幅8.07%，主要是由于资本市场整体收益水平下降。

2016年末，财务公司有价证券投资中，信托与理财产品投资占比最高，占比为46.74%，基金投资与债券投资次之，占比分别为21.14%、19.20%，风险较大的股票投资占比最低，只占4.47%（见图7-9），主要是由于财务公司行业以加强集团资金集中管理和提高集团资金使用效率为主要目标，受自身风险控制能力、投资专业水平影响，富余资金偏重于配置风险稳健型产品。

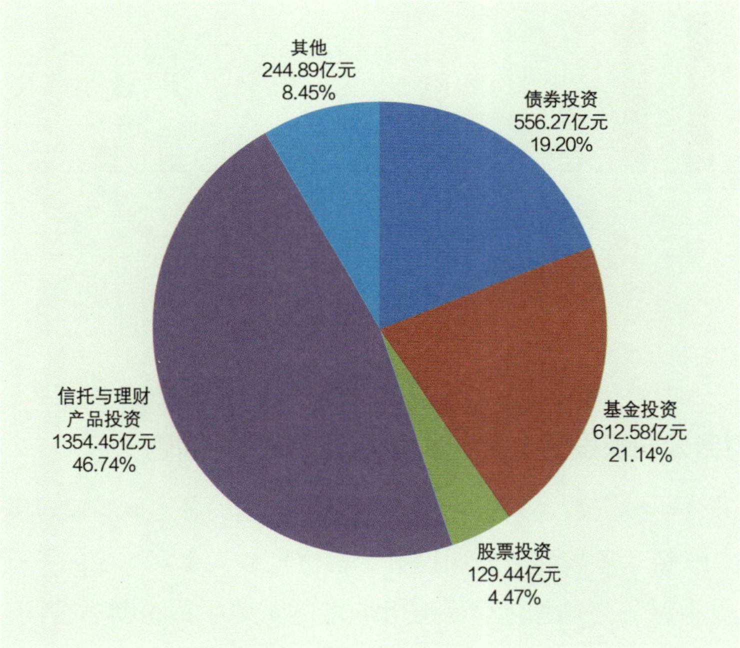


图7-9 财务公司有价证券投资占比情况

## （二）金融机构股权投资

### 1. 金融机构股权投资规模下降，商业银行是股权投资首选领域

财务公司开展金融机构股权业务，可以实现资金增值，丰富金融服务范围，深化产

融结合。截至 2016 年末，共有 40 家财务公司开展了金融机构股权投资，同比减少 3 家。累计投资额为 167.45 亿元，同比减少 14.90 亿元。获得股权投资收益 29.49 亿元，同比增长 8.61 亿元。单家金融机构投资金额最大为 21.36 亿元，投资金融机构股权占比最高为 100%。

从投资对象来看，商业银行是财务公司股权投资的首选领域，投资机构数为 19 家，累计投资额 49.55 亿元，机构数与投资额均位居首位，主要是由于商业银行领域盈利性较好、收益率较高。保险经纪公司是财务公司股权投资的次选领域，投资机构数为 14 家，机构数位居第二，累计投资额 2.50 亿元（见图 7-10）。

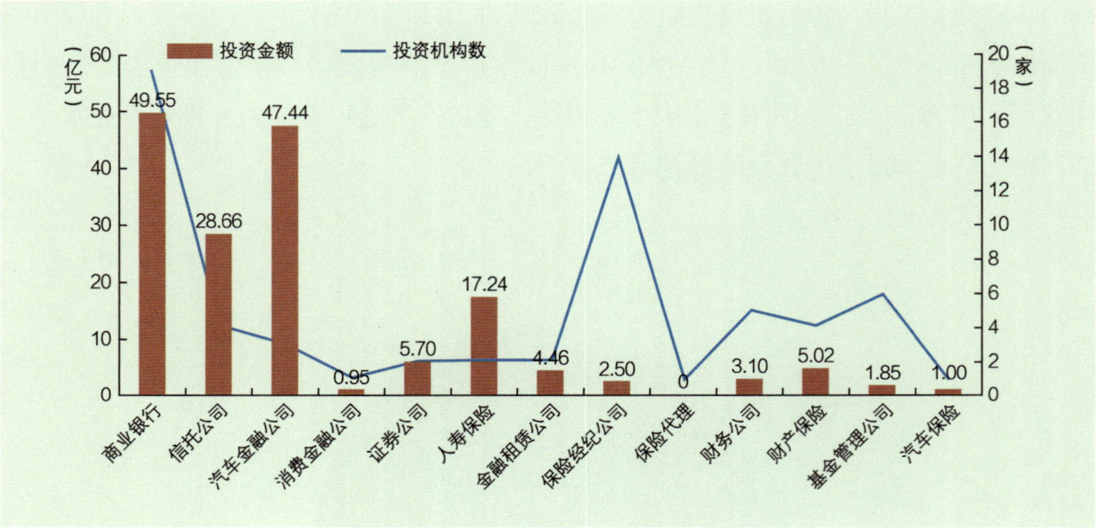


图 7-10　财务公司投资各领域金额及数量

## 2. 多数财务公司仅投资 1 家金融机构，投资目标明确

从单家财务公司投资数量来看，投资金融机构数最多达到 5 家，受监管投资比例及自身资本实力限制，多数财务公司投资金融机构数为 1 家（见图 7-11）。金融机构股权投资逐渐成为财务公司强化金融服务职能的重要手段，财务公司立足业务范围、涉足其他金融平台有助于延伸集团金融产业链。

从投资目标来看，财务公司金融机构股权投资可以分为两类：第一类是战略性投资，一般持股比例较高，平均持股比例达 50% 以上（见图 7-12），以业务多元化与产业协同为目标，例如财务公司全资或控股保险经纪公司、汽车金融公司等领域，丰富金融服务范围，促进产融协同；第二类是财务性投资，一般持股比例较低，以谋求短期回报与赚取资本利得为目标，例如财务公司参股

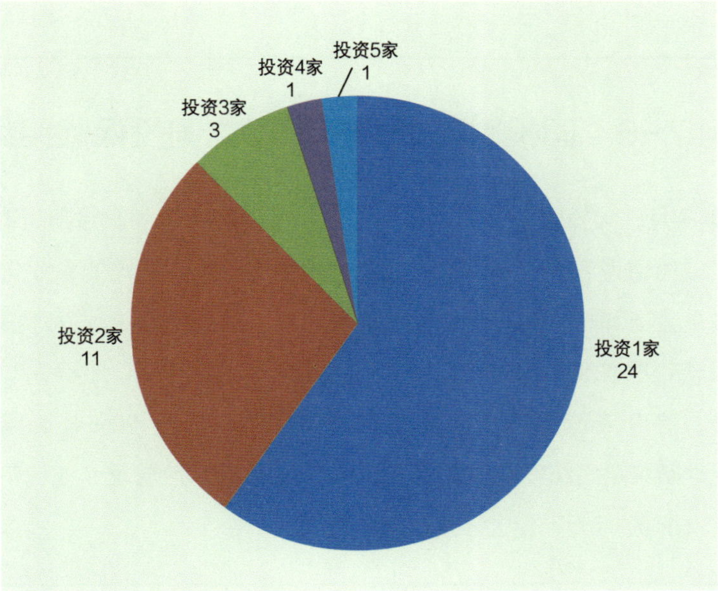


图 7-11 财务公司投资金融机构家数

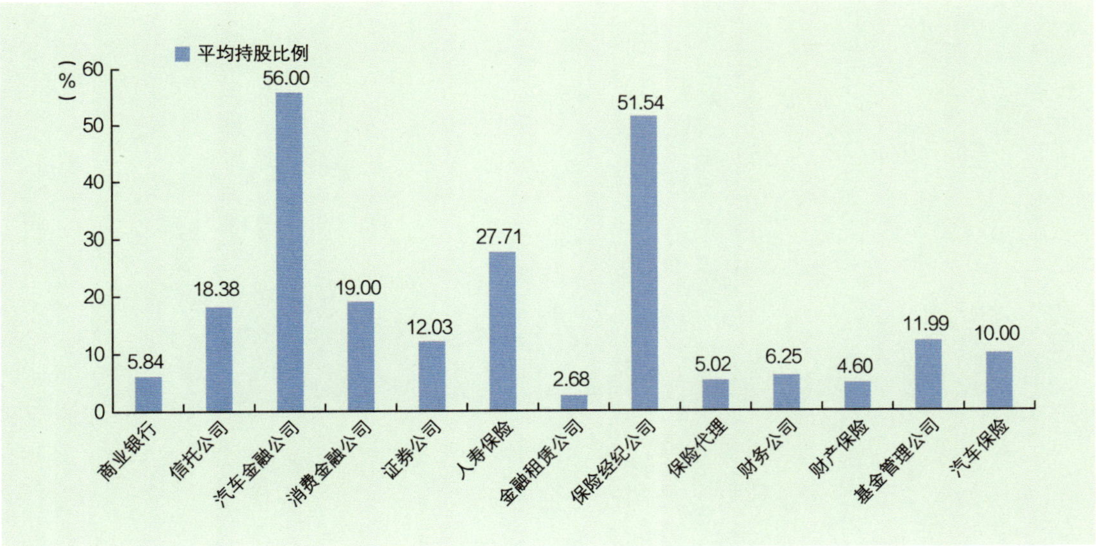


图 7-12 财务公司投资金融机构持股情况

银行、信托公司等领域，通过分红等方式按年获利，并通过适时对外转让金融机构股权获得投资收益，例如，中电投财务公司于 2016 年转让百瑞信托公司获取投资收益。

案例

## 案例 7-6　国投财务公司全资设立国投保险经纪公司

2013 年 3 月，国投财务公司全资设立国投保险经纪公司，注册资本金 0.5 亿元。公司定位为：成为值得客户信赖的保险顾问，集团保险集中采购的专业化运作平台，着力为集团、成员企业和市场客户提供保险方案设计、选择保险人、办理投保手续、协助保险索赔及风险管理咨询等保险经纪服务，主要涉足财产保险、工程保险、责任保险、特殊风险保险、信用保证保险、车辆保险和人身保险等领域。2016 年，国投保险经纪公司协助客户处理疑难赔案结案金额 6778 万元，充分发挥风险管理专业优势，并在采购环节降低保费支出 1000 万元，促进了集团产业发展。

# 第八章 负债业务

## 一　总体情况

2016 年财务公司行业负债规模保持稳定增长，与资产业务形成良性互动。2016 年财务公司行业表内外资产规模同比增长 12.43%，其中，表内资产增幅为 16.89%。2016 年末，财务公司行业负债总额 4.09 万亿元，同比增长 16.71%，占银行业金融机构负债总额的比重为 1.90%。①

存款是财务公司最核心的负债来源，其他负债来源有所弱化。从负债项目占比看，各项存款占负债总额的 93.67%，同比增加 1.32 个百分点；同业负债占负债总额的 3.42%，同比下降 0.66 个百分点；应付债券占负债总额的 1.73%，同比下降 0.39 个百分点；应付款项占负债总额的 0.97%，同比下降 0.01 个百分点；其他负债占负债总额的 0.21%，同比下降 0.25 个百分点（见表 8-1）。各项存款在负债业务中比重最大且近年来呈现继续扩大的趋势，存款仍然是财务公司最稳定、最主要的资金来源。企业集团加强资金集中管理和财务公司提升资金归集能力是财务公司行业不断发展壮大的决定性因素。当然，这也体现了财务公司在负债端的管理上存在一定的短板，需要强化负债端资金来源的多元化趋势。

① 数据来源于中国银监会。

表 8-1　2014～2016 年财务公司负债结构状况

单位：亿元，%

| 负债项目 | 2014 年 | | 2015 年 | | 2016 年 | |
|---|---|---|---|---|---|---|
| | 余额 | 占比 | 余额 | 占比 | 余额 | 占比 |
| 各项存款 | 24614 | 90.58 | 32340 | 92.36 | 38282 | 93.67 |
| 同业负债 | 1154 | 4.25 | 1430 | 4.08 | 1398 | 3.42 |
| 应付债券 | 937 | 3.45 | 744 | 2.12 | 706 | 1.73 |
| 应付款项 | 318 | 1.17 | 342 | 0.98 | 398 | 0.97 |
| 其他负债 | 151 | 0.56 | 161 | 0.46 | 86 | 0.21 |
| 负债总额 | 27174 | 100 | 35017 | 100 | 40870 | 100 |

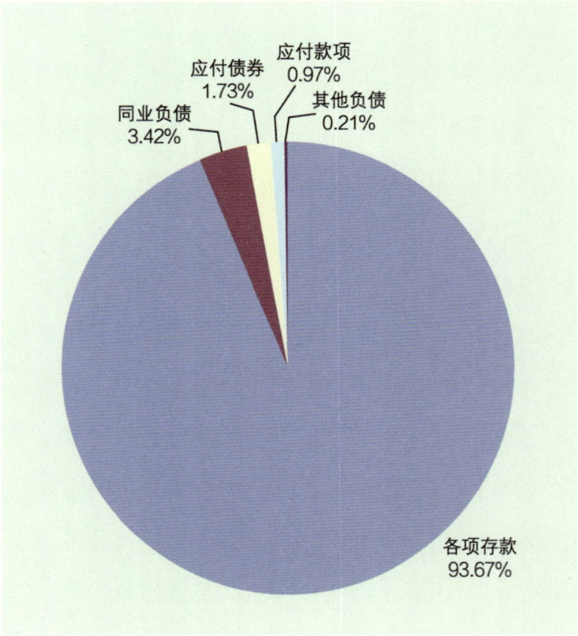


图 8-1　2016 年财务公司负债结构

# 二　存款业务

## （一）时点规模增长但增速回落

2016 年末，财务公司各项存款余额为 38282 亿元，同比增长 5942 亿元，增幅

18.37%，增幅比 2015 年下降了 13.02 个百分点，增长趋势进一步回归常态（见图 8-2）。

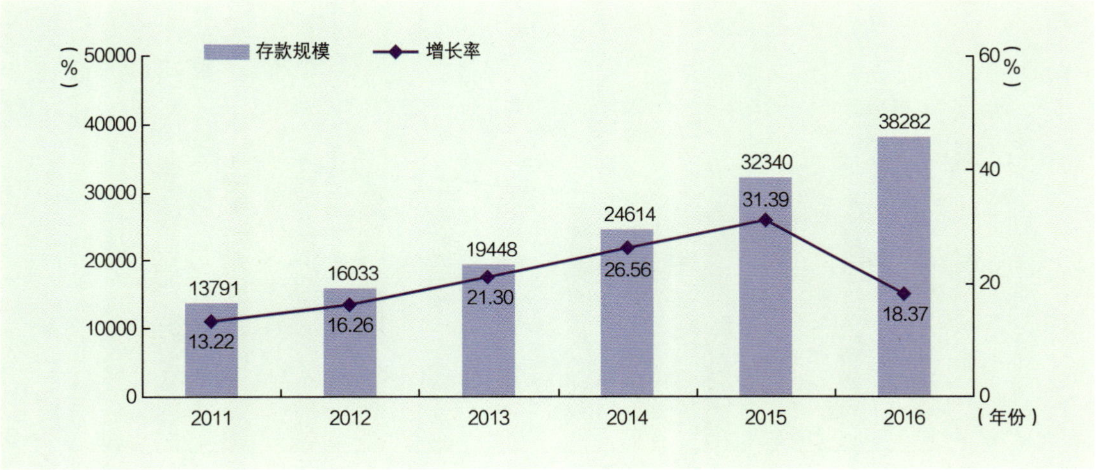


图 8-2 财务公司存款规模及其增长率

存款规模呈现增长趋势的主要原因：一是受集团重组、业务调整等因素影响，成员单位数量增长，资金总量增加；二是受对外投资和资金运作减少、经营业绩转好、加大资金回笼等因素影响，集团资金总量增长；三是集团高度重视资金集中管理，对成员单位资金集中度实施定期考核，清理应归未归资金，采取变通措施归集外部融资、直接融资、募集款项等资金；四是制定市场化利率政策，创新存款产品，加大营销力度，提升服务品质，提升成员单位对财务公司的认可度；五是集团资金管理更加精益高效，信息化手段不断升级，资金监控时效性更强，资金归集能力得以加强。

存款规模增速回落的主要原因：一是集团公司加大资金运作力度，增加对外投资，集中偿还债务，压降货币资金存量；二是部分集团公司整体经营业绩下滑，现金流量不充裕；三是成员单位对银行融资依赖度较高，为平衡银企合作关系，成员单位要求为合作银行保留一部分存款资源；四是受汇改及人民币贬值影响，部分成员单位存款规模下降。

## （二）月均规模递增且月末翘尾

从整体变化规律看，2016 年财务公司各项存款从年初到年末呈现稳定增长态势，并在 12 月达到全年最高水平，12 月日均存款为 34306 亿元，同比增长 6948 亿元，全年各月平均增速达到 1.97%。除 1 月外，各月末存款均高于当月日均存款。2016 年存款运行规律与 2015 年趋同（见图 8-3）。

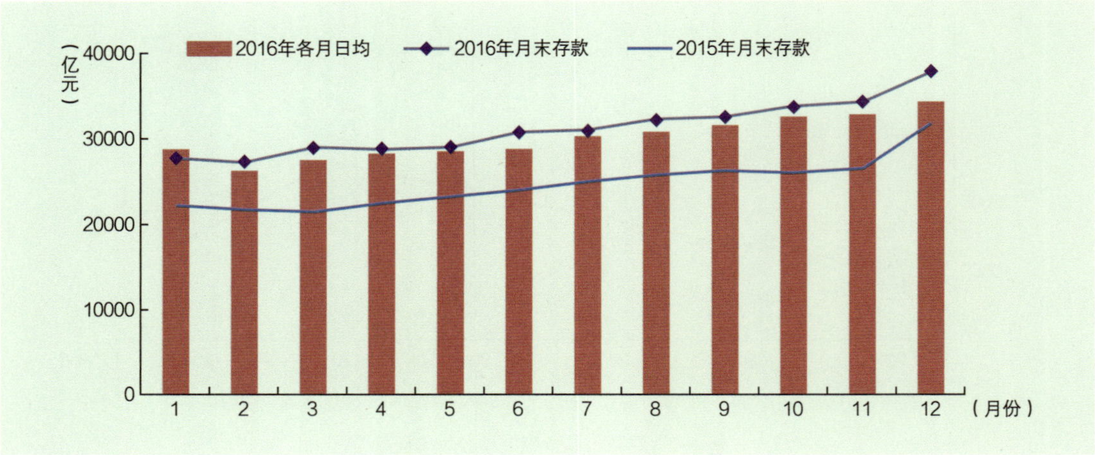


图 8-3　财务公司存款月度变动趋势

从各月变动情况看，与上月相比，1 月、2 月和 4 月末出现负增长，其中 1 月末负增长最高，达到 -13.13%，其余 9 个月各项存款余额为正增长，其中 12 月末正增长最高，达到 9.97%。

## （三）服务行业存款拓展加速

2016 年，各行业存款规模较 2015 年普遍呈现增长态势，其中建筑建材、交通运输和汽车行业增长额列前三位，分别增长 1222 亿元、750 亿元和 648 亿元；商贸、民生消费、建筑建材行业增长率列前三位，增幅分别达到 85.08%、64.44% 和 43.55%。原因一方面是存款业务拓展力度加大，另一方面是上述行业 2016 年有 6 家财务公司获批成立，行业范围进一步扩大。军工行业和煤炭行业存款规模较 2015 年出现回落。

从占比情况看，军工、能源电力和石油化工行业存款规模在全行业的比重仍然保持前三位，共达到 37%，但较 2014 年的 44% 和 2015 年的 41% 分别下降 7 个和 4 个百分点（见表 8-2）。建筑建材、交通运输和商贸行业存款规模占比有所提升。

表 8-2 财务公司各行业存款规模

单位：亿元，%

| 序号 | 行业 | 2014 年 | | 2015 年 | | 2016 年 | |
|---|---|---|---|---|---|---|---|
| | | 余额 | 占比 | 余额 | 占比 | 余额 | 占比 |
| 1 | 农林牧渔 | 299 | 1 | 505 | 2 | 606 | 2 |
| 2 | 煤炭 | 1621 | 7 | 2210 | 7 | 1997 | 5 |
| 3 | 石油化工 | 3486 | 14 | 3862 | 12 | 4572 | 12 |
| 4 | 能源电力 | 3652 | 15 | 4180 | 13 | 4617 | 12 |
| 5 | 汽车 | 1909 | 8 | 2170 | 7 | 2818 | 7 |
| 6 | 电子电器 | 1795 | 7 | 2352 | 7 | 2719 | 7 |
| 7 | 钢铁 | 730 | 3 | 1070 | 3 | 1178 | 3 |
| 8 | 机械制造 | 1518 | 6 | 1757 | 5 | 2043 | 5 |
| 9 | 有色金属 | 591 | 2 | 941 | 3 | 1124 | 3 |
| 10 | 军工 | 3685 | 15 | 5092 | 16 | 4864 | 13 |
| 11 | 民生消费 | 362 | 1 | 568 | 2 | 934 | 2 |
| 12 | 建筑建材 | 1501 | 6 | 2806 | 9 | 4028 | 11 |
| 13 | 交通运输 | 1293 | 5 | 1905 | 6 | 2655 | 7 |
| 14 | 酒店旅游 | 89 | 0.4 | 116 | 0.4 | 121 | 0.3 |
| 15 | 商贸 | 297 | 1 | 449 | 1 | 831 | 2 |
| 16 | 投资控股 | 1037 | 4 | 1468 | 5 | 1941 | 5 |
| 17 | 其他 | 750 | 3 | 889 | 3 | 1234 | 3 |

## （四）存款来源结构整体稳定

2016 年财务公司存款来源结构整体稳定，集团成员单位存款占比保持最高水平，财务公司对集团成员单位资金归集管理工作稳步推进。截至 2016 年底，集团成员单位存款余额（含集团母公司和其他成员单位）27484 亿元，占全行业存款余额的比重为 71.79%，同比下降 1.32 个百分点；上市公司存款余额 10242 亿元，占全行业存款余额的比重为 26.75%，同比提高 1.88 个百分点；其他单位存款余额 555 亿元，占全行业存款余额的比重为 1.45%，同比下降 0.20 个百分点（见表 8-3）。

表 8-3　财务公司存款来源结构情况

单位：亿元，%

| 存款来源 | 2014 年 | | 2015 年 | | 2016 年 | |
|---|---|---|---|---|---|---|
| | 余额 | 占比 | 余额 | 占比 | 余额 | 占比 |
| 集团母公司存款 | 5970 | 24.16 | 7505 | 23.12 | 8182 | 21.37 |
| 其他成员单位存款 | 11948 | 48.35 | 16228 | 49.99 | 19302 | 50.42 |
| 上市公司存款 | 6548 | 26.50 | 8072 | 24.87 | 10242 | 26.75 |
| 其他单位存款 | 148 | 0.60 | 535 | 1.65 | 555 | 1.45 |
| 合计 | 24614 | 100 | 32340 | 100 | 38282 | 100 |

2016 年，集团单位加强资金管理，且有 13 家财务公司所属集团上市，带动财务公司拓展上市公司存款快速增长，上市公司存款余额比 2015 年增长 2170 亿元，增长 26.88%，增速提高 3.61 个百分点；集团成员单位存款余额（含集团母公司和其他成员单位）比 2015 年同期增长 3751 亿元，增长 15.80%，增速回落 16.65 个百分点；其他单位存款余额比 2015 年增长 20 亿元，增长 3.74%（见图 8-4）。

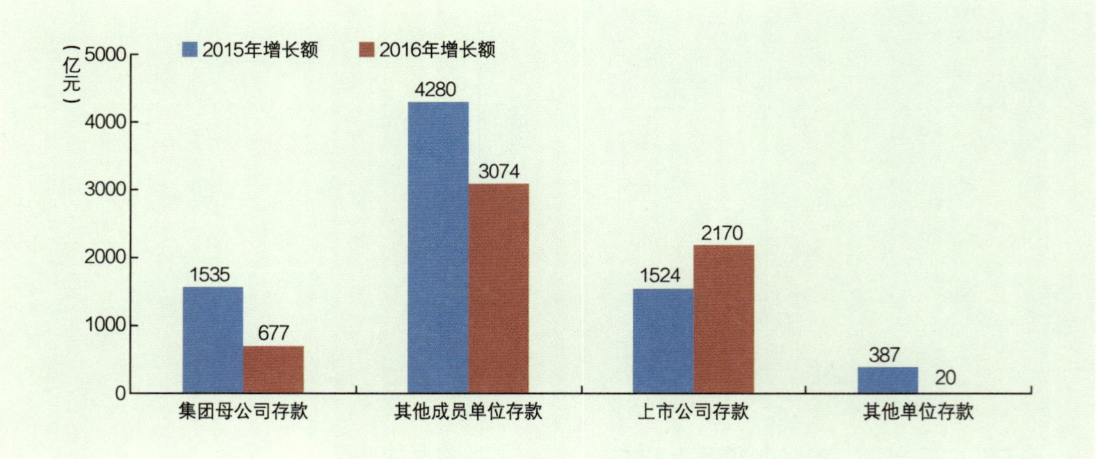


图 8-4　2015 ~ 2016 年财务公司存款来源变动规模

## （五）活期、定期存款占比稳定

从存款品种占比情况看，2016 年活期存款、定期存款保持较高占比，该品种仍是财务公司吸收存款最主要的业务品种；近两年来，通知存款、协定存款占比提升，表明部分新增活期存款向利率相对较高的存款品种转移。截至 2016 年末，活期存款占存款总额的比重为 32.68%，较 2014 年末降低 2.14 个百分点；定期存款占比 30.50%，较 2014 年末降低 3.62 个百分点；通知存款占比 12.41%，较 2014 年末增长 2.75 个百分点；协定存款占比 20.82%，较 2014 年末增长 3.66 个百分点；保证金存款占比 2.21%，较 2014 年末增长 0.54 个百分点（见图 8-5）。

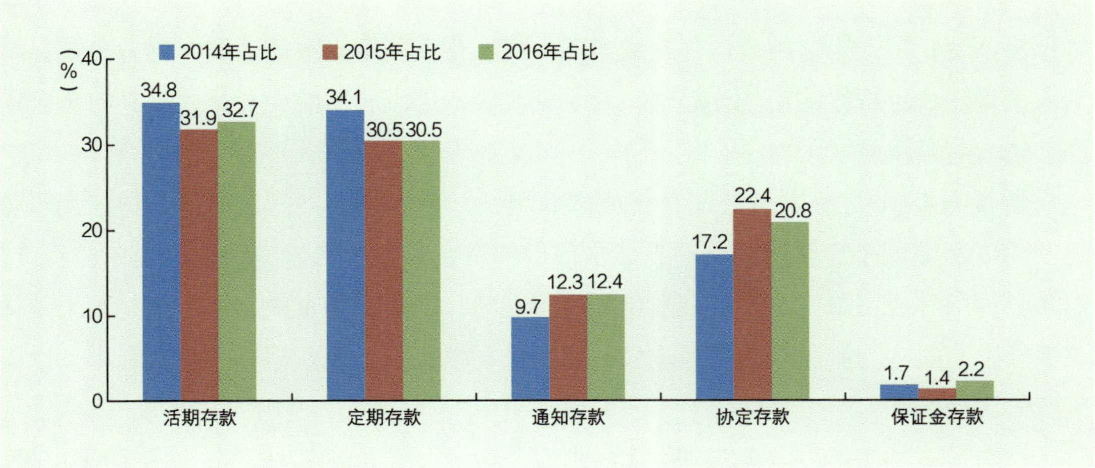


图 8-5　2014～2016 年财务公司主要存款品种占比情况

从规模变化情况看，2016 年财务公司主要存款品种规模均呈现增长态势，活期存款、定期存款增幅稳定。财务公司拓展产业链金融服务，加大保函等信贷业务服务力度，带动保证金存款大幅增长。截至 2016 年末，活期存款余额为 12510 亿元，较 2015 年末增长 21.29%，增速提高 0.95 个百分点；定期存款余额为 11676 亿元，较 2015 年末增长 18.34%，增速提高 0.86 个百分点；通知存款余额为 4752 亿元，较 2015 年末增长 19.07%，增速回落 48.76 个百分点；协定存款余额为 7970 亿元，较 2015 年末增长 10.16%，增速回落 61.16 个百分点；保证金存款余额为 847 亿元，较 2015 年末增长 89.91%，增速提高 81.39 个百分点（见表 8-4）。

**表 8-4　财务公司主要存款品种情况**

单位：亿元，%

| 存款品种 | 2014 年余额 | 2015 年余额 | 2016 年余额 | 2015 年增长率 | 2016 年增长率 |
|---|---|---|---|---|---|
| 活期存款 | 8571 | 10314 | 12510 | 20.34 | 21.29 |
| 定期存款 | 8399 | 9867 | 11676 | 17.48 | 18.34 |
| 通知存款 | 2378 | 3991 | 4752 | 67.83 | 19.07 |
| 协定存款 | 4223 | 7235 | 7970 | 71.32 | 10.16 |
| 保证金存款 | 411 | 446 | 847 | 8.52 | 89.91 |

### （六）存款定价呈现市场化、差异化

2016年，财务公司存款平均成本率约为1.51%。[①] 根据2016年226家财务公司调查问卷数据，41%的财务公司存款成本率同比增长；35%的财务公司存款成本率基本保持不变；24%的财务公司存款成本率下降。存款利率上限放开后，财务公司存款利率已呈现一定程度的市场化趋势，对于资金收益要求较高的企业集团，其财务公司面临较大的存款成本压力。

调查问卷中92家财务公司存款成本率增长，主要原因：一是财务公司加大服务集团力度，提供个性化产品，提高成员单位的资金收益；二是为稳定成员单位存款，财务公司引导成员单位对产品期限结构进行调整，增大定期存款比重；三是由于整体议价能力有限，为避免存款资源流失，财务公司提供高于商业银行的存款利率，以谋求竞争优势。

调查问卷中54家财务公司存款成本率下降，主要原因：一是执行差别化定价，对优质客户上浮利率，而普通客户执行基准利率，总体存款成本下降；二是为压降存款成本，财务公司引导客户大幅增加活期存款比重，降低定期存款比重。

调查问卷中80家财务公司存款成本率基本稳定，主要原因是成员单位存款利率敏感度不高，2016年央行未调整基准利率，财务公司自身定价政策也未受到利率市场化的影响。

## 三　发行债券

截至2016年末，财务公司应付债券余额为705.87亿元（含中油财务公司香港子公司在境外发行的美元债券和美元商业票据），其中财务公司债券186亿元，2016年海尔财务公司4亿元债券到期兑付，财务公司未新发行债券。

---

① 计算方法：2016年度存款利息支出 ÷ [（Σ 2016年各月日均存款 × 各月天数）÷ 366]。资料来源于中国财务公司协会。

案例

## 案例 8-1 中国电力财务公司服务集团深化资金集中管理

近年来，中国电力财务公司（简称“中国电财”）助力国家电网公司持续推进人、财、物集约化管理，集团资金集中管理成效显著，资金运转更加安全高效，中国电财可归集资金归集率持续保持在 99% 以上，2016 年吸收存款日均规模 1699.74 亿元，同口径同比增长 6.33%。主要经验和举措如下。

一是服务集团资金管理大局，构建统一“资金池”。依托中国电财搭建内部集团账户体系，打通内外部集团账户通道，建立公司级统一“资金池”。明确电费定时扣划和经费实时联动机制，统一电费归集流程，增加电费归集划转频次，全面实时汇集成员单位各类资金。协助集团加强对资金归集指标的考核，提升存量资金日均归集水平。

二是稳定成员单位存款规模，助力资金存量深度挖掘。加强与成员单位的沟通联系，做好客户单位资金收付结算工作，稳定成员单位存款规模。主动服务新兴产业，为国网电子商务、电动汽车和全球能源互联网等单位提供一揽子金融服务，进一步拓展服务范围。争取政策，拓展中国电财保函适用范围，提高中国电财保函在成员单位的认可度，最大限度减少银行的保证金占用。充分摸清未归集资金情况，把握未归集资金的波动情况和特点，为采取有针对性的措施奠定基础。

三是协助推进资金监控平台构建，实现集团对银行账户全量信息的实时管控。通过资金结算系统建立统一的 14 家总行级银财接口，构建“总对总”银企互联通道。配合成员单位开展资金池产品比对、银行传输数据治理、数据业务逻辑验证等工作，以资金实时监控平台为抓手，助力集团在线监控合作银行账户数量和结构变动、资金流量存量信息、资金归集情况，实时追踪异动支出信息。

四是服务内部封闭结算全面实施，防范资金安全风险。开展内部封闭结算，全力配合成员单位及时做好集中培训、账户开立、系统注册等各项工作，实现中国电财内部账户集团内的全覆盖。着力夯实结算基础，推动作业模式创新，积极推行综合柜员制改革，提高结算业务办理效率。加快推进新一代核心业务系统建设，为推进全方位资金管理提供坚强的信息化支撑。丰富支付结算方式，全面推广电子自动对账，打通银企直联对私支付通道，实现公司电子支付功能全覆盖，切实加强支付安全管控。

案例

## 案例 8-2　海航财务公司加强资金归集考核

2016 年，海航财务公司对集团下属境内成员单位持续开展人民币资金归集管理考核（简称“归集考核”），加大资金管控力度，提高资金集中水平，成效显著。

海航集团是一家大型多元化企业集团，随着近年来集团的高速发展，下属成员单位数量和集团资金规模迅速提升。为规范海航集团境内人民币资金归集管理工作，加大集团下属各单位资金归集力度，进一步提高资金集中度和资金使用效率，海航财务公司自 2015 年第二季度开始开展归集考核工作。

归集考核工作针对集团下属境内成员单位开展，考核各单位人民币账户资金集中管控力度。海航财务公司每个工作日统计各单位未归集和已归集人民币资金总额，计算资金归集率得分。每季度初，汇总各单位上季度每日得分，计算各单位季度总得分，并根据最终总得分划分考核等级。考核等级分为优秀、良好、一般、不合格四个等级，根据考核结果，对成员单位进行奖惩，督促考核成绩较差的成员单位及时整改，加大资金集中管控力度。

自开展归集考核工作以来，海航财务公司日均结算存款规模增幅明显。2016 年，财务公司日均结算存款规模较 2015 年增长 307%。通过开展归集考核工作，集团下属成员单位账户资金管控力度明显提升，资金集中水平显著提高。

# 第九章
# 同业业务

## 一 总体情况

随着财务公司行业日益加强资金管理，财务公司普遍开展了同业业务，探索与其他金融机构之间开展资金余缺调剂。目前财务公司同业业务主要分为存放同业、拆借业务、买入与卖出业务。2016 年末，财务公司行业存放同业余额 19677.04 亿元，同比增加 2142.56 亿元，增幅 12.22%；财务公司行业拆借业务余额 1329.74 亿元，同比下降 235.22 亿元，降幅 21.49%；财务公司行业买入与卖出业务余额 889.66 亿元，同比下降 22.54 亿元，降幅 2.47%。通过开展同业业务，财务公司行业实现利息收入 402.07 亿元，同比增加 14.83 亿元，增幅 3.83%。尽管财务公司同业业务规模增幅较大，但是，受降息及低利率影响，同业业务收入仅小幅增长。

## 二 存放同业

### 1. 存放同业活期余额占比近半，剩余期限 1 个月内占比最高

2016 年末，财务公司行业存放同业活期余额 9527.29 亿元，占比近半，为 48.42%，同比下降 863.52 亿元，降幅 8.31%；存放同业定期余额 10149.75 亿元，占比 51.58%，同比增加 3006.08 亿元，增幅 42.08%。存放同业活期余额占比较高，主要是因为财务公司以加强集团资金集中管理和提高集团资金使用效率为目标，为保持流动性、防范资金风险，安排了较多活期资金，随时保障成员单位支付。

从财务公司存放同业余额的期限结构来看，剩余期限 1 个月内占比最高，为 71.49%，主要是由于年末资金紧张，长短期资金价格倒挂，1 个月以内同业

存款利率较高，2017 年货币政策中性可能带来同业存款利率波动机会，年末财务公司偏重配置利率较高的 1 个月内同业存款，获取较高的短期利息收入；剩余期限 1 年以上占比最低，为 0.21%（见图 9-1）；存放同业短期限占比较高，长期限占比较低，主要由于财务公司资金规模受成员单位收支影响，日间资金收支波动较大，为维持流动性平衡，财务公司需要保持较高的资金头寸，同时，部分财务公司由于集团内部信贷需求有限，富余资金较多，但资金运作规模要满足监管规定，财务公司部分富余资金只能配置同业存款，导致财务公司存放同业规模较高。

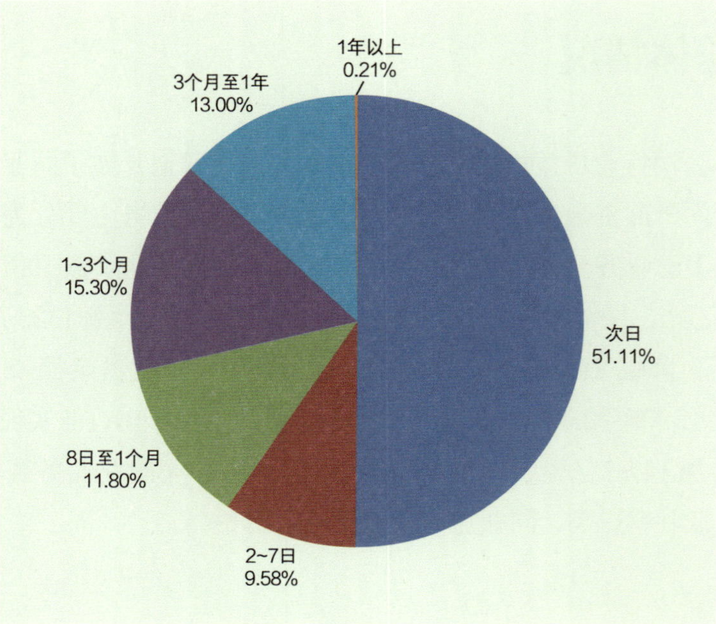


图 9-1　财务公司存放同业期限结构占比情况

## 2. 交易对手以境内商业银行为主，与境外金融机构交易量占比增加

2016 年末，财务公司存放同业余额以境内商业银行为主要交易对手，占比最高，为 94.12%；以境外金融机构为交易对手的存放同业余额占比增加较大，同比增加 2.86 个百分点（见表 9-1），主要是由于具备跨国公司外汇资金集中管理资格的财务公司数量增多，这些财务公司可以开展跨境业务，为服务所在集团的国际业务发展、利用境内外资金差价优势，与境外金融机构开展的存放同业规模增多。

表 9-1 财务公司存放同业交易对手余额及占比情况

单位：亿元，%

| 交易对手 | 2015 年 | | 2016 年 | |
|---|---|---|---|---|
| | 余额 | 占比 | 余额 | 占比 |
| 境内商业银行 | 17235.91 | 98.30 | 18537.12 | 94.12 |
| 境外金融机构 | 86.37 | 0.49 | 658.53 | 3.35 |
| 境内其他银行业金融机构 | 179.78 | 1.03 | 426.95 | 2.17 |
| 境内其他金融机构 | 0.24 | 0.00 | 44.64 | 0.23 |
| 境内证券业金融机构 | 32.18 | 0.18 | 9.81 | 0.05 |

### 3. 多数行业规模增长，占比同比差异不明显

从增长情况来看，除煤炭、钢铁、军工、酒店旅游四个行业财务公司存放同业余额负增长外，其他行业余额均正增长，其中，商贸、民生消费、汽车行业余额同比增长较快，增速分别为 107.17%、59.87%、45.50%。

从占比情况来看，石油化工、军工、建筑建材三个行业财务公司存放同业余额占比超过 10%。与 2015 年末相比，除军工行业余额占比同比下降 3.6 个百分点、煤炭行业余额占比同比下降 2.98 个百分点外，其他各行业余额占比差距不大，均在 2 个百分点以下（见表 9-2）。

表 9-2 财务公司存放同业分行业余额及占比情况

单位：亿元，%

| 行业 | 2015 年 | | 2016 年 | |
|---|---|---|---|---|
| | 余额 | 占比 | 余额 | 占比 |
| 农林牧渔 | 387.58 | 2.21 | 401.34 | 2.04 |
| 煤炭 | 1300.63 | 7.42 | 873.61 | 4.44 |
| 石油化工 | 1627.29 | 9.28 | 2196.46 | 11.16 |
| 能源电力 | 1214.86 | 6.93 | 1257.89 | 6.39 |
| 汽车 | 595.06 | 3.39 | 865.84 | 4.40 |
| 电子电器 | 1278.02 | 7.29 | 1445.76 | 7.35 |
| 钢铁 | 565.62 | 3.23 | 411.17 | 2.09 |
| 机械制造 | 1055.97 | 6.02 | 1232.88 | 6.27 |

续表

| 行业 | 2015 年 | | 2016 年 | |
|---|---|---|---|---|
| | 余额 | 占比 | 余额 | 占比 |
| 有色金属 | 511.32 | 2.92 | 552.19 | 2.81 |
| 军工 | 3073.16 | 17.53 | 2741.23 | 13.93 |
| 民生消费 | 503.32 | 2.87 | 804.65 | 4.09 |
| 建筑建材 | 2077.19 | 11.85 | 2387.34 | 12.13 |
| 交通运输 | 1312.29 | 7.48 | 1653.32 | 8.40 |
| 酒店旅游 | 57.26 | 0.33 | 47.37 | 0.24 |
| 商贸 | 284.85 | 1.62 | 505.95 | 2.57 |
| 投资控股 | 956.14 | 5.45 | 1285.61 | 6.53 |
| 其他 | 733.89 | 4.19 | 1014.43 | 5.16 |

# 三　拆借业务

2016 年末，共计 212 家财务公司获批同业拆借资格，同比增加 17 家，开展同业拆借业务的财务公司 168 家。财务公司开展同业拆借主要包含拆放同业、同业拆入两类，由于拆放同业、同业拆入额度一般不能超过注册资本，财务公司同业拆借规模增长空间受限。

## （一）拆放同业

### 1. 拆放同业余额大幅下降，剩余期限 2 ~ 7 日占比近半

2016 年末，财务公司行业拆放同业余额为 413.15 亿元，同比下降 166.62 亿元，降幅 28.74%。财务公司通过拆放同业拆出暂时的短期闲置资金获取资金收益，拆放同业大户为中油财务公司、中国电力财务公司、南方电网财务公司、中建财务公司等，主要由于这些财务公司所属集团年末收款多、富余资金较多。

从拆放同业余额的期限结构来看，剩余期限 2 ~ 7 日占比最高，为 49.75%；剩余期限 1 个月内占比过半，为 78.45%（见图 9-2）；为保障成员单位资金需求，财务公司行业偏好拆放短期限资金。

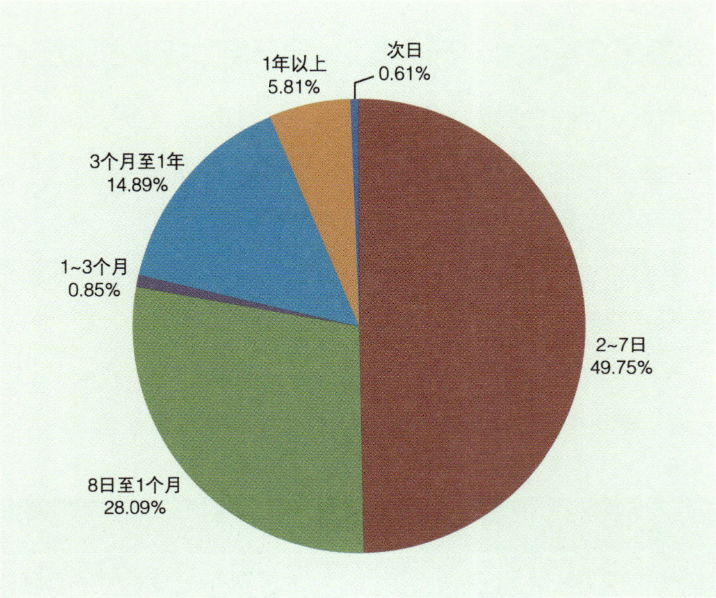


图 9-2 财务公司拆放同业期限结构占比情况

### 2. 交易对手以境内商业银行为主，与境内其他银行业金融机构交易量占比大幅增加

2016 年末，财务公司拆放同业余额以境内商业银行为主要交易对手，占比最高，为 53.79%；与境内其他银行业金融机构为交易对手的拆放同业余额占比增加较大，同比增加 23.19 个百分点（见表 9-3），主要是由于其他银行业金融机构比商业银行提供较高的利率，财务公司在风险可控的前提下，将短期富余资金拆放于其他银行业金融机构，获取较高的资金收益。

**表 9-3 财务公司拆放同业交易对手余额及占比情况**

单位：亿元，%

| 交易对手 | 2015 年 | | 2016 年 | |
|---|---|---|---|---|
| | 余额 | 占比 | 余额 | 占比 |
| 境内商业银行 | 232.00 | 40.02 | 222.24 | 53.79 |
| 境内其他银行业金融机构 | 95.28 | 16.43 | 163.71 | 39.62 |
| 境内证券业金融机构 | 12.50 | 2.16 | 20.20 | 4.89 |
| 境内保险业金融机构 | 0.00 | 0.00 | 0.00 | 0.00 |
| 境内其他金融机构 | 239.98 | 41.39 | 7.00 | 1.69 |
| 境外金融机构 | 0.00 | 0.00 | 0.00 | 0.00 |

### 3. 各行业余额增减差异大，石油化工、能源电力行业占比过半

从增长情况来看，有色金属、建筑建材行业财务公司拆放同业余额同比增长较快，分别由 0 增长至 25 亿元、30 亿元，农林牧渔、投资控股、汽车行业财务公司拆放同业余额同比下降幅度较大，降幅分别为 100.00%、100.00%、85.48%。

从占比情况来看，石油化工、能源电力行业财务公司拆放同业余额合计占比过半，分别为 28.80%、33.52%（见表 9-4）。

**表 9-4　财务公司拆放同业分行业余额及占比情况**

单位：亿元，%

| 行业 | 2015 年 | | 2016 年 | |
|---|---|---|---|---|
| | 余额 | 占比 | 余额 | 占比 |
| 农林牧渔 | 5.00 | 0.86 | 0.00 | 0.00 |
| 煤炭 | 0.00 | 0.00 | 0.00 | 0.00 |
| 石油化工 | 239.84 | 41.37 | 119.00 | 28.80 |
| 能源电力 | 104.00 | 17.94 | 138.50 | 33.52 |
| 汽车 | 79.20 | 13.66 | 11.50 | 2.78 |
| 电子电器 | 12.00 | 2.07 | 5.50 | 1.33 |
| 钢铁 | 0.00 | 0.00 | 0.00 | 0.00 |
| 机械制造 | 17.00 | 2.93 | 11.74 | 2.84 |
| 有色金属 | 0.00 | 0.00 | 25.00 | 6.05 |
| 军工 | 55.00 | 9.49 | 35.00 | 8.47 |
| 民生消费 | 0.00 | 0.00 | 6.50 | 1.57 |
| 建筑建材 | 0.00 | 0.00 | 30.00 | 7.26 |
| 交通运输 | 27.72 | 4.78 | 18.21 | 4.41 |
| 酒店旅游 | 0.00 | 0.00 | 5.20 | 1.26 |
| 商贸 | 0.00 | 0.00 | 6.00 | 1.45 |
| 投资控股 | 20.00 | 3.45 | 0.00 | 0.00 |
| 其他 | 20.00 | 3.45 | 1.00 | 0.24 |

## （二）同业拆入

### 1. 同业拆入余额小幅下降，剩余期限 2～7 日占比最高

2016 年末，财务公司行业同业拆入余额为 916.59 亿元，同比下降 68.60 亿元，降幅 6.96%。财务公司同业拆入主要为满足流动性需要拆入余额大户为中石化财务公司、海尔财务公司、大唐财务公司、中电投财务公司、国投财务公司等，主要由于这些财务公司所属集团年末回款慢、资金较为短缺。

从同业拆入余额的期限结构来看，剩余期限 2～7 日占比最高，为 70.57%（见图 9-3），主要是由于 7 日内拆借利率较低，方便财务公司根据成员单位收付款情况灵活管理资金头寸，也能为财务公司节省资金成本。7 日以上拆借主要为获得外币拆借交易资格的财务公司开展的外币拆借业务。

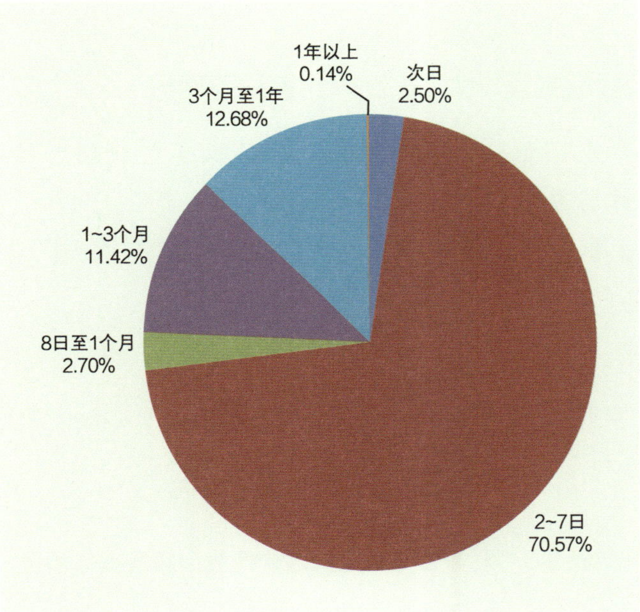


图 9-3　财务公司同业拆入期限结构占比情况

### 2. 交易对手以境外金融机构为主，与境内商业银行交易量占比大幅下降

2016 年末，财务公司同业拆入余额以境外金融机构为主要交易对手，占比最高，为 75.17%；以境内商业银行为交易对手的同业拆入余额占比大幅下降，同比下降 20.95 个百分点（见表 9-5），主要是由于境外资金成本较低，与境内商业银行开展同

业拆入资金成本较高，相较而言，财务公司倾向与境外金融机构开展成本较低的拆入业务。

**表 9-5　财务公司同业拆入交易对手余额及占比情况**

单位：亿元，%

| 交易对手 | 2015 年 | | 2016 年 | |
|---|---|---|---|---|
| | 余额 | 占比 | 余额 | 占比 |
| 境内商业银行 | 352.94 | 35.82 | 136.28 | 14.87 |
| 境内其他银行业金融机构 | 0.00 | 0.00 | 71.30 | 7.78 |
| 境内证券业金融机构 | 0.00 | 0.00 | 10.00 | 1.09 |
| 境内保险业金融机构 | 0.00 | 0.00 | 0.00 | 0.00 |
| 境内其他金融机构 | 15.54 | 1.58 | 10.00 | 1.09 |
| 境外金融机构 | 616.71 | 62.60 | 689.01 | 75.17 |

### 3. 各行业余额增减差异大，占比同比差异不明显

从增长情况来看，军工、电子电器、农林牧渔行业财务公司同业拆入余额同比增长较快，增速分别为 2570.10%、583.22%、186.75%，汽车、民生消费、建筑建材、机械制造行业财务公司同业拆入余额同比下降幅度较大，降幅分别为 100.00%、100.00%、100.00%、80.98%。

从占比情况来看，石油化工行业财务公司同业拆入余额占比最大，为 77.69%。与 2015 年末相比，各行业财务公司同业拆入余额占比差异不大，增降幅度均在 7 个百分点以下（见表 9-6）。

**表 9-6　财务公司同业拆入分行业余额及占比情况**

单位：亿元，%

| 行业 | 2015 年 | | 2016 年 | |
|---|---|---|---|---|
| | 余额 | 占比 | 余额 | 占比 |
| 农林牧渔 | 4.00 | 0.41 | 11.47 | 1.25 |
| 煤炭 | 0.00 | 0.00 | 3.50 | 0.38 |
| 石油化工 | 747.33 | 75.86 | 712.10 | 77.69 |
| 能源电力 | 70.90 | 7.20 | 66.00 | 7.20 |

续表

| 行业 | 2015 年 | | 2016 年 | |
| --- | --- | --- | --- | --- |
| | 余额 | 占比 | 余额 | 占比 |
| 汽车 | 10.00 | 1.02 | 0.00 | 0.00 |
| 电子电器 | 5.84 | 0.59 | 39.90 | 4.35 |
| 钢铁 | 23.79 | 2.41 | 18.12 | 1.98 |
| 机械制造 | 18.35 | 1.86 | 3.49 | 0.38 |
| 有色金属 | 0.00 | 0.00 | 0.00 | 0.00 |
| 军工 | 0.97 | 0.10 | 25.90 | 2.83 |
| 民生消费 | 3.00 | 0.30 | 0.00 | 0.00 |
| 建筑建材 | 60.00 | 6.09 | 0.00 | 0.00 |
| 交通运输 | 12.00 | 1.22 | 10.10 | 1.10 |
| 酒店旅游 | 0.00 | 0.00 | 0.00 | 0.00 |
| 商贸 | 16.00 | 1.62 | 12.00 | 1.31 |
| 投资控股 | 13.00 | 1.32 | 14.00 | 1.53 |
| 其他 | 0.00 | 0.00 | 0.00 | 0.00 |

## 四 买入返售与卖出回购

### （一）买入返售

#### 1. 买入返售余额略有下降，剩余期限 8 日至 3 个月占比增幅较大

财务公司通过买入返售业务，按协议价格买入金融资产并按约定价格于到期日返售给金融机构，获取短期资金收益。2016 年末，财务公司行业买入返售余额为 576.09 亿元，同比下降 16.33 亿元，降幅为 2.76%。

从买入返售余额的期限结构来看，剩余期限 1 个月内占比最高，为 85.06%；剩余期限 1～3 个月内占比较高，为 13.82%；剩余期限 1 年以上的金额为 0；为规避风险，财务公司行业偏好短期限买入返售业务，因此短期限占比较高。剩余期限 8 日至 1 个月、1～3 个月占比增幅较大，分别同比增加 18.58 个和 11.34 个百分点（见表 9-7），主要是由于长短期资金价格倒挂，财务公司加大对较短期限买入返售的配置，获取较高的资金收益。

表 9-7　财务公司买入返售剩余期限余额及占比情况

单位：亿元，%

| 期限 | 2015 年 | | 2016 年 | |
|---|---|---|---|---|
| | 余额 | 占比 | 余额 | 占比 |
| 次日 | 8.71 | 1.47 | 14.98 | 2.60 |
| 2～7 日 | 475.89 | 80.33 | 278.42 | 48.33 |
| 8 日至 1 个月 | 92.12 | 15.55 | 196.62 | 34.13 |
| 1～3 个月 | 14.69 | 2.48 | 79.62 | 13.82 |
| 3 个月至 1 年 | 1.01 | 0.17 | 6.51 | 1.13 |
| 1 年以上 | 0.00 | 0.00 | 0.00 | 0.00 |

## 2. 交易对手以境内商业银行、境内其他金融机构为主，质押品为债券

2016 年末，财务公司买入返售余额对手以境内商业银行、境内其他金融机构为主，合计占比为 67.4%；以境内商业银行为交易对手的买入返售余额下降幅度较大，占比为 35.66%，同比下降 19.81 个百分点（见表 9-8），主要是由于财务公司加大与境内其他金融机构的交易量，获取较高的资金收益。从质押品种类来看，近两年，财务公司买入返售业务全部为债券质押（见表 9-9）。

表 9-8　财务公司买入返售交易对手余额及占比情况

单位：亿元，%

| 交易对手 | 2015 年 | | 2016 年 | |
|---|---|---|---|---|
| | 余额 | 占比 | 余额 | 占比 |
| 境内商业银行 | 328.61 | 55.47 | 205.45 | 35.66 |
| 境内其他银行业金融机构 | 10.52 | 1.78 | 39.08 | 6.78 |
| 境内证券业金融机构 | 116.90 | 19.73 | 140.94 | 24.46 |
| 境内保险业金融机构 | 13.86 | 2.34 | 6.98 | 1.21 |
| 境内其他金融机构 | 92.53 | 15.62 | 182.85 | 31.74 |
| 境外金融机构 | 0.00 | 0.00 | 0.00 | 0.00 |
| 境内外非金融机构 | 0.00 | 0.00 | 0.80 | 0.14 |
| 中央银行 | 29.99 | 5.06 | 0.00 | 0.00 |

表 9-9 财务公司买入返售质押品余额及占比情况

单位：亿元，%

| 质押品 | 2015 年 | | 2016 年 | |
|---|---|---|---|---|
| | 余额 | 占比 | 余额 | 占比 |
| 债券 | 592.40 | 100.00 | 576.09 | 100.00 |
| 票据 | 0.00 | 0.00 | 0.00 | 0.00 |
| 贷款 | 0.00 | 0.00 | 0.00 | 0.00 |
| 其他 | 0.01 | 0.00 | 0.00 | 0.00 |

## 3. 各行业规模增减差异大，占比同比差异基本不大

从增长情况来看，电子电器、交通运输行业财务公司买入返售余额同比增长较快，增速分别为90.54%、99.48%，煤炭、石油化工、钢铁、有色金属、建筑建材行业财务公司买入返售余额同比下降幅度较大，降幅分别为87.47%、93.13%、70.35%、86.67%、66.66%。

从占比情况来看，能源电力、电子电器、机械制造行业财务公司买入返售余额占比较大，分别为30.71%、26.86%、20.44%。与2015年末相比，除石油化工行业财务公司买入返售余额占比下降13.34个百分点、电子电器行业财务公司买入返售余额占比增加13.15个百分点外，其他行业占比差异不大（见表9-10）。

表 9-10 财务公司买入返售分行业余额及占比情况

单位：亿元，%

| 行业 | 2015 年 | | 2016 年 | |
|---|---|---|---|---|
| | 余额 | 占比 | 余额 | 占比 |
| 农林牧渔 | 0.00 | 0.00 | 0.00 | 0.00 |
| 煤炭 | 32.31 | 5.45 | 4.05 | 0.70 |
| 石油化工 | 85.00 | 14.35 | 5.84 | 1.01 |
| 能源电力 | 157.16 | 26.53 | 176.91 | 30.71 |
| 汽车 | 5.50 | 0.93 | 7.24 | 1.26 |
| 电子电器 | 81.22 | 13.71 | 154.76 | 26.86 |
| 钢铁 | 31.30 | 5.28 | 9.28 | 1.61 |
| 机械制造 | 91.11 | 15.38 | 117.75 | 20.44 |
| 有色金属 | 15.00 | 2.53 | 2.00 | 0.35 |
| 军工 | 48.32 | 8.16 | 24.80 | 4.30 |

续表

| 行业 | 2015年 | | 2016年 | |
|---|---|---|---|---|
| | 余额 | 占比 | 余额 | 占比 |
| 民生消费 | 0.00 | 0.00 | 0.80 | 0.14 |
| 建筑建材 | 29.99 | 5.06 | 10.00 | 1.74 |
| 交通运输 | 15.50 | 2.62 | 30.92 | 5.37 |
| 酒店旅游 | 0.00 | 0.00 | 1.70 | 0.30 |
| 商贸 | 0.01 | 0.00 | 0.00 | 0.00 |
| 投资控股 | 0.00 | 0.00 | 30.04 | 5.21 |
| 其他 | 0.00 | 0.00 | 0.00 | 0.00 |

## （二）卖出回购

### 1. 卖出回购余额略有下降，剩余期限1个月至1年占比增幅较大

财务公司通过卖出回购业务，按协议价格卖出金融资产并按约定价格于到期日回购，进行短期资金融通。卖出回购融资成本较低，逐渐成为财务公司行业重要的融资渠道。2016年末，财务公司行业卖出回购余额为313.57亿元，同比下降6.21亿元，降幅为1.94%。

从卖出回购余额的期限结构来看，剩余期限2～7日及1～3个月占比较高，二者合计占比为54.01%；剩余期限1年以上的金额为0；剩余期限1～3个月、3个月至1年占比增幅较大，分别同比增加17.54个和15.74个百分点，主要是由于财务公司行业充分把握低利率机会，加大较长期限融资力度，锁定融资成本（见表9-11）。

**表9-11 财务公司卖出回购剩余期限余额及占比情况**

单位：亿元，%

| 期限 | 2015年 | | 2016年 | |
|---|---|---|---|---|
| | 余额 | 占比 | 余额 | 占比 |
| 次日 | 46.88 | 14.66 | 32.39 | 10.33 |
| 2～7日 | 156.28 | 48.87 | 84.22 | 26.86 |
| 8日至1个月 | 70.83 | 22.15 | 47.69 | 15.21 |
| 1～3个月 | 30.73 | 9.61 | 85.13 | 27.15 |
| 3个月至1年 | 15.06 | 4.71 | 64.13 | 20.45 |
| 1年以上 | 0.00 | 0.00 | 0.00 | 0.00 |

### 2. 交易对手以央行为主，质押票据占比增幅较大

2016 年末，财务公司卖出回购余额交易对手以中央银行为主，占比为 54.38%，同比增加 43.48 个百分点，主要是由于财务公司参与央行逆回购操作较多；以境内商业银行为交易对手的卖出回购余额下降幅度较大，占比为 27.63%，同比下降 33.20 个百分点（见表 9-12）。

**表 9-12 财务公司卖出回购交易对手余额及占比情况**

单位：亿元，%

| 交易对手 | 2015 年 | | 2016 年 | |
|---|---|---|---|---|
| | 余额 | 占比 | 余额 | 占比 |
| 中央银行 | 34.86 | 10.90 | 170.53 | 54.38 |
| 境内商业银行 | 194.52 | 60.83 | 86.64 | 27.63 |
| 境内证券业金融机构 | 84.43 | 26.40 | 24.50 | 7.81 |
| 境内其他银行业金融机构 | 0.50 | 0.16 | 19.00 | 6.06 |
| 境内其他金融机构 | 5.47 | 1.71 | 10.00 | 3.19 |
| 境内外非金融机构 | 0.00 | 0.00 | 1.91 | 0.61 |
| 境内保险业金融机构 | 0.00 | 0.00 | 1.00 | 0.32 |
| 卖出回购合计 | 319.78 | 100 | 313.57 | 100 |

从卖出回购余额的质押品种类来看，票据占比最高，为 68.31%，同比增加 38.54 个百分点，主要是由于财务公司卖出央行票据回购量增加；债券占比为 31.06%，同比下降 31.04 个百分点（见表 9-13）。

**表 9-13 财务公司卖出回购质押品余额及占比情况**

单位：亿元，%

| 质押品 | 2015 年 | | 2016 年 | |
|---|---|---|---|---|
| | 余额 | 占比 | 余额 | 占比 |
| 票据 | 95.19 | 29.77 | 214.20 | 68.31 |
| 债券 | 198.58 | 62.10 | 97.39 | 31.06 |
| 贷款 | 0.00 | 0.00 | 0.00 | 0.00 |
| 其他 | 26.00 | 8.13 | 1.98 | 0.63 |

### 3. 各行业规模有增有降，占比同比差异大

从增长情况来看，有色金属、民生消费行业财务公司卖出回购余额同比增长较快，增速分别为807.23%、239.32%，石油化工、汽车行业财务公司卖出回购余额同比下降幅度较大，降幅分别为71.08%、86.79%。

从占比情况来看，钢铁、石油化工、有色金属行业财务公司卖出回购余额占比较大，分别为19.72%、14.56%、12.41%，但与2015年末相比，各行业财务公司卖出回购余额占比同比变化差异较大，例如，有色金属、钢铁行业财务公司卖出回购余额占比分别增加11.07个和8.83个百分点，但石油化工行业财务公司卖出回购余额占比降幅较大，同比下降34.81个百分点（见表9-14）。

**表 9-14　财务公司卖出回购分行业余额及占比情况**

单位：亿元，%

| 行业 | 2015年 | | 2016年 | |
|---|---|---|---|---|
| | 余额 | 占比 | 余额 | 占比 |
| 农林牧渔 | 3.00 | 0.94 | 3.34 | 1.06 |
| 煤炭 | 12.94 | 4.05 | 11.49 | 3.66 |
| 石油化工 | 157.87 | 49.37 | 45.66 | 14.56 |
| 能源电力 | 0.00 | 0.00 | 37.58 | 11.99 |
| 汽车 | 52.53 | 16.43 | 6.94 | 2.21 |
| 电子电器 | 16.31 | 5.10 | 28.36 | 9.04 |
| 钢铁 | 34.82 | 10.89 | 61.82 | 19.72 |
| 机械制造 | 10.59 | 3.31 | 9.04 | 2.88 |
| 有色金属 | 4.29 | 1.34 | 38.92 | 12.41 |
| 军工 | 0.00 | 0.00 | 16.10 | 5.13 |
| 民生消费 | 5.85 | 1.83 | 19.85 | 6.33 |
| 建筑建材 | 0.00 | 0.00 | 0.55 | 0.18 |
| 交通运输 | 15.63 | 4.89 | 10.84 | 3.46 |
| 酒店旅游 | 0.00 | 0.00 | 0.61 | 0.19 |
| 商贸 | 0.00 | 0.00 | 7.80 | 2.49 |
| 投资控股 | 0.00 | 0.00 | 10.07 | 3.21 |
| 其他 | 5.94 | 1.86 | 4.58 | 1.46 |

# 第十章 中间业务

## 一　总体情况

财务公司中间业务主要包括四大类：结算类业务；担保类业务，具体包括票据承兑、承诺、担保；代理类业务，具体包括委托贷款、委托投资、保险代理；投行类业务，具体包括债券承销、财务顾问。[①] 2015 年和 2016 年财务公司中间业务规模见表 10-1。

2016 年财务公司中间业务主要呈现以下两个特点。

第一，结算业务依然是中间业务的主要类型。相比商业银行，财务公司行业中间业务品种较少，因此，从规模上看，传统的结算业务依然是中间业务的主要类型，占比达到中间业务规模的 95% 以上。

第二，中间业务品种不断创新。除传统的结算类业务、担保类业务外，财务公司还在保险代理、财务顾问等业务上有所创新和突破。尤其是财务顾问服务，已经从传统的境内债券发行等财务顾问服务拓展至为集团海外并购、海外债券发行等提供财务顾问服务。

**表 10-1　2015 年和 2016 年财务公司中间业务规模**

| 业务类型 | 2015 年 | 2016 年 | 同比（%） |
| --- | --- | --- | --- |
| 结算类业务（万亿元） | 220.45 | 251.61 | 14.13 |
| 担保类业务（亿元） | | | |
| 承诺 | 4747.45 | 5668.93 | 19.41 |
| 融资性担保 | 461.80 | 542.43 | 17.46 |
| 非融资性担保 | 257.98 | 269.75 | 4.56 |
| 票据承兑 | 3180.82 | 4365.19 | 37.23 |

① 本章数据均来自中国财协统计数据。

续表

| 业务类型 | 2015 年 | 2016 年 | 同比（%） |
|---|---|---|---|
| 代理类业务（亿元） | | | |
| 委托贷款 | 15105.21 | 14749.83 | -2.35 |
| 委托投资 | 2207.62 | 2619.66 | 18.66 |
| 保险代理 | 9.04 | 60.74 | 571.90 |
| 投行类业务（亿元） | | | |
| 债券承销 | 1292.80 | 771.60 | -40.32 |

注：承诺数为余额数，其余都是发生数；数据口径为本外币合计。

从收入情况看，2016 年财务公司中间业务收入 367618.75 万元，同比增长 8.06%。其中，债券承销业务收入同比增长幅度最大，从 10 万元到 194.12 万元，同比增长 1841.20%，主要是由于有财务公司在当年摊销了以前年度的债券承销收入 125 万元，如果扣除该因素，2016 年债券承销收入为 69.12 万元，同比增长 591.20%；担保业务收入同比增长 44.75%；保险代理业务收入同比增长 11.04%；结算业务收入同比下降 49.33%；其他中间业务收入同比下降 32.15%；财务顾问业务收入同比下降 3.97%（见表 10-2）。

**表 10-2　2015 和 2016 年财务公司中间业务收入**

单位：万元，%

| 收入类型 | 2015 年 | | 2016 年 | | |
|---|---|---|---|---|---|
| | 金额 | 占比 | 金额 | 占比 | 同比 |
| 结算业务收入 | 44369.92 | 13.04 | 22483.75 | 6.12 | -49.33 |
| 委托贷款业务收入 | — | 0.00 | 116242.30 | 31.62 | — |
| 担保业务收入 | 10564.08 | 3.11 | 15291.28 | 4.16 | 44.75 |
| 保险代理业务收入 | 17543.31 | 5.16 | 19479.30 | 5.30 | 11.04 |
| 债券承销业务收入 | 10.00 | 0.00 | 194.12 | 0.05 | 1841.20 |
| 财务顾问业务收入 | 43630.36 | 12.83 | 41899.86 | 11.40 | -3.97 |
| 其他中间业务收入 | 224071.28 | 65.87 | 152028.14 | 41.35 | -32.15 |
| 合计 | 340188.95 | 100.00 | 367618.75 | 100.00 | 8.06 |

注：2015 年未单独采集委托贷款业务收入。

# 二　结算业务

2016 年，财务公司结算业务共发生 251.61 万亿元，同比增长 14.13%。

由于财务公司不具备清算资格，因此财务公司结算业务主要依托商业银行开展。据调查统计，目前，财务公司现金池合作银行多则 20 余家，少则两三家。

分行业看，石油化工行业和能源电力行业的结算业务规模合计占全行业的近 40%。其中，石油化工行业的结算业务占比最大，2016 年发生规模 62.76 万亿元，占比 24.94%，同比下降 4.75%；其次是能源电力行业，2016 年发生规模 32.68 万亿元，占比 12.99%，同比下降 23.64%。

从涨幅看，其他、交通运输和汽车 3 个行业同比增长均超过 100%，分别是 120.73%、105.03% 和 101.07%。这 3 个行业 2016 年新机构的加入带动了结算量的大幅增加（见表 10-3）。

**表 10-3　结算业务（分行业）**

单位：万亿元，%

| 行业 | 2015 年 | 占比 | 2016 年 | 占比 | 同比 |
|---|---|---|---|---|---|
| 能源电力 | 42.80 | 19.41 | 32.68 | 12.99 | -23.64 |
| 石油化工 | 65.89 | 29.89 | 62.76 | 24.94 | -4.75 |
| 电子电器 | 13.20 | 5.99 | 10.87 | 4.32 | -17.65 |
| 煤炭 | 9.47 | 4.30 | 9.81 | 3.90 | 3.59 |
| 建筑建材 | 13.55 | 6.15 | 17.52 | 6.96 | 29.30 |
| 钢铁 | 12.51 | 5.67 | 15.06 | 5.99 | 20.38 |
| 机械制造 | 5.63 | 2.55 | 8.06 | 3.20 | 43.16 |
| 交通运输 | 10.14 | 4.50 | 20.79 | 8.26 | 105.03 |
| 军工 | 14.91 | 6.76 | 16.63 | 6.61 | 11.54 |
| 有色金属 | 5.75 | 2.61 | 9.57 | 3.80 | 66.43 |
| 汽车 | 10.31 | 4.68 | 20.73 | 8.24 | 101.07 |
| 酒店旅游 | 0.85 | 0.39 | 0.96 | 0.38 | 12.94 |
| 商贸 | 3.29 | 1.49 | 6.25 | 2.48 | 89.97 |
| 投资控股 | 6.28 | 2.85 | 10.88 | 4.32 | 73.25 |
| 民生消费 | 1.70 | 0.77 | 2.36 | 0.94 | 38.82 |
| 农林牧渔 | 2.54 | 1.15 | 3.04 | 1.21 | 19.69 |
| 其他 | 1.64 | 0.74 | 3.62 | 1.44 | 120.73 |
| 总计 | 220.45 | 100.00 | 251.61 | 100.00 | 14.13 |

2016 年财务公司行业结算业务呈现新的发展趋势，表现为：随着财务共享理念的持续深入，大部分企业集团开始进行财务共享。据调查统计，多家财务公司正在通过提供财企接口的方式实现集团财务共享，提高支付清算效率。

案例

## 案例 10-1　国投财务公司电子采购平台资金收付模式探索

2015 年国投集团按照“一个平台、分级管理、多方应用、规范采购”的思路，搭建集团电子化采购平台。为了更好地提供金融结算服务，国投财务公司深入进行集团电子采购平台系统建设，对电子采购支付模式进行探索，引入第三方支付平台、中信银行招投标账户等新型结算管理模式，提出标书款收取和招投标保证金收退方案，解决招标代理机构人工管理招标款项出错率高、效率低等问题。

自 2015 年电子采购平台系统招标，国投财务公司就积极投入项目建设，分析现有招标过程中的各种支付环节和问题，并分别从投标人付款、招标人收退款管理两个角度出发寻找支付解决方案。考虑到投标人多为外部企业，付款银行千差万别，自建银行通道收取费用成本高、后期维护困难，国投财务公司决定和第三方支付平台合作。通过对目前主流的几家支付平台进行调研比选，最终选择上海银联作为服务方，由国投财务公司负责各标书款项清算结算的核对及入账。标书款收取的手续费也统一由国投财务公司承担，为招标人节省了一定的费用支出。保证金收退方面，国投财务公司摒弃了银行传统的账户管理模式，采用新的虚拟子账户的管理模式，改造核心系统，实现了与电子采购平台的无缝对接。

通过引入第三方支付平台，国投财务公司间接为投标人提供了在线网银支付的功能，标书款项实时扣取，并直接结算至成员企业在财务公司开立的内部账户，丰富了服务形式，提高了服务支持能力。采用中信银行招投标虚拟子账户模式，实现了保证金与各投标人及标段的一一对应。系统自动识别投标人保证金到账情况，记录到账时间，极大地减少了人工管理的复杂性，提高了工作效率。

# 三　担保类业务

2016 年财务公司承诺业务余额 5668.93 亿元，同比增长 19.41%；融资性担保发生额 542.43 亿元，同比增长 17.46%；非融资性担保发生额 269.75 亿元，同比增长 4.56%；票据承兑业务发生额 4365.19 亿元，同比增长 37.23%。

## （一）承诺业务

分行业看，2016 年能源电力行业的承诺业务余额占比 32.53%，占比最大，其次是石油化工行业，占比 31.65%。石油化工行业的承诺业务同比增长 33.11%，而能源电力行业的承诺业务同比下降 11.85%，这导致 2016 年石油化工行业的占比基本与能源电力行业持平。从涨幅上看，其他、投资控股、交通运输、机械制造、农林牧渔、商贸 6 个行业的涨幅均超过 100%，分别是 1712.81%、226.21%、203.08%、188.66%、146.53%、118.72%。相反，有 3 个行业同比下降，分别是民生消费、有色金属、能源电力，同比分别下降 57.97%、24.63%、11.85%（见表 10-4）。

**表 10-4　2015 年和 2016 年承诺业务（分行业）**

单位：亿元，%

| 行业 | 2015 年 | | 2016 年 | | |
|---|---|---|---|---|---|
| | 金额 | 占比 | 金额 | 占比 | 同比 |
| 能源电力 | 2092.17 | 44.08 | 1844.16 | 32.53 | -11.85 |
| 石油化工 | 1347.77 | 28.39 | 1794.08 | 31.65 | 33.11 |
| 电子电器 | 201.14 | 4.24 | 218.39 | 3.85 | 8.58 |
| 煤炭 | 60.48 | 1.27 | 77.53 | 1.37 | 28.19 |
| 建筑建材 | 113.42 | 2.39 | 168.02 | 2.96 | 48.14 |
| 钢铁 | 33.51 | 0.71 | 47.34 | 0.84 | 41.27 |
| 机械制造 | 15.96 | 0.34 | 46.07 | 0.81 | 188.66 |
| 交通运输 | 53.94 | 1.14 | 163.48 | 2.88 | 203.08 |
| 军工 | 470.29 | 9.91 | 495.78 | 8.75 | 5.42 |
| 有色金属 | 35.65 | 0.75 | 26.87 | 0.47 | -24.63 |
| 汽车 | 222.73 | 4.69 | 239.20 | 4.22 | 7.39 |
| 酒店旅游 | 10.39 | 0.22 | 14.48 | 0.26 | 39.36 |
| 商贸 | 8.92 | 0.19 | 19.51 | 0.34 | 118.72 |
| 投资控股 | 54.02 | 1.14 | 176.22 | 3.11 | 226.21 |
| 民生消费 | 0.69 | 0.01 | 0.29 | 0.01 | -57.97 |
| 农林牧渔 | 7.20 | 0.15 | 17.75 | 0.31 | 146.53 |
| 其他 | 17.64 | 0.37 | 319.78 | 5.64 | 1712.81 |
| 合计 | 4745.92 | 100.00 | 5668.93 | 100.00 | 19.41 |

## （二）担保业务

分行业看，2016 年钢铁行业的担保业务发生额占比 18.74%，占比最大，其次是建筑建材行业，占比 11.36%。从同比涨幅看，酒店旅游行业同比增长 614.2%，涨幅最大；其次是有色金属行业，同比增长 357.54%；再次是民生消费行业，同比增长 341.92%。有五个行业同比下降，分别是能源电力、投资控股、其他、军工、机械制造，分别下降：60.36%、41.81%、38.82%、30.46%、14.04%（见表 10-5）。

**表 10-5　2016 年担保业务（分行业）**

单位：亿元，%

| 行业 | 担保业务 | | | 融资性担保 | | 非融资性担保 | |
|---|---|---|---|---|---|---|---|
| | 金额 | 占比 | 同比 | 金额 | 同比 | 金额 | 同比 |
| 能源电力 | 20 | 2.46 | -60.36 | 5 | - | 15 | -70.27 |
| 石油化工 | 52.79 | 6.50 | 131.26 | 29.68 | 641.89 | 23.11 | 22.77 |
| 电子电器 | 56.36 | 6.94 | 215.58 | 43.47 | 723.09 | 12.89 | 2.48 |
| 煤炭 | 55.4 | 6.82 | 71.80 | 41.1 | 54.90 | 14.3 | 150.30 |
| 建筑建材 | 92.28 | 11.36 | 135.52 | 3.96 | 210.87 | 88.32 | 132.98 |
| 钢铁 | 152.18 | 18.74 | 7.71 | 145.86 | 6.15 | 6.33 | 63.02 |
| 机械制造 | 66.69 | 8.21 | -14.04 | 31.13 | 56.23 | 35.57 | -38.32 |
| 交通运输 | 35.74 | 4.40 | 88.74 | 16.05 | 92.76 | 19.69 | 85.60 |
| 军工 | 55.03 | 6.78 | -30.46 | 43.22 | 2.15 | 11.81 | -67.93 |
| 有色金属 | 28.12 | 3.46 | 357.54 | 22.33 | 1388.67 | 5.79 | 24.65 |
| 汽车 | 23.36 | 2.88 | 29.79 | 7.1 | -58.49 | 16.26 | 1728.55 |
| 酒店旅游 | 0.07 | 0.01 | 614.20 | 0 | - | 0.07 | 614.20 |
| 商贸 | 25.12 | 3.09 | 1.82 | 23.82 | 5.54 | 1.3 | -38.19 |
| 投资控股 | 79.76 | 9.82 | -41.81 | 74.06 | -43.82 | 5.7 | 8.86 |
| 民生消费 | 17.52 | 2.16 | 341.92 | 9.22 | 154.21 | 8.3 | 2356.84 |
| 农林牧渔 | 34.93 | 4.30 | 52.47 | 34.93 | 57.99 | 0 | -100.00 |
| 其他 | 16.83 | 2.07 | -38.82 | 11.5 | -36.11 | 5.33 | -43.96 |
| 合计 | 812.18 | 100.00 | 12.84 | 542.43 | 17.46 | 269.75 | 4.56 |

## （三）票据承兑业务

截至 2016 年末，共有 147 家财务公司上线了电子商业汇票系统，占全行业 236 家财务公司的 62%。2016 年，多家财务公司加入央行电子商业汇票系统，如甘肃电投财务公司、海航财务公司、中国黄金财务公司、本钢财务公司、淮北矿业财务公司等。

从表 10-6 数据对比可以看出，2016 年财务公司电子商业汇票的承兑金额和承兑笔数的占比分别同比增加 2.79 个和 4.54 个百分点。相反，纸质商业汇票的承兑金额和承兑笔数的占比分别同比减少 2.79 个和 4.54 个百分点（见表 10-6）。说明财务公司的电子商业汇票承兑业务规模正在不断扩大，可以预见，随着央行出台相关政策，全面推广财务公司开通电票线上清算功能，财务公司电子商业汇票承兑业务将迎来爆发式增长。

**表 10-6　2015 年和 2016 年票据承兑业务**

| 票据类型 | 2015 年 | | | | 2016 年 | | | |
|---|---|---|---|---|---|---|---|---|
| | 承兑金额（亿元） | 占比（%） | 承兑笔数（笔） | 占比（%） | 承兑金额（亿元） | 占比（%） | 承兑笔数（笔） | 占比（%） |
| 票据承兑（纸票） | 349.76 | 11.00 | 22814 | 15.12 | 358.26 | 8.21 | 26797 | 10.58 |
| 票据承兑（电票） | 2831.06 | 89.00 | 128114 | 84.88 | 4006.93 | 91.79 | 226533 | 89.42 |
| 合计 | 3180.82 | 100.00 | 150928 | 100.00 | 4365.19 | 100.00 | 253330 | 100.00 |

分行业看，2016 年电子电器行业的票据承兑业务占比最大，为 25.02%，其次是军工行业，占比 15.48%。从同比增长情况看，除其他行业外，票据承兑业务涨幅最大的是民生消费行业，同比增长 495.22%，其次是建筑建材行业，同比增长 394.96%（见表 10-7）。

表 10-7　2015 年和 2016 年票据承兑业务（分行业）

单位：亿元，%

| 行业 | 2015 年 | | 2016 年 | | |
|---|---|---|---|---|---|
| | 金额 | 占比 | 金额 | 占比 | 同比 |
| 能源电力 | 341.48 | 10.74 | 492.56 | 11.28 | 44.24 |
| 石油化工 | 99.42 | 3.13 | 198.31 | 4.54 | 99.47 |
| 电子电器 | 1149.90 | 36.15 | 1091.96 | 25.02 | –5.04 |
| 煤炭 | 74.86 | 2.35 | 133.95 | 3.07 | 78.93 |
| 建筑建材 | 28.94 | 0.91 | 143.24 | 3.28 | 394.96 |
| 钢铁 | 220.12 | 6.92 | 339.68 | 7.78 | 54.32 |
| 机械制造 | 158.16 | 4.97 | 242.30 | 5.55 | 53.20 |
| 交通运输 | 23.03 | 0.72 | 38.61 | 0.88 | 67.65 |
| 军工 | 530.95 | 16.69 | 675.57 | 15.48 | 27.24 |
| 有色金属 | 123.11 | 3.87 | 213.49 | 4.89 | 73.41 |
| 汽车 | 328.11 | 10.32 | 555.38 | 12.72 | 69.27 |
| 酒店旅游 | 1.95 | 0.06 | 4.61 | 0.11 | 136.41 |
| 商贸 | 44.09 | 1.39 | 116.20 | 2.66 | 163.55 |
| 投资控股 | 36.72 | 1.15 | 44.14 | 1.01 | 20.21 |
| 民生消费 | 6.49 | 0.20 | 38.63 | 0.88 | 495.22 |
| 农林牧渔 | 12.95 | 0.41 | 27.25 | 0.62 | 110.42 |
| 其他 | 0.54 | 0.02 | 9.30 | 0.21 | 1622.22 |
| 合计 | 3180.82 | 100.00 | 4365.19 | 100.00 | 37.23 |

**案例**

## 案例 10-2　美的财务公司积极开展票据业务

美的财务公司隶属于美的集团。集团主营业务为白色家电。行业 80% 的业务采用票据支付结算。美的财务公司成立之初就已开展各项票据业务。目前已开展的票据业务包括：承兑、解付、贴现、转贴现、再贴现、提示付款、质押等。随着企业规模的不断扩大，票据业务量也不断提升。2016 年，美的财务公司累计办理电票承兑业务接近 6 万笔，同比增长 18%；办理票据贴现业务 4000 多笔，同比增长 82%，交易金额 170 亿元，同比增长 46%。推广至今，集团内 100 多家成员企业已加入财司电票系统，接收财务公司电票的供应商多达 4700 余家，遍布全国 300 多个市、县。

随着业务量的不断增长，美的财务公司在票据管理领域紧跟人民银行步伐。2012 年 3 月，美的财务公司以直接参与者的身份加入人民银行电票系统 ECDS，为美的集团电票业务发展拓宽了渠道；2016 年 6 月 9 日，美的财务公司作为全国 7 家财务公司试点单位之一加入人民银行二代支付系统，实现电票线上清算；2016 年，央行筹建票据交易平台（简称“票交所”）。美的财务公司作为全国 2 家试点财务公司之一参与了整个票交所上线的全过程，并于 2016 年 12 月 8 日上线实施。通过以上功能的开拓和完善，美的财务公司提高了票据清算效率和资金使用效率，降低了票据管理成本，规避了票据风险，在风险可控的提前下满足集团成员单位的短期融资需求，全面提升了金融服务能力。

## 四　委托类业务

2016 年财务公司委托贷款发生额 1.47 万亿元，同比下降 2.35%；委托投资发生额 2619.66 亿元，同比增长 18.66%；保险代理发生额 60.74 亿元，同比增长 571.78%。

从数据可以看出，2016 年财务公司委托类业务的最大特点是保险代理业务发展迅速，规模同比增长最快。

案例

### 案例 10-3　山东钢铁财务公司创新开展保险代理业务

山东钢铁财务公司创新思维，引入保险顾问，与代理业务相结合，相互补充，做实了保险代理业务，降低了企业管理成本，闯出了一条企业保险工作的新路径。自 2012 年 8 月起至 2016 年 12 月底，代理承保资产余额 687 亿元，保额（保险责任）近 1000 亿元，实际支付保费比按原费率计算累计降低 4000 余万元，累计代成员企业向保险公司索赔近 3000 万元，累计向保险公司收取代理手续费用 670 余万元，效果明显。具体做法如下。

第一，发挥规模优势。以集团公司作为与保险公司谈判的统一平台，最大限度地发挥集团公司的协同效应和规模优势。无论企业规模大小、资产质量优劣、管理水平高低，同一险种，均适用统一费率。按照保险公司的大数法则，将风险高低资产相融合，用大额的低风险资产弱化、分散少数的高风险资产，享受保险公司的最优惠政策，达到保足保全、转移风险的目的。如一成员企业的全部投保资产为 300 多亿元，承保期限分布于全年几乎每一个月，承保公司将近 10 家，竞争激烈，企业压力较大。财务公司采取统一一次打包招标，统一到期时点，一个公司首席承保、多家公司参与的共保方式，保费分期均衡支付，使全年保费一次性降低了 50% 以上。

第二，量身定制方案。对于特殊行业、企业，山东钢铁财务公司通过现场查勘、调研，借助科学、实用的工作方法，认真分析每一个风险因素，进行风险评估，量身定制个性化的综合保险方案，达到性价比最高。对于一家拥有 400 余辆运输车辆的运输公司，财务公司采用替换险种的方式将司乘人员责任险换成企业雇主责任险，在保额不变的情况下，保费由 600 余元 / 人，降为 140 元 / 人。

第三，公开公平招标。根据设计的保险方案，山东钢铁财务公司向签订代理合同的保险公司发布需求，进行公开招标，确定承保公司。针对具体情况和标的大小，财务公司采用询价、邀请、竞争性谈判和公开招标等方式进行招标，既合规、合法，效果也比较理想。在公司一个标的几百亿元的大型建筑工程项目中，有 15 家保险公司参加了投标，最终由 9 家保险公司共同承保，费率比同等类型的国内某项目、同期省内某大型项目都有大幅降低。

第四，签订保险合同。山东钢铁财务公司按照保险方案和招标价格与保险公司签订保险合同，包括投保资产、投保险种、费率、保费、承保条件、特别约定、免责条款、扩展条款、条款释义、防灾减损、服务约定等，真正做到了保险合同化。

第五，保险知识培训。山东钢铁财务公司借助《山东钢铁报》《山东钢铁信息》，通过举办培训班、现场调研、勘察、分析、开现场会等方式，对成员企业的相关人员进行投保、防灾、防损、出险报案、抢险施救等保险知识培训。

第六，理赔索赔维权。对于企业事故报案，山东钢铁财务公司首先进行现场查勘、分析，确认为保险责任事故后，协助企业整理报案材料，准确报案。避免争议案件的发生，依法合规地维护企业权益。

## 五　投行类业务

### （一）债券承销

2016 年财务公司债券承销规模为 771.60 亿元，同比下降 40.32%。

财务公司债券承销业务主要分为两类：一是根据《企业集团财务公司管理办法》，获得“承销成员单位的企业债券”的资格后，可以开展对成员单位发行的企业债券承销业务；二是向中国银行间交易商协会申请“意向性承销类会员”资格，为集团及成员单位提供短融、超短融、非公开定向债务融资工具的承销业务。

目前只有少数财务公司开展了债券承销业务。在承销企业债券方面，2016 年全行业发生额为 0.2 亿元，同比下降 99.85%。在短融、超短融、非公开定向债务融资工具承销方面，2016 年共有 3 家财务公司开展此类业务，金额共计 771.40 亿元，同比下降 33.37%（见表 10-8）。

**表 10-8　2015 年和 2016 年债券承销业务**

单位：亿元

| 业务类型 | 2015 年 | 2016 年 |
|---|---|---|
| 承销成员单位的企业债券业务 | 135.0 | 0.20 |
| 承销成员单位在银行间市场发行的债券业务 | 1157.8 | 771.40 |
| 合计 | 1292.8 | 771.60 |

从这两年开展的情况来看，尽管财务公司债券承销业务取得重大突破，但是承销债券金额占比低，所属集团及成员单位的债券承销仍主要由其他渠道完成。财务公司债券承销业务的发展还需要经过一段时间的磨合，专业服务能力还需要进一步提升。

**案例**

## 案例 10-4　南方电网财务公司首次开展债券承销业务实现多项突破

2016 年以来，南方电网财务公司充分利用自身南方电网集团成员单位和金融机构的双重身份，积极培训债券承销方面相关人才，派出专人参加债券承销方面的相关培训，做好债券承销前的相关准备。经过一系列的准备，在美元加息，十年期国债流拍，大型国企等大批企业取消或推迟发债计划，市场 2 天取消发行 21 只计划发行债券的恶劣背景下，南方电网财务公司于 2016 年 12 月 19 日承销了南方电网集团发行的 2016 年第二期超短融 15 亿元，达集团发行总额 50 亿元的 30%，有力地支持了集团债券的成功发行，为全国大批企业重新发行非金融债券树立了标杆。此次债券承销，财务公司积极联系投资者，与主承销商沟通，协助南方电网集团以当期市场最低发行利率 3.75% 发行债券，比同期次低利率节约 280 万元以上应付利息，实实在在地帮助集团实现了去产能、去杠杆、降成本。

## （二）财务顾问

除债券承销业务外，2016 年有多家财务公司开展了财务顾问业务，收入 41899.86 万元。据不完全统计，2016 年有以下财务公司开展了财务顾问服务（见表 10-9）。

表 10-9 2016 年财务公司开展财务顾问服务情况

| 财务公司 | 内容 |
| --- | --- |
| 中节能财务公司 | 为中国节能提供国内首单绿色公司债的财务顾问服务 |
| 中铁财务公司 | 为中国中铁股份有限公司提供境外美元债券的财务顾问服务，协助参与国际信用评级项目，参与发行筹备 |
| 沙钢财务公司 | 为集团申请 DFI 储架发行资质提供金融服务 |
| 大唐财务公司 | 为集团发行超短融提供债券发行顾问服务<br>作为集团公司债券发行的总协调人，组织招标遴选主承销商，提出发行利率区间、发行时点、发行节奏等方面的专业建议 |
| 浙江交投财务公司 | 为集团发行全国首单可续期公司债提供财务顾问服务 |
| 国投财务公司 | 担任集团公司债和国投电力公司债发行财务顾问 |
| 中油财务（香港）公司 | 协助集团在境外发行债券 |
| 国信财务公司 | 与银行合作开展非金融企业债务融资工具承销顾问服务，为银行承销集团发行的短融、中票等直接债务融资工具提供咨询、财务顾问等服务，并为集团开展直接融资提供财务顾问服务 |

从表 10-9 可以看出，财务公司不仅为境内成员单位提供财务顾问服务，有些成立时间长、专业能力强的财务公司还为集团“走出去”的并购项目提供财务顾问服务，专业化能力不断提升。

## 案例

# 案例 10-5 上海电气财务公司积极发挥财务顾问价值，支持集团海外并购实施

上海电气财务公司为集团总部和各产业集团提供投资并购业务方面的服务，目前投资并购财务顾问服务覆盖上海电气各产业板块。同时，财务公司提供多种交易类型服务，逐步具备应对境内外项目不同挑战的能力。其中，已经执行的项目涉及的产业不仅包括电站（含风电、海水淡化）、重工等传统能源设备领域，还拓展到节能环保、工业 4.0、机器人等工业服务领域。项目涉及的目标公司既有国内企业，也包括总部位于美国、德国、法国、意大利、日本等国的国际性企业或当地企业。

目前，上海电气财务公司在海外并购业务中的财务顾问服务模式主要分为两种：在中小型项目中担任牵头财务顾问；在大型项目中与外部投行联合担任财务顾问。

在中小型项目中，上海电气财务公司作为牵头财务顾问，独立承担财务顾问工作，集团不再聘请外部投行。在整个项目交易过程中，财务公司独立完成从项目估值、尽职调查（简称“尽调”）到收购协议谈判、交易交割等一系列重要环节的协调组织工作，成为买卖双方沟通的主要窗口，在交易的执行过程中起到了关键性作用。财务公司支持集团中小型海外并购的职能如图 10-1 所示。

在大型海外并购项目中，上海电气财务公司更多的是作为联合财务顾问之一，与外部投行一起为集团提供支持服务。财务公司作为内部财务顾问参与项目，与外部投行形成联合财务顾问团队，分工协作。通常情况下，上海电气财务公司与外部投行联合完成

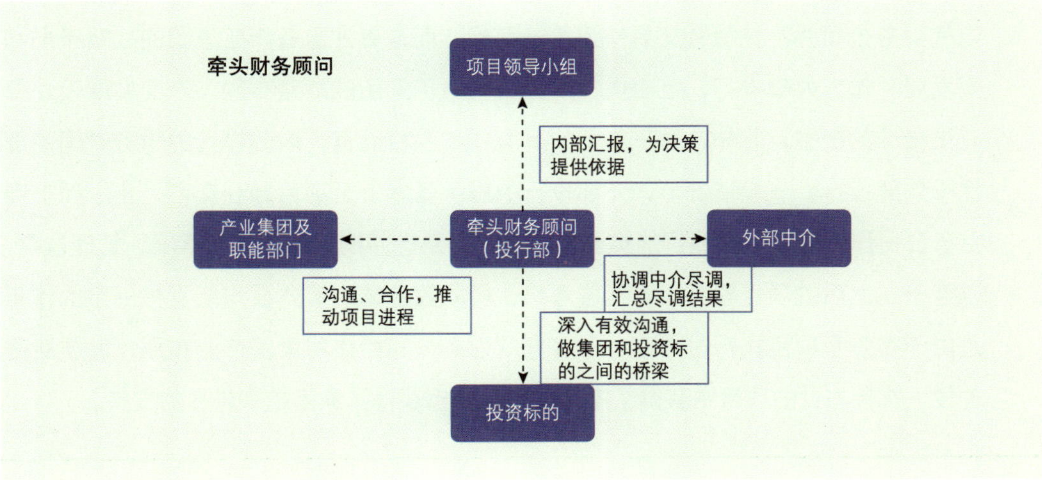


图 10-1 上海电气财务公司支持集团中小型海外并购职能

方案设计、尽调管理、谈判协调等工作，并独立承担内部估值、报价建议、交易方案建议等工作。同时，上海电气财务公司还在大型并购项目中扮演财务组组长角色，负责管理财务尽调中介，并协调项目中财务方面相关事宜，包括财务尽调、分析，并全权负责最终协议中财务条款的谈判。作为联合财务顾问，上海电气财务公司在大型海外并购项目中起到的作用如图 10-2 所示。

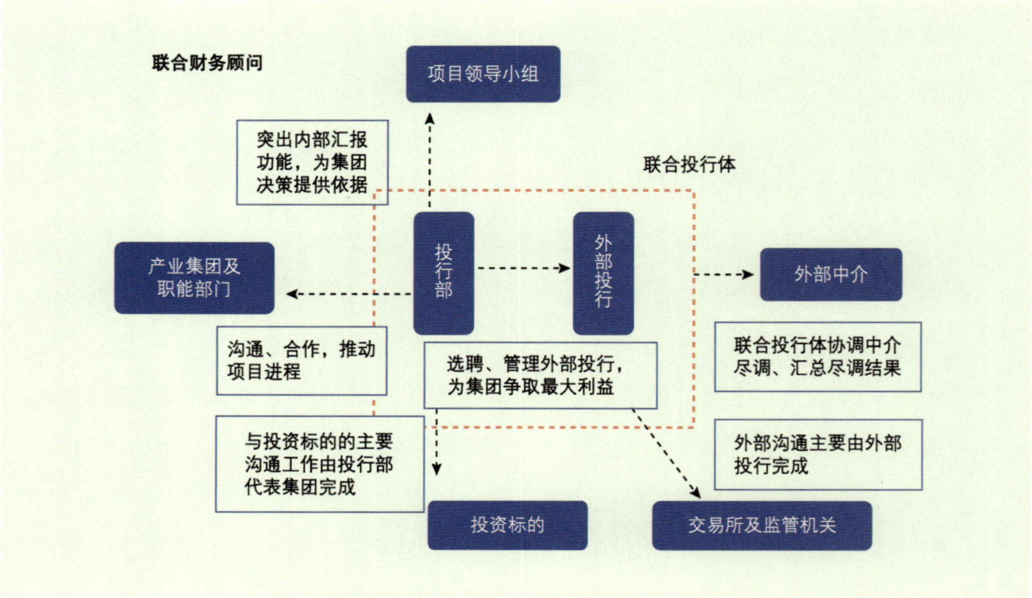


图 10-2　上海电气财务公司在大型海外并购项目中的作用

作为内部投行或是“业主的投行”，与外部第三方投行最大的不同之处在于，上海电气财务公司并不把撮合交易作为第一目标，而是更注重各产业集团的战略布局和中长期发展。作为内部投行，上海电气财务公司对于集团的战略布局、产业发展较外部投行有更精准的把握。此外，对于集团的所有并购项目而言，内部投行的服务时间跨度要远优于外部投行。一般情况下，外部投行的服务基本上至项目顺利交割为止。而上海电气财务公司作为最早参与项目的集团成员之一，熟悉并购标的的运营状况、管理层需求等，以至于在之后的项目整合、管理层考核、协同效应体现等方面均能发挥一定的作用。正是由于在整个项目执行过程中，上海电气财务公司始终将集团产业布局、发展战略放在首位，在参与过的项目中获得了不错的口碑，也获得了集团越来越多的支持。

# 第十一章 国际业务

## 一 总体情况

国际业务逐步成为财务公司的重要业务之一。在国家“走出去”、“一带一路”战略和集团国际化战略的驱动下，财务公司开展国际业务（见图 11-1）的机遇与挑战并存。[①]

财务公司进入银行间外汇市场，为成员单位提供即期结售汇、外汇衍生品和外币对交易、外币拆借等外汇交易业务服务，降低成员单位的汇兑成本、汇率风险，降低自身外币流动性风险。财务公司行业已拥有我国银行间外汇市场的全部外汇交易产品类型，2016 年财务公司行业的外汇交易金额超过 1.62 万亿元。

财务公司获得跨境外汇资金池[②]和跨境人民币资金集中运营业务[③]的主办企业资格，为境内外成员单位提供跨境资金结算和一定额度内的跨境资金融通服务，实现集团全球资金可视、可查、可控、可运用的本外币一体化的资金集中管理的目标。截至 2016 年底，74 家财务公司作为主办企业获得开展跨国公司外汇资金集中运营管理的资质，78 家财务公司作为主办企业获得开展跨境人民币资金集中运营业务的资质。2016 年跨境本外币资金池均为跨境资金净流入。

截至 2016 年底，已有 14 家财务公司注册于上海、天津和广东自贸区，利用我国自贸区金融改革和创新的机会，勇于拓宽融资渠道和拓展国际金融服务功能。

① 无如特别说明，本章数据和资料来源于财务公司协会相关报表；226 家财务公司填写的《2017 年行业发展报告调查问卷》统计；2017 年行业发展报告的案例。本章所涉及金额均为折合人民币的金额，如为外币金额，金额后会注明“美元”等字样。

② 指在国家外汇管理局主导的跨国公司外汇资金集中运营管理的政策下，财务公司可以经营的外汇业务范围。

③ 指在中国人民银行主导的跨国企业集团开展跨境人民币资金集中运营业务的政策下，财务公司可以经营的跨境人民币业务范围。

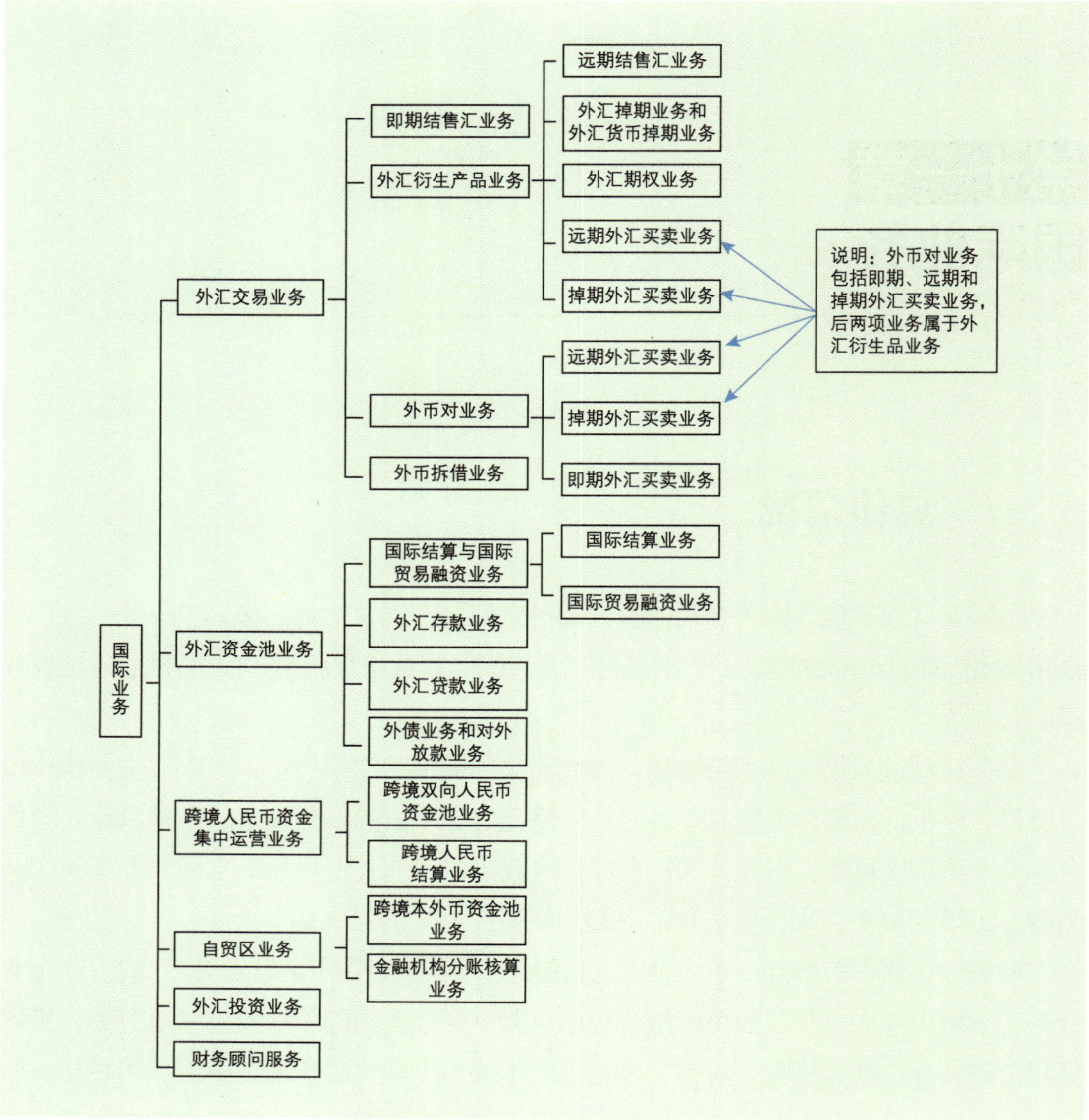


图 11-1　财务公司已开展的主要国际业务类型

为适应集团海外运作等国际化资金管理更高层次的要求，财务公司在执行集团境外资金管理平台职责、协助集团化融资和集团并购、提供外汇管理政策和外汇市场资讯服务等方面进行着积极探索和实践，不断提高自身服务能力和专业化水平。

近三年，外币业务①创造的年利润占本外币年利润的比例虽然仍较小，但呈现逐年上升的趋势（见图 11-2）。可见，财务公司国际业务创造价值的能力在逐渐增强。

① 限于数据来源渠道有限，仅统计外币计价的业务所创造的利润，不包括跨境人民币业务，且已扣除外币报表折算差额。

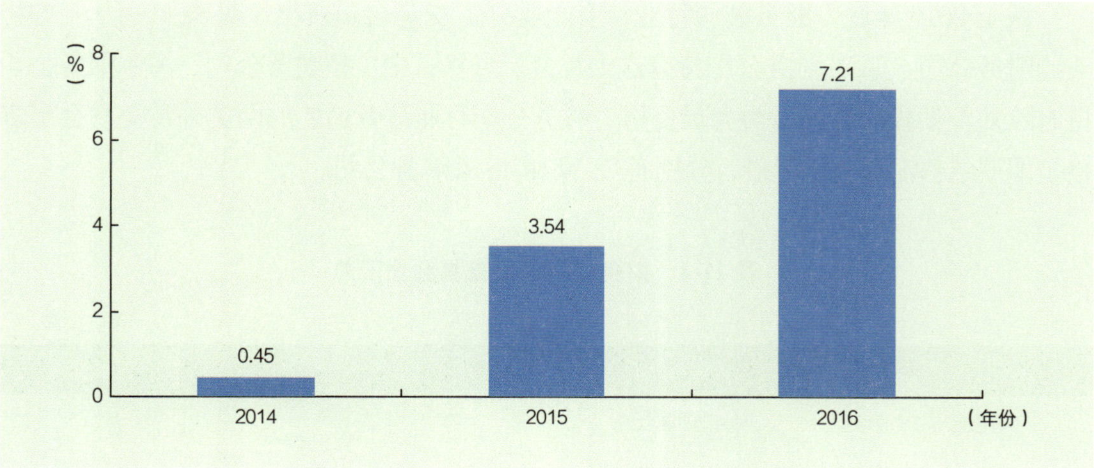


图 11-2 财务公司行业外币利润占本外币利润的比例

国际业务是专业性极强、有难度的创新业务，实行专业团队管理和专业化经营是很有必要的。截至 2016 年底，已有 27 家财务公司成立了专门的国际 / 外汇业务部；已有 122 家财务公司配备了相应的外汇信息系统、外汇交易系统。目前财务公司既存在金融服务功能不足、系统支持不够和国际化人才缺乏等内部制约因素，又面临设置海外分支机构难度大、境内外金融监管政策限制、国际竞争环境恶化等外部挑战。相对于集团境外业务和境外资金风险管理的全方体的、旺盛的需求，财务公司履行国际化金融服务的职能还有很大的发展空间。因此，财务公司行业须树立正确的国际业务经营理念，在人才储备、制度建设和信息系统搭建等各方面做好充分的准备，勇担时代责任，促进集团实体经济的发展。

## 二 外汇交易

### （一）基本情况

财务公司积极参与中国外汇市场，在取得中国银行业监督管理委员会（或各地分局）、国家外汇管理局（或各地分局 / 部）批准的外汇业务经营资格后，再申请中国外汇市场交易中心[①] 会员资格，在银行间外汇市场进行外汇交易。

① 1994 年中国外汇交易中心暨全国银行间同业拆借中心成立，其中一项职能是为银行间外汇市场的现货及衍生产品提供交易系统并组织交易。银行间外汇市场包括人民币外汇市场、外币对市场和外币拆借市场，是机构之间进行外汇交易的市场，实行会员管理和做市商制度，参与者包括银行、非银行金融机构和非金融企业等。

截至2016年底，财务公司行业持有七类外汇交易会员资格（见表11-1）。其中：美的财务公司、TCL财务公司持有这七类会员资格；中广核财务公司、海尔财务公司持有除外汇期权以外的六类会员资格。财务公司行业最普遍的的两类外汇交易会员资格是即期结售汇和外币拆借，分别有71家和45家财务公司。

**表 11-1　财务公司外汇交易会员汇总**

单位：家

| 人民币外汇会员名称 | 数量 |
|---|---|
| 人民币外汇即期会员（简称“外汇即期会员”） | 71 |
| 人民币外汇远期会员（简称“外汇远期会员”） | 13 |
| 人民币外汇掉期会员（简称“外汇掉期会员”） | 13 |
| 人民币外汇货币掉期会员（简称“外汇货币掉期会员”） | 5 |
| 人民币外汇期权会员（简称“外汇期权会员”） | 2 |
| 外币对会员 | 10 |
| 外币拆借会员 | 45 |

资料来源：根据中国外汇交易中心网站（http://www.chinamoney.com.cn/）外汇市场会员资料统计整理。

具备外汇交易资格使财务公司拥有了为成员单位提供优惠的汇兑价格和汇率风险管理基本工具。人民币双向波动使企业集团汇率风险管理的需求常态化，这将推动财务公司外汇交易业务的开展和创新。财务公司的外汇交易业务策略也必然从风险规避型向风险管理型过渡，成为集团外汇汇率风险的避风港。

财务公司外汇交易业务按照交易类型分为：即期结售汇业务、外汇衍生产品业务、外币对业务、外币拆借业务。

## （二）即期结售汇业务

2016年财务公司即期结汇发生金额4068.95亿元，7725笔；即期售汇发生金额4179.85亿元，26031笔。可见，2016年财务公司行业的即期结售汇业务的特点是：售汇笔数多，结汇笔数少，结汇与售汇金额基本持平，结售汇逆差微乎其微。

即期结售汇业务是财务公司行业持有最多的一项外汇交易业务。结售汇交易金额排名前五位的财务公司分别为：中石化财务公司、中油财务公司、中化财务公司、东航财务公司、铜陵有色财务公司。结售汇交易笔数排名前五位的财务公司分别为：上汽财务公司、东航财务公司、中化财务公司、中石化财务公司、中广核财务公司。

财务公司一般采取询价方式通过外汇交易中心进行结售汇头寸平补交易；审单方式有两类：银行代审单、财务公司自审单。即期结售汇业务有效降低了成员单位的本外币兑换成本，更好地履行了集团资金集中管理的职能。

根据226家财务公司反馈的调查问卷统计结果，其中63家财务公司（占财务公司行业持有即期结售汇交易会员资质的比例为89%）的有效问卷表明：有约80%的财务公司采取逐笔或当日累计轧差的平盘策略，尤其是单笔大额的代客结售汇业务保持结售汇综合头寸周余额为零的管理模式，锁定代客交易收益，规避汇率风险；除1家财务公司留有风险敞口1年以上，其余均少于1年。财务公司可以在实需性交易驱动下，在核定的正负头寸范围内，积极探索留有一定风险敞口的结售汇业务，将有利于提高即期结售汇业务的办理效率和效益，提高外汇风险管理能力。

## （三）外汇衍生产品业务

人民币与外汇衍生产品业务（简称“外汇衍生产品业务”）包括：人民币外汇远期、掉期、期权业务。2016年财务公司办理外汇衍生品业务的金额累计1072.35亿元，654笔。外汇衍生产品业务统计口径包括：远期结售汇业务、外汇掉期业务和外汇货币掉期业务、外汇期权业务，以及远期和掉期外汇买卖业务（远期和掉期外汇买卖业务详见“外币对业务”）。

外汇衍生产品门槛较高，目前仅有13家财务公司获得一项或几项衍生产品交易资格（见表11-2）。

**表11-2 持有外汇衍生产品交易资格的13家财务公司名单**

| 序号 | 财务公司名称 |
|---|---|
| 1 | TCL集团财务有限公司 |
| 2 | 美的集团财务有限公司 |
| 3 | 中广核财务有限责任公司 |
| 4 | 海尔集团财务有限责任公司 |
| 5 | 中船财务有限责任公司 |
| 6 | 东航集团财务有限责任公司 |
| 7 | 上海汽车集团财务有限责任公司 |

续表

| 序号 | 财务公司名称 |
|---|---|
| 8 | 中海石油财务有限责任公司 |
| 9 | 上海电气集团财务有限责任公司 |
| 10 | 宝钢集团财务有限责任公司 |
| 11 | 申能集团财务有限公司 |
| 12 | 中油财务有限责任公司 |
| 13 | 中海集团财务有限责任公司 |

资料来源：根据中国外汇交易中心网站（http://www.chinamoney.com.cn/）外汇市场会员资料统计整理。

财务公司申请外汇衍生产品交易会员资格，是丰富汇率风险管理工具，提供更有竞争力的交易价格的必要途径。在出口环节帮助成员单位提升产品的价格竞争力；在进口环节提供贸易融资服务、锁定外币融资汇率风险，从而降低和稳定采购成本。成员单位配备负责金融衍生产品业务操作的专业人员、专门机构等成本较高，而财务公司作为集团内部金融机构，可以肩负成员单位金融衍生业务集中管控和服务的重担，成为集团外汇汇率风险管理的平台。

### 1. 远期结售汇业务

2016年财务公司代客远期结汇金额374.16亿元，176笔；代客远期售汇金额560.24亿元，346笔。远期售汇额大于远期结汇额意味着企业对人民币的贬值预期较强，希望抓住时机锁定购汇成本。

财务公司通过提供远期结售汇业务，将成员单位的资金成本控制在预算目标之内，达到锁定外汇风险的目标。鉴于申请外汇衍生产品交易资格的门槛较高等原因，有的财务公司以代理成员单位与银行集中询价的方式，提供相应的服务。例如：松下财务公司为成员单位办理外汇远期预约业务，包括远期结售汇和远期外汇买卖预约业务，2016年为成员单位办理远期结汇预约业务超过千笔。中化财务公司提供代理远期结售汇服务，通过整合集团远期结售汇资源，实现流程统一、合同统一、条款统一、询价统一，提升整体议价能力。成员单位与银行签订远期结售汇合同，由中化财务公司代理询价，约定将来办理结汇或售汇的外币币种、金额、汇率和期限；成员单位到期外汇收入或支出时，即按该远期结售汇合同定明的币种、金额、期限、汇率与银行办理结汇或售汇。可见，财务公司在未持有金融工具的情况下，也可以充分利用金融资源整合的优势，创造性地提供“代理”类的金融服务。

### 2. 外汇掉期业务和外汇货币掉期业务

2016 年财务公司代客外汇掉期业务[①]金额 127.21 亿元，22 笔；未开展外汇货币掉期业务[②]。

### 3. 外汇期权业务

美的财务公司、TCL 财务公司于 2016 年底获得外汇期权交易会员资格[③]。至此，财务公司行业已持有我国银行间外汇市场的全部外汇交易产品类型。两家公司处于该项业务的准备阶段，截至 2016 年底，暂未开展实质业务。

## （四）外币对业务

外币对业务[④]包括即期、远期与掉期外汇买卖业务。2016 年即期外汇买卖交易金额 3783.62 亿元，4784 笔；远期外汇买卖交易金额 9.88 亿元，93 笔；掉期外汇买卖交易金额 0.85 亿元，17 笔。

## （五）外币拆借业务

目前，有 45 家财务公司获得外币拆借交易[⑤]资格，交易对手为境内商业银行、境内其他金融机构、境外金融机构。

2016 年，有 1 家财务公司办理了外币拆放同业，发生额 19.88 亿元，是 2015 年的 22.55 倍，年末余额 6.33 亿元；有 14 家财务公司办理了外币同业拆入（见表 11-3），发生额 3098.57 亿元，是 2015 年的 9.7 倍，年末余额 725.52 亿元。可见，2016 年财务公司行业对外币资金的需求表现旺盛。

---

① 外汇掉期交易：指交易双方约定在一前一后两个不同的起息日进行方向相反的两次货币交换。在第一次货币交换中，一方按照约定的汇率用货币 A 交换货币 B；在第二次货币交换中，该方再按照另一约定的汇率用货币 B 交换货币 A。

② 外汇货币掉期交易：指在约定期限内交换约定数量的人民币与外币本金，同时定期交换两种货币利息的交易。

③ 外汇期权交易：指交易双方以约定汇率在约定的未来某一日期（非即期起息日）进行人民币对外汇交易。

④ 外币对交易：也称外币买卖、外汇买卖，指不涉及人民币的外汇对外汇的交易。

⑤ 外币拆借交易：指金融机构间为解决外币资金余缺而进行的短期外币资金融通行为。

表 11-3　2016 年开展外币拆借业务的财务公司名单

| 序号 | 财务公司名称 |
| --- | --- |
| 1 | 中油财务有限责任公司 |
| 2 | 海尔集团财务有限责任公司 |
| 3 | 武汉钢铁集团财务有限责任公司 |
| 4 | 太钢集团财务有限公司 |
| 5 | 中集集团财务有限公司 |
| 6 | 海信集团财务有限公司 |
| 7 | 海航集团财务有限公司 |
| 8 | 中船财务有限责任公司 |
| 9 | 东航集团财务有限责任公司 |
| 10 | 中信财务有限公司 |
| 11 | 宝钢集团财务有限责任公司 |
| 12 | 徐工集团财务有限公司 |
| 13 | 上海汽车集团财务有限责任公司 |
| 14 | 中航工业集团财务有限责任公司 |

## 三　外汇资金池

### （一）基本情况

截至 2016 年底，74 家财务公司作为主办企业获得开展跨国公司外汇资金集中运营管理（或简称“跨境外汇资金池”）的资质，其中 56 家财务公司已开展业务。

跨境外汇资金池赋予财务公司集中运营管理境内外成员单位外汇资金、外债和对外放款额度集中管理、经常项目集中收付汇和净额结算等功能。这些功能赋予财务公司可以办理的业务包括：国际结算与贸易融资业务、外汇存款业务、外汇贷款业务、外债业务和对外放款业务。

实践中，我国企业集团进行外汇资金集中管理政策起源于 21 世纪初，从境内成员单位之间、境内与境外成员单位之间相互拆放外汇资金开始，到境内企业外汇资金集中运营管理[①]，再到试点批复后推出普惠的跨国公司外汇资金集中运营管理[②]政策。最先“走出去”的一批企业集团与其财务公司，例如五矿、中粮、中油、中化等参与其中、受惠于此，形成可复制、可推广的企业集团外汇资金集中管理实践。“境内外汇资金池”让财务公司从本币业务扩展到外币业务的服务领域，而“跨境外汇资金池”为财务公司开启了从国内服务走向国际服务的大门。

## （二）国际结算与国际贸易融资业务

国际结算与国际贸易融资业务的专业性较强，是国际业务的核心竞争力。财务公司通过国际结算与国际贸易融资业务熟悉成员单位的生产经营活动和交易习惯，培养客户忠诚度与贡献度，带动外汇存贷款和结售汇等业务发展。

### 1. 国际结算业务

截至 2016 年底，有 77 家财务公司开展（外币）国际结算业务，其中 13 家财务公司新增此项业务。

国际结算业务是指财务公司依托合作银行，协助成员单位进行跨境交易款项的收付，包括国际贸易结算和非贸易结算。

国际结算业务是经常项目集中收付汇[③]的功能实现。由于国家外管局没有对集中收付汇制定统一的业务流程[④]，目前存在两种模式。一是“不落地”国际结算模式：成员单位不必开立商业银行外汇账户，由财务公司主账户[⑤]代理成员单位完成对境外交易对手的收付汇。这种模式在结算环节的源头实现了资金集中管理，是严格意义上的“集中收付汇”。由于市场对“资金流集中于财务公司、货物流体现在成员单位”的模式的认可存在一定分歧，财务公司、企业和银行的信息系统的支持力量仍很薄弱，业务单据审核不够便利等因素，该模式在国内的应用不普遍。二是“落地”国际结算模式：财务公司主账户与成员单位的外汇账户建立上收与下拨的归集关系（扣款/划拨/查询等权限）和归集策略（时时/定时/按需等归集频率、清零/留存额等

① 国家外汇管理局关于发布《境内企业内部成员外汇资金集中运营管理规定》的通知（汇发〔2009〕49 号）。

② 国家外汇管理局关于印发《跨国公司外汇资金集中运营管理规定》的通知（汇发〔2015〕36 号）。

③ 经常项目集中收付汇：通过国内外汇资金主账户（简称：国内主账户）集中代理境内成员单位办理经常项目外汇收支。

④ 汪征：《跨国公司试点中集中收付汇业务推进难点调查》，载《跨国公司外汇管理政策改革与探索》，中国金融出版社，2015。

⑤ 主账户：指由财务公司在银行开立的用于外汇资金集中管理的账户，包括“国内主账户”、“外汇集中结算账户”和“外汇资金归集主账户”等。

余额管理方式），先由成员单位的外汇账户完成对境外交易对手的收付汇，再按照一定的归集策略进行上收与下拨。在这种模式下，成员单位保留了收付汇权，资金流与货物流相匹配，在国内也有较为成熟的业内实践。下文介绍国际结算业务两种模式的案例。

案例

## 案例 11-1 “五矿蓝本”的集中收付汇[①]

五矿财务公司的国际结算业务是典型的“不落地”国际结算模式，称为“五矿蓝本”。这项业内实践比 2012 年跨境外汇资金池“经常项目集中收付汇”政策的出台早了 10 多年。

2001 年，中国五矿集团公司（简称“五矿集团”或“集团公司”）全面启动资金结算统一运作，明确了五矿财务公司作为集团资金集中管理平台的定位。同年，国家外汇管理局批复同意五矿集团《关于在集团内部统一办理保留限额外汇收入的申请》，同时批准集团授权五矿财务公司负责统一操作外汇集中账户。五矿集团境内外汇资金集中管理采取“不落地”的模式，即以集团公司的名义统一在银行开立经常项目外汇集中结算账户，集团成员单位经常项目项下的出口收汇不经过各自的境内经常项目外汇账户，直接集中到集团的外汇集中结算账户（境外交易对手付汇时，收款人是成员单位的名称，收款账户是集团的外汇集中结算账户），进口付汇也直接通过集团外汇集中账户统一对外支付。账户的资金收入、支出和划转均由五矿财务公司统一操作，所有的资金结算由五矿财务公司统一办理。自 2001 年开始，五矿集团先后在 10 家银行开立了外汇集中账户，对境内外汇集中收付进行统一管理，通过财务公司有效地整合了集团公司境内主要成员单位的外汇资源，实现了境内外汇资金整体利益最大化。结合五矿集团业务的需要和特点，专门开发了对接成员单位、财务公司和银行的资金集中结算系统，基本实现了对京内成员单位外汇资金的集中管理。

案例

## 案例 11-2 中化财务公司国际结算集中项目[②]

在跨境外汇资金池政策出台之前，中化财务公司已经借助外汇改革契机，走在了国

① 摘选自李晓《外汇资金集中管理的“五矿蓝本”》,《中国财务公司》2015 年第 6 期。

② 摘选自①崔建华、刘桂朋《拓展财务公司职能，搭建集团国际业务风险管控平台》,《中国财务公司》2012 年第 6 期；②陈文飞《中国中化集团公司结算集中管理信息系统设计与实现》，电子科技大学硕士论文，2012。

际业务探索与实践的前沿。中化财务公司国际结算集中项目是“落地”国际结算模式的典范，以下从实施历程、组织框架、业务模式与信息系统四方面进行介绍。

第一，实施历程。中国中化集团公司（简称“中化集团”或“集团公司”）于2006年获得外汇相关业务资质后，成立了国际结算集中领导和实施小组，明确了创建结算中心的目标。2006年7月，结算中心开始试运行，不断明晰管理权责，创立了具有中化特色的结算集中管理系统（简称“TC系统”）。

2008年，中化财务公司成立，结算中心移至中化财务公司，目前职责部门为国际业务部。2011年，中化财务公司开展代理成员单位制作开证申请书服务，结算中心服务前移，由结算环节的审批者转变为开证条款的制定者，更好地实现了风险管控平台的职能。

第二，组织框架。项目设置领导小组及实施小组，领导小组由集团公司资金管理、会计管理、信息技术等部门主要负责人担任，负责该项目的整体部署、规划制定和监督调度，并指导项目推进；实施小组由集团公司资金管理部和中化财务公司组成，负责日常领导工作，中化财务公司国际业务部负责日常国际结算业务的审核和相关业务咨询与培训。

第三，业务模式。集团所有公司的结算业务由中化财务公司审核及全程监控。中化财务公司通过搭建单证中心平台，与银行单证中心形成交互平台，管控成员单位国际结算的信息流和资金流，实现国际结算业务全流程审核（见图11-3）。集中业务范围囊括信用证、托收、电汇、发票融资等国际结算和贸易融资业务。

资金流。集团各成员单位经常项目外汇账户集中开立在北京地区合作银行，实现结售汇、收付汇及国际贸易融资集中在北京处理，跨境收付汇资金直接出入成员单位的外汇账户。成员单位签署银行协议，授权中化财务公司查询、划拨成员单位银行账户资金。

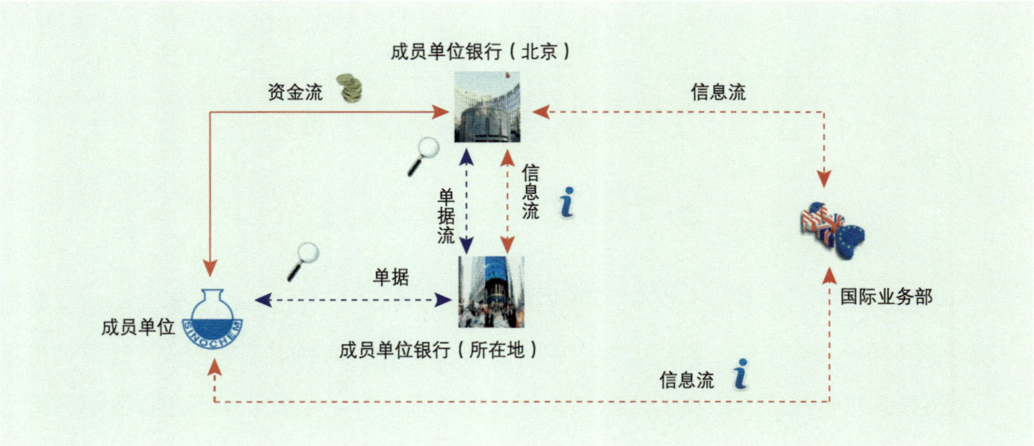


图11-3 中化财务公司国际结算业务全流程

资料来源：中化财务公司外汇业务介绍资料。

中化财务公司通过总对总结算集中框架协议等，约定业务处理原则，即：通过合作银行及当地合作银行签署国际结算集中协议，对于所有参与国际结算集中项目成员单位的国际结算业务，各家银行既要审核纸质单据，又要取得中化集团授权中化财务公司结算中心下发的电子授权，在纸质单据与电子授权一致的情况下，合作银行方可办理相关业务。

信息流。银行内部匹配中化财务公司电子指令进行交易操作；银行统一窗口与国际业务部沟通，协同办理国际结算业务；通过银企系统对接，实现银行业务信息及时反传并作为内部管理依据。

单据流。纸质单据均由各成员单位与当地银行处理，成员单位向银行递交交易单证或接受银行书面单证。

第四，信息系统。TC 系统开发与商业银行国际结算业务系统匹配的数据接口，将内部资金管理系统与商业银行系统联通起来，实现成员单位、中化财务公司、合作银行信息同步交换。中化财务公司通过 TC 系统掌控资金流、信息流和单据流。资金在中化财务公司指定的账户流入、流出。成员单位国际结算业务的实时数据以及相关业务单据的影像资料及时、准确、全面地呈现在 TC 系统中，形成单据流，从而方便中化财务公司对成员单位提交的国际结算业务进行专业审核，控制国际结算环节的资金风险，集中国际结算的规模效应，降低国际结算成本。

TC 系统提供了集团对成员单位业务进行规范化、合规化管理的风险管控平台，包括国际结算业务管理、合同管理、影像管理、接口管理等功能（见图 11-4）。

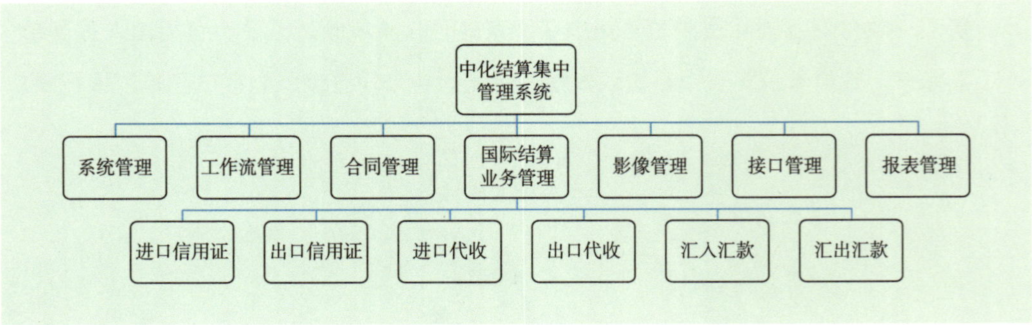


图 11-4　中化财务公司结算集中管理系统（TC 系统）

综上所述，中化财务公司国际结算业务作为行业标杆的成功因素有：建立了自上而下的领导与实施组织；集团公司对中化财务公司有明确的定位与授权；结算信息系统的大力投入与持续完善；结算团队建设与人才培训；中化财务公司不断提高服务能力与拓展服务产品等。

### 2. 国际贸易融资业务

国际贸易融资业务是以国际结算业务为依托，财务公司为办理进出口业务的成员单位提供的与进出口贸易结算相关的短期融资或信用便利。

2016 年末，财务公司贸易融资余额 2.66 亿元，主要有中集财务公司、中化财务公司、中信财务公司。

实践中，财务公司行业存在两种国际贸易融资服务模式。

一是由财务公司为成员单位提供国际贸易融资产品，例如，海尔财务公司以集团产业链为基础，基于供、产、销不同产业阶段的特点及需求为成员单位提供全流程的融资服务产品。海尔财务公司官方网站显示，海尔财务公司可以办理基于中信保项下的买方信贷业务，还可提供出口押汇、打包放款、定单融资、进口押汇、应收保理等多项传统贸易融资产品。以下介绍中集财务公司国际贸易融资案例。

**案例**

## 案例 11-3　中集财务公司国际贸易融资经验

中国国际海运集装箱（集团）股份有限公司（简称“中集集团”）是世界领先的物流装备和能源装备供应商，海外销售占比在一半以上，国际贸易融资服务需求较大。为满足成员单位差异化的国际贸易融资需求，结合不同时期的外汇管理政策，中集财务公司开发了出口发票融资产品和出口保理产品。

第一，出口发票融资产品。2010 年 2 月中集财务公司成立后，境内企业美元收付全部通过财务公司完成，形成了规模较大且稳定的美元资金池。但部分境内成员单位一方面短期内有美元销售款项回笼，另一方面国内采购资金需要人民币，形成币别错配，而当时美元贷款不能结汇使用。为了盘活归集的沉淀外汇资金，中集财务公司深入调研成员单位需求及集团资金管理要求，与交通银行合作，开发了出口发票融资产品，设计了业务模式和风险控制措施，相应开发了信息系统。

出口发票融资是指集团内成员单位在采用赊销方式出口销售过程中，在完成合同规定交货义务后，向财务公司提交出口销售合同项下真实发票，以应收账款作为主要还款来源的短期贸易融资（见图 11-5）。该产品可使成员单位及时获得流动资金并实现出口收汇提前结汇。该产品的推出不仅有利于加快集团及成员单位资金周转、降低财务费用，而且有利于降低集团整体资产负债率，并有效管理集团外汇风险。

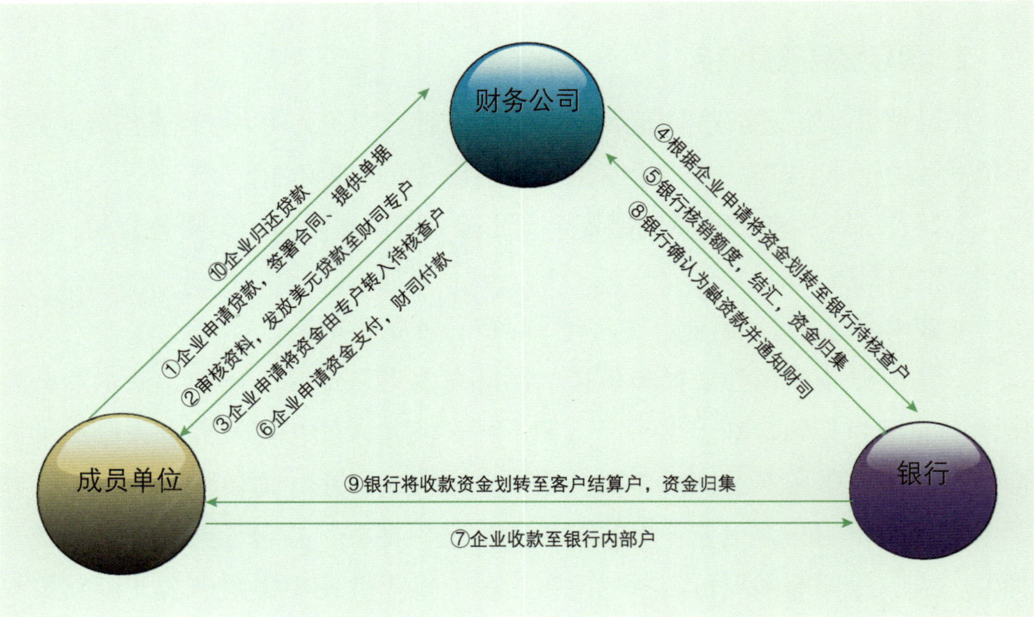


图 11-5　中集财务公司出口发票融资产品的业务模式

在设计该项产品的过程中，中集财务公司在贸易背景审查、综合授信额度控制、收付款控制等方面进行关键风险点把控，并在集团成员单位已与银行普遍开展了类似出口发票融资业务的背景下，进行了产品推广。2012 年 3 月，财务公司办理了首笔出口发票融资业务，金额 1000 万美元。截至 2016 年底，财务公司累计向 22 家成员单位发放出口发票融资 141 笔，5.1 亿美元。

第二，出口保理产品。成员单位为提升国际市场竞争力采用赊销方式与进口商结算，形成大量应收账款，不仅造成较大的资金压力，同时还影响资产负债结构优化。为解决上述问题，中集财务公司开发了出口保理产品。

出口保理是指财务公司作为出口保理商受让成员单位向境外买方销售商品、提供服务或其他原因产生的应收账款，向卖方提供账款催收、账款管理或买方信用担保、保理融资等一项或多项服务的综合性金融服务（见图 11-6）。出口保理产品对成员单位拓展国际市场具有积极意义。一方面，成员单位可使用更有竞争力的赊销结算方式获取客户，实现国际市场的扩大与销售的增长；另一方面，企业通过应收账款转让申请保理融资可实现流动资产的盘活、补充流动资金、优化报表结构，实现经营规模的扩大与发展。

2015 年 5 月，中集财务公司为成员单位办理了首笔金额为 1744 万美元、期限为 3 年

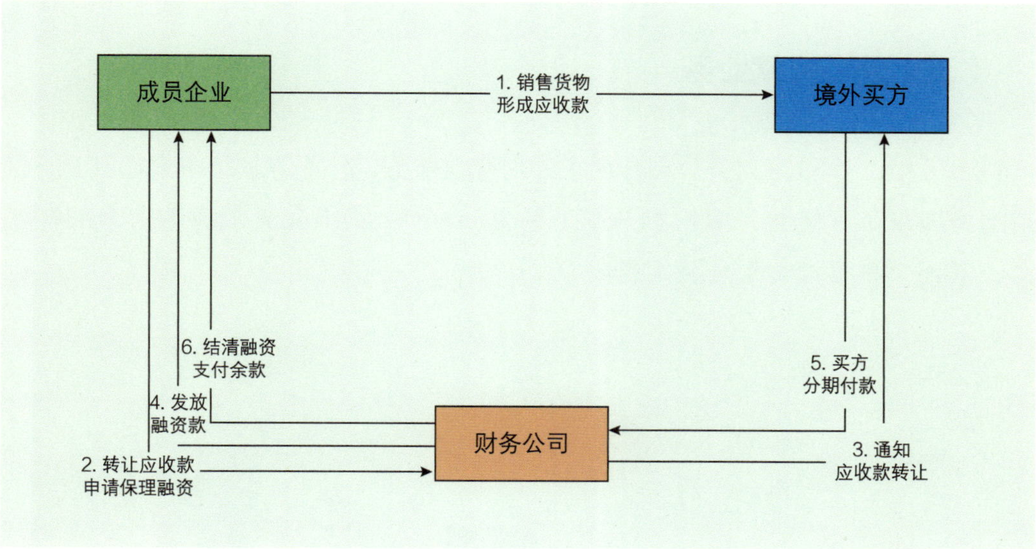


图 11-6 中集财务公司出口保理产品的业务模式

的出口保理融资业务。出口保理业务的成功开展是中集财务公司向产业链下游金融服务领域迈出的重要一步，是在海外业务领域的重要尝试。

二是财务公司执行集团贸易融资授信额度集中管控平台的职责，由合作银行提供贸易融资产品，占用财务公司信用额度，或财务公司利用统一询价等方式为成员单位贸易融资提供服务。例如：五矿财务公司对成员单位的贸易融资业务在预算、资金流及信息方面进行集中管理。[①] 五矿集团统一与各合作银行签订授信、结算业务和服务的综合协议，形成了比较系统的银行结算业务综合评价和对比体系。五矿集团根据各成员单位预算将总授信额度进行核定划分，分配给各公司的授信额度信息会在内部集中结算系统进行设定，成员单位办理贸易融资业务时需按五矿集团的统一指导意见选择银行办理，并进行流程监控。五矿财务公司则根据系统流程及额度控制信息进行相应的处理操作，统一传递至银行进行集中办理。中化财务公司的代开证办理流程是：中化财务公司首先向各成员单位提供标准化的信用证结算条款，然后根据成员单位提供的合同制作开证申请书，在考虑业务特殊性的情况下，执行标准化流程，开证申请由成员单位确认，由银行对外开证。

① 李晓：《外汇资金集中管理的“五矿蓝本”》，《中国财务公司》2015 年第 6 期。

## （三）外汇存款业务

2016年，有89家财务公司开展了外汇存款业务，外汇存款年末余额1616.54亿元，同比增加501.38亿元，增长44.96%（见图11-7）；2016年外汇存款占全部存款的比例从2015年的3.45%上升至4.22%。

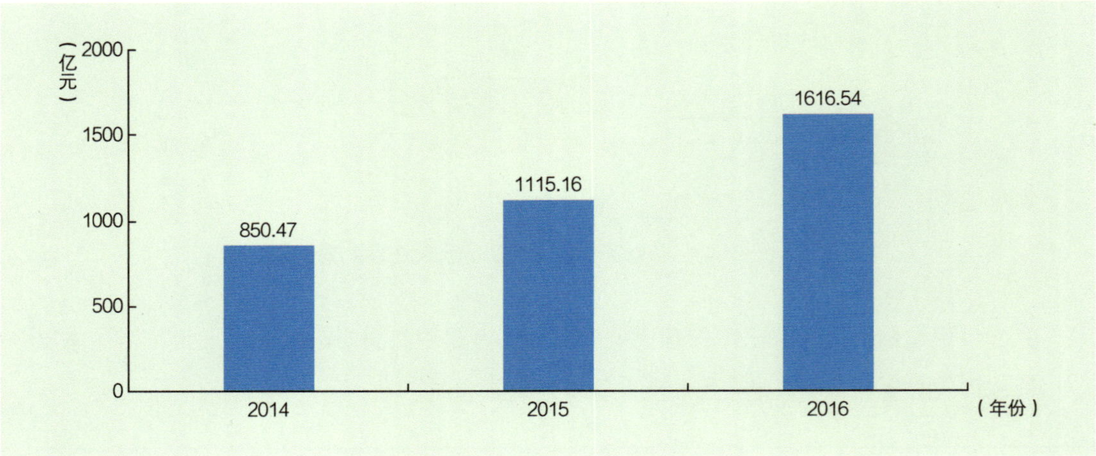


图11-7　2014～2016年财务公司外汇存款年末余额

近三年外汇存款呈逐年递增趋势，外汇存款业务的开展及其占比的小幅上升，说明外汇存款业务正逐渐为财务公司资金集中度的提升做出贡献。

财务公司吸收成员单位外汇存款有两种模式。

一是“落地前集中”的存款模式（从结算角度，等同于“不落地”国际结算模式）。原则上成员单位只需要在财务公司开立外汇账户而无须在银行开立外汇账户[①]，成员单位的境外交易对手将款项直接汇入财务公司主账户，形成成员单位在财务公司的外汇存款。

二是“先落地后集中”的存款模式（从结算角度，等同于“落地”国际结算模式）。财务公司在合作银行开立外汇资金集中主账户或国内外汇资金主账户（统一简称“主账户”），用于上收/归集和下拨成员单位的外汇资金。成员单位在合作银行和财务公司分别开立外汇账户。财务公司主账户与成员单位外汇账户建立资金归集关系和归集策略。成员单位外汇账户收到境外交易对手的付款后，资金按归集策略划至财务公司主账户，形成成员单位在财务公司的外汇存款。实践中，由于银行业对外汇资

① 财务公司主办银行会依据“展业三原则”要求成员单位办理身份识别等备案手续，或为成员单位建立挂靠在财务公司主账户下的虚拟子账户。

金池、境内外汇资金划转等外汇政策了解存在差异，财务公司与成员单位在同行办理外汇资金划拨的可操作性强，而跨行划拨则往往困难重重。

财务公司通过开展外汇存款业务，实现外汇资金集中。作为集团的内部金融机构，财务公司不应局限于集团境内成员单位的资金集中管理，应拓展到境外成员单位，发挥集团全球资金集中管理和监控平台的作用。

实践中，财务公司行业存在三种主要方式，可实现集团对境外成员单位的资金集中管理和服务职能。一是财务公司通过获得跨境外汇资金池资质、跨境双向人民币资金池资质可以实现境外资金境内归集，为境外成员单位提供金融服务。二是境外子公司管理模式。例如：中国石油财务（香港）有限公司由中油财务公司于 2008 年 3 月在香港注册成立，承担中石油集团境外资金集团管理和运营工作。目前中国银监会仅批准了中石油集团下属的中油财务公司在境外（中国香港、新加坡、迪拜）设立子公司。三是有些集团在中国香港、新加坡、荷兰等较为自由的金融市场设立境外资金管理平台公司，由集团授权或委托财务公司代管，实现集团外汇资金统筹运营管理。例如：中广核华盛（香港）投资有限公司为中广核集团境外资金平台，中广核财务公司对该境外资金平台实施统筹管控和指导；三峡财务（香港）有限公司是由集团投资设立的除财务公司外的其他资金平台，暂由三峡财务公司代管。

财务公司行业对境外资金集中管理可以分为两个层次。一是实现境外账户可视、可查。通过合作银行境外分支行或 SWIFT 全球化报文传送系统，实现对集团境外成员单位银行账户余额、交易明细信息的管理。境内通过合作银行银企直联功能，境外借助 SWIFT 系统，财务公司（或其集团）可以构建统一的全球账户 / 资金管理系统，实现对境内外成员单位账户和资金的可视、可查，打造集团全球资金监控平台。目前应用 SWIFT 系统的财务公司有：中外运财务公司、海航财务公司、中铁财务公司、海尔财务公司、中海财务公司、鞍钢财务公司、国航财务公司、中广核财务公司（通过中广核华盛）、中海油财务公司（通过集团资金部）。二是实现境外资金可控、可运用。在海外资金平台搭建完成后，在境外成员单位所属地政策允许的情况下，通过跨境本外汇资金池等方式实现对境外资金的管控和运营。

## （四）外汇贷款业务

2016 年，有 65 家财务公司开展了外汇贷款业务，外汇贷款年末余额 1286.91 亿元，同比减少 156.59 亿元，减少 10.85%（见图 10-8）；外汇贷款占全部贷款年末余额的 6.19%，同比减少 2.37 个百分点。

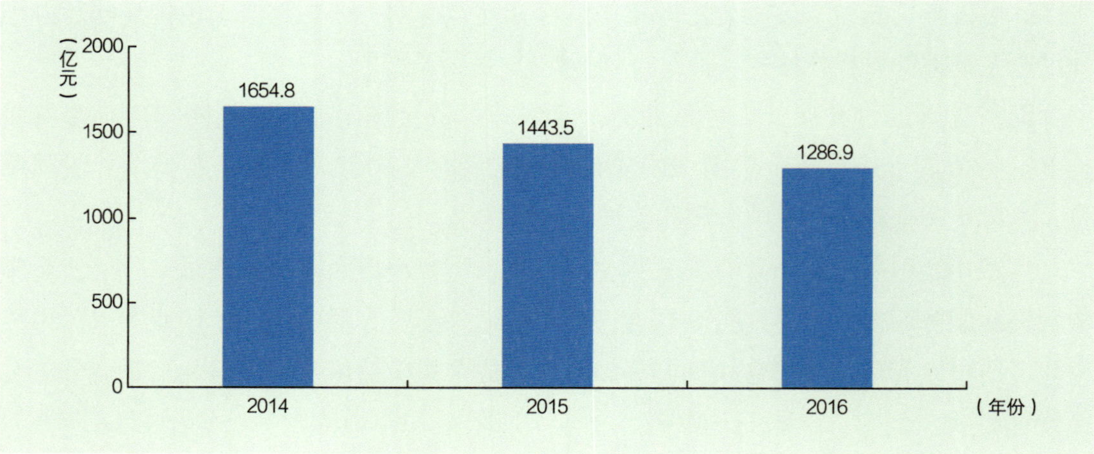


图 11-8　2014 ~ 2016 年财务公司外汇贷款年末余额

近三年外汇贷款呈现逐年递减趋势，外汇贷款占全部贷款的比例也有小幅下降。可见，随着美元的升值，为降低外币负债导致的汇兑损失，成员单位纷纷降低外汇贷款规模，以人民币债务置换外币债务已辐射到财务公司。

## （五）外债业务和对外放款业务

根据跨境外汇资金池的相关规定①，财务公司集中的境内成员单位的外债总额度和对外放款总额度为资金融出入规定额定。财务公司在这两个额度下为成员单位提供外债业务和对外放款业务。

外债②业务，本章指财务公司办理境外成员单位通过向境内成员单位发放债权性质的外汇资金，将境外外汇资金调剂到境内使用，支持境内成员单位短期资金需求。跨境外汇资金池也允许境内成员单位通过财务公司办理向境外机构（非成员单位）融入短期外汇资金。目前，国家外管局、人民银行、国家发改委陆续出台了一系列鼓励、放宽境内企业举借外债等跨境融资的政策，包括：《跨国公司外汇资金集中运营管理规定》（汇发〔2015〕36 号）关于外债比例自律管理的规定、《中国人民银行关于全

① 在跨境外汇资金池"外债比例自律"政策和人民银行全口径融资政策出台之前，除国家外管局特批给某些中资企业一定的外债额度外，只有外商投资企业根据投注差可以从境外举借外债。

② 外债的统计口径：①中国境内的借款单位对中国境外的国际金融组织、外国政府、金融机构、企业或者其他机构用外国货币承担的具有契约性偿还义务的全部债务；②中国境内的借款单位依据外汇管理等相关政策从境外借入的人民币债务；③借款单位向在中国境内金融机构借入的外汇贷款不纳入外债统计口径。简而言之，外债是指居民向非居民的本外币负债。

口径跨境融资[①]宏观审慎管理有关事宜的通知》(银发〔2017〕9号)、《关于推进企业发行外债备案登记制管理改革的通知》(发改外资〔2015〕2044号)。

对外放款业务，本章指财务公司办理境内成员单位向境外成员单位发放债权性质的外汇资金，将境内外汇资金调剂到境外使用，支持境外成员单位短、中长期资金需求。

办理外债和对外放款业务有两种模式：一是财务公司提供通道结算服务，由境内成员单位与境外成员单位签署两方协议，财务公司根据协议和成员单位划款指令，办理境内外资金划转。二是财务公司提供委托贷款服务，由境内、境外成员单位与财务公司签署三方协议，在委托贷款框架下，办理境内外资金划转。

根据调查问卷统计结果，2016年，有22家财务公司经通道办理借入外债业务48.47亿美元；有20家财务公司经通道办理对外放款业务36.59亿美元。2016年，财务公司行业的跨境外汇资金池为净流入11.88亿美元。

## 四 跨境人民币资金集中运营

### (一)基本情况

跨境人民币资金集中运营业务，包括跨境双向人民币资金池业务和经常项下跨境人民币集中收付业务(简称“跨境人民币结算业务”)。截至2016年底，有78家财务公司作为主办企业获得开展跨境人民币资金集中运营业务的资质，其中60家财务公司已开展业务。

### (二)跨境双向人民币资金池业务

跨境双向人民币资金池业务是指跨国企业集团根据自身经营和管理需要，在境内外成员企业之间开展的跨境人民币资金余缺调剂和归集业务。根据调查问卷统计结果，2016年分别有52家、48家财务公司使用跨境双向人民币资金池开立的人民币专用存款账户进行收款和付款，收款累计712.23亿元，付款累计703.95亿元，跨境双向人民币资金池的净流入8.28亿元。

① 跨境融资是指境内机构从非居民融入本、外币资金的行为。

### （三）跨境人民币结算业务

跨境人民币结算业务，即经常项下跨境人民币集中收付业务，是指跨国企业集团对境内外成员企业的经常项下跨境人民币收付款进行集中处理的业务。根据调查问卷统计结果，2016 年，有 26 家财务公司开展跨境人民币结算业务，付款累计 537.11 亿元，其中排名前五位的有：上汽财务公司、东航财务公司、华发财务公司、顺丰财务公司、中粮财务公司。

## 五　自贸区业务

### （一）基本情况

截至 2016 年底，中国（上海）自由贸易试验区（简称“上海自贸区”）运行 3 年多，随后成立的广东、天津、福建自贸试验区也运行 1 年多。① 自贸区围绕投资、贸易、金融、事中事后监管四大领域不断推出系列创新举措，其中金融改革为改革与创新的重点。四地自贸区的金融改革政策既有共性，结合地方特点又形成了各自的区域特色。上海自贸区建立金融市场的各要素交易平台，这是与其他三个自贸区的核心区别。目前仅有上海自贸区建立自由贸易账户体系，用于有效隔离金融创新导致的交易风险。天津自贸区肩负推进京津冀协同发展重任，融资租赁业是天津着力打造的重点行业之一。广东自贸区探索对港澳更深度开放，探索制定更开放、更便利的国际投资贸易规则。福建自贸区的特色和未来发展方向是两岸金融合作的探索创新。②

根据调查问卷统计结果，除福建自贸区无注册的财务公司，上海自贸区、广东自贸区、天津自贸区均有注册的财务公司，分别有 6 家、5 家、3 家。为促进区内金融要素集聚，监管部门支持自贸区符合条件的大型企业集团设立财务公司。例如，2016 年 12 月成立的上海文化广播影视集团财务有限公司，其注册地是在上海自贸区。

财务公司在上海自贸区的金融创新实践是业内典范，在以下两类业务有所建树：

① 本章内容不包括在辽宁省、浙江省、河南省、湖北省、重庆市、四川省、陕西省新设立的 7 个自贸试验区。

② 上海法询金融编著《自贸区监管政策梳理报告》。

一是财务公司作为主办企业办理跨境本外币资金池[①]业务；二是财务公司开展金融机构分账核算业务。

## （二）跨境本外币资金池业务

自贸区版的跨境本外币资金池与全国版的政策基本一致（此处不再赘述，可参见本章相关内容）。由于自贸区版相关政策的门槛相对较低[②]，又有先试先行政策突破的契机，注册于自贸区的财务公司一般优先选择申请适用自贸区版的跨境本外币资金池业务。

## （三）金融机构分账核算业务

截至 2016 年底，已有 4 家财务公司获得分账核算单元，分别是：上海电气财务公司、申能财务公司、上汽财务公司、宝钢财务公司。这 4 家财务公司可以为其区内、境外成员单位办理分账核算业务。

财务公司分账核算业务是上海自贸区第四批金融创新案例之一，具有以下业务创新和优势：一是财务公司通过“账户映射”方式，建设区别于商业银行的自贸试验区分账核算单元，并同步建立流动性管理、跨境资金风险管理、反洗钱和内控管理等非银行金融机构分账核算单元制度框架，形成非银行金融机构分账核算单元的创新模式；二是财务公司通过分账核算单元，开展境外融资与经常项下集中收付、结算、汇兑等综合金融服务，实现境外低成本资金在境内外综合运用，服务境内实体经济，使企业集团跨境资金集中和结算集中管理平台功能不断完善，形成合规利用境外融资的创新模式；[③]三是强化了财务公司资金归集的功能。境外成员单位在财务公司开立 FTN 账户，作为境外成员单位资金入境的合规渠道。

---

① 此处跨境本外币资金池是指跨国公司外汇资金集中运营管理、跨境人民币资金集中运营业务。

② 例如，自贸区版跨境外汇资金池对于本外币国际收支规模的要求，由超过 1 亿美元调整为超过 5000 万美元。上海自贸区版跨境人民币资金池对于境内外成员企业上年度营业收入无约束条件；广东、福建和天津自贸区准入条件：境内成员企业上年度营业收入合计不低于 5 亿元，境外成员企业上年度营业收入合计不低于 1 亿元；全国版分别是 10 亿元和 2 亿元。

③《第四批自贸试验区 11 个金融创新案例基本情况》，http://sjr.sh.gov.cn/。

案例

## 案例 11-4 上海电气财务公司自贸区实践[①]

2014 年 12 月，上海电气财务公司迁址上海自贸区，获得了在自贸区政策框架下开展金融业务创新的资质。依托自贸区政策的先试先行，上海电气财务公司在金融助力集团国际化方面进行了一系列金融创新的尝试。

第一，搭建自贸区版人民币双向现金池。上海电气财务公司与合作银行搭建了自贸区版的人民币双向现金池，并于 2014 年 12 月底顺利归集境外成员单位资金 3.64 亿元，首次实现了对境外成员单位的人民币资金归集。早在 2012 年底，上海电气财务公司作为全国首批跨国公司总部外汇资金集中运营管理主办企业，试点运行了跨境外汇资金集中管理体系。自此，电气集团构建了本外币资金集中管理体系。

第二，专户融资。根据自贸区政策[②]，上海电气财务公司从境外金融机构借款 1.5 亿元，向区内成员单位发放贷款，其中代理成员单位集中支付 1.4 亿元。由于上海电气财务公司具有资信优势，所以在融资价格、融资额度、融资条件上优于成员单位自行去境外借款。

第三，分账核算单元业务。2015 年 4 月，上海电气财务公司通过人民银行上海总部分账核算系统验收，成为首家获得分账核算单元资质的非银行金融机构。

首先，上海电气财务公司办理了分账核算单元境外融资和构建国际化结算体系。上海电气财务公司分账核算单元采取双账户资金结算模式。财务公司设立一级账户，集团区内成员单位和境外成员单位分别设立 FTE 和 FTN 账户，作为结算体系的二级账户，与一级账户对接；二级账户同时在合作银行和财务公司开立，一一映射，信息联动。按照分账核算单元“标识分设，分账核算，独立出表，专项报告，自求平衡”的要求进行合规操作。上海电气财务公司通过分账核算单元完成境外借款后向区内成员单位发放贷款 6.4 亿元。鉴于该笔分账核算单元境外融资业务和集中付汇的成功经验，上海电气财务公司在自贸区境外融资业务上已经形成了“可复制、可推广”的模式，这也意味着其金融服务国际化的结算体系构建完成。

---

① 摘选自吴永毅《借自贸区东风电气财务国际化顺利启航》，《中国财务公司》2015 年第 6 期。

② 2014 年中国人民银行上海总部《支持中国（上海）自由贸易试验区扩大人民币跨境使用的通知》（银总部发〔2014〕22 号）规定使用“上海地区银行的专用存款账户”从境外借用人民币资金（简称“专户融资”）。后来于 2015 年颁布的中国人民银行上海总部《中国（上海）自由贸易试验区分账核算业务境外融资与跨境资金流动宏观审慎管理实施细则（试行）》（银总部发〔2015〕8 号）规定使用“自由贸易账户”或“试验区分账核算单元”从境外融入资金。

其次，上海电气财务公司构建了集团全球汇率的风险管理平台。上海电气财务公司具有即远期、掉期结售汇、外币对等外汇交易资质，基本建立起了对集团境内成员单位的汇率风险管理框架，但对境外成员单位的汇率风险管理一直是空白。依附于自贸区的金融创新，上海电气财务公司为境外成员单位办理了港元兑美元的外币兑换业务，用于其支付美元贷款利息，为集团提供更为丰富的汇率风险管理工具以及更有竞争力的交易价格。

综上所述，通过自贸区版人民币现金池、自贸区分账核算单元和跨国公司外汇资金集中运营管理项目三个体系的搭建，上海电气财务公司的金融服务扩展至集团全球范围的所有成员单位，全球司库格局初显。

## 六 外汇投资业务

2015 年“8·11 汇改”后，人民币汇率双向波动格局已经形成，企业的结汇趋势已悄然转变为外汇存量资金寻求较高的资金收益的需求。随着集团归集外汇资金规模的扩大，2016 年，财务公司开展外汇投资业务年未余额为 95.33 亿元，同比增加 78.18%。近三年外汇投资业务呈逐年递增趋势（见图 11-9），外汇投资占全部投资的比例从 2015 年的 1.84% 上升至 3.29%，与外汇存款业务保持同向增长。

财务公司外汇投资业务迎来一个良好的环境。它们结合自身外币资产情况，关注人民币与外币交叉理财产品。

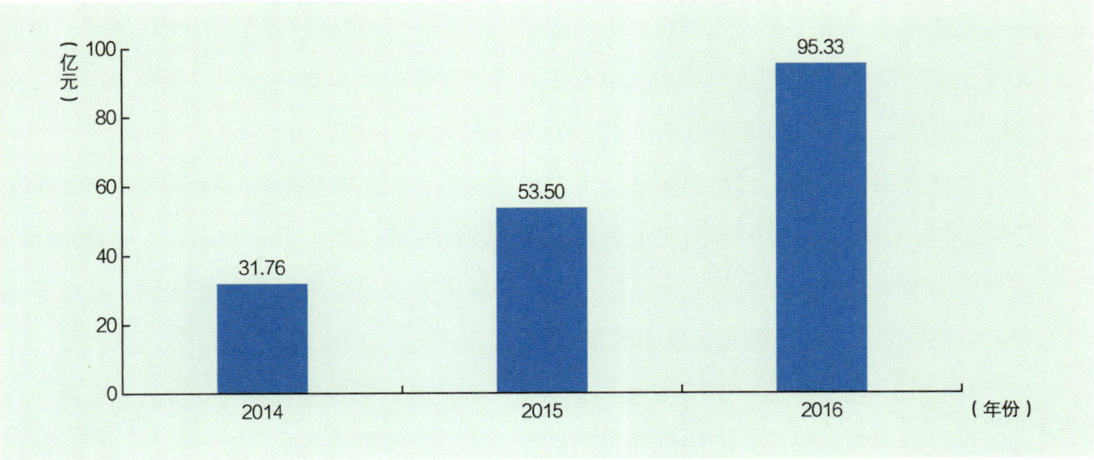


图 11-9　2014～2016 年财务公司外汇投资年末余额

## 七 财务顾问服务

在外部监管与内部局限下，财务公司的国际业务服务品种与成员单位的需求存在一定的差距，可以从提供财务顾问服务角度进行纵横突围，积极服务集团“走出去”投融资活动。各家财务公司利用自身优势，在提供外汇管理政策、外汇市场及外汇风险管理等资讯服务、集团并购服务、集团化融资服务等方面均有所建树，以专业服务理念践行财务公司的立足集团、服务集团的经营宗旨。

在资讯服务方面，海尔财务公司与上汽财务公司等在公司网站上明确提出为成员单位提供国际业务咨询顾问服务、外汇风险管理建议、外汇管理政策和外汇市场信息咨询服务等。

在集团并购服务方面，中海油财务公司参与集团多次海外并购，围绕收购资金筹集、购汇方案设计、交割资金清算等环节提供了专业的咨询和顾问服务。上海电气财务公司投资银行部为集团总部和各产业集团提供投资并购业务方面的服务，在中小型项目中担任牵头财务顾问；在大型项目中与外部投行联合担任财务顾问。

在集团化融资服务方面，中核财务公司承担集团的国际化融资职责，为财务公司行业树立了典范。以下介绍中核财务公司国际化融资案例。

案例

### 案例 11-5 中核财务公司国际化融资实践

中国核工业集团公司（简称“中核集团”）历史上成功地研制了“两弹一艇”，建成了我国大陆第一座核电站，并拥有中国唯一具有完整自主知识产权的三代核电品牌——“华龙一号”，使中国核电技术站在了世界的前沿。

一些发展中国家，因能源短缺，造成电力短缺，希望在核电及相关领域与中核集团开展合作，但同时这些国家的核电建设规划实现的关键是建设资金的来源。中核集团以提升资源保障能力和配置效率为目标，在中核财务公司设立国际化融资团队，在服务核电出口项目中发挥了大型企业集团的集团效应、协同效应和规模效应。

自 2013 年底起，中核财务公司利用自身专业优势，陆续派出专门人员为 ABC 国核电出口项目提供金融服务，协助开展包括商务谈判、财务风险分析、财务模型分析、融资成本测算和融资方案设计等相关工作。2016 年，为更好地发挥支持服务职能，配合集团公司核电“走出去”步伐，中核财务公司新设信贷服务部（国际化融资），并派员参加ABC国项目前方工作组，暂驻ABC国，为项目提供多层次、全方位的金融服务。

第一，提供综合融资解决方案，助推项目出口。根据中核集团目前海外项目的出口经验，在海外承包投议标项目时，项目的垫资、前期投入、带资承包往往成为承包商入围的先决条件。资金和融资问题成为中国核电“走出去”的关键要素。中核财务公司国际化融资团队是中核集团“走出去”融资安排的主要参与者，为集团公司海外发展提供了大力支持。

为推动中核集团出口ABC国核电项目，中核财务公司协调工商银行、中国出口信用保险公司（简称“中国信保”）等中方金融机构与ABC国财政部就核电项目融资做了多次深入交流，并协调中方金融机构向ABC国财政部致函，明确商务合同的融资可行性，从融资角度促进项目商务谈判进程。同时，根据项目需要有效配置各类贷款，并通过争取政府优惠贷款、优惠利率的出口买方信贷等优惠融资优化项目融资条件，尽最大努力降低项目融资成本，为中核集团出口ABC国核电项目提供综合融资解决方案，为助推项目成功出口提供有力的融资支持。

第二，参加商务谈判，建立高效的工作沟通机制。中核财务公司国际化融资工作组与中国进出口银行、国家开发银行、工商银行、农业银行、中国银行、建设银行等国内的政策性、商业性银行建立了高效的工作沟通机制。在项目商务谈判开展的同时，为确保项目融资可行性，融资工作组随时就商务合同架构的中方成分要求、技术转让的融资要求、与分包商责任分担与支付等相关问题与中国信保和银行保持持续沟通，为商务和融资工作后续顺利开展做好准备。

第三，保险服务。在保险服务领域，中核财务公司根据“走出去”核电项目海外建设、经营、服务的特点，建立起“以信用保险为核心，以商业保险为创新”的新型保险服务机制，咨询范围覆盖信用保险采购、建安工险条件设计、审核保险渠道开拓等多方面，大大提升了海外开发团队的保险保障意识，不断提高项目相关保险的议价能力及主动性。在与ABC国项目谈判中，国际化融资团队与中国信保多次沟通，借助年度政策调整优势，成功完成对ABC国项目的再报价。

# 第四篇　服务篇

财务公司是中国金融体系中独具特色的一员，依托所属企业集团和贴近实体经济的优势，对服务改革开放大局，服务实体经济发展，服务社会公众利益发挥了重要作用，做出了很大贡献。

党的十八大特别是十八届三中全会以来，中国进入全面深化改革开放的新时期。在以混合所有制改革和供给侧结构性改革为重点的经济体制改革中，在以“一带一路”“走出去”为重点的对外开放中，财务公司依托所在集团开展特色金融服务，为来自各行各业、所有制不同、经营特点各异的企业集团在改革大局中承担职责做出了独特的贡献。

财务公司作为服务企业集团的内部金融机构，最善于服务实体经济。无论是在内部架构、管理模式、经营理念，还是在网点布局、产品设计、服务标准等方面，财务公司都紧扣所在行业与所在集团的实际需要，以集团利益最大化、集团主业发展最优化为目标，努力降低财务成本、提高资金效率、管控各类风险、优化资源配置，通过创造表外价值深化产融结合，通过淘汰落后产能实现转型升级，通过发展普惠金融服务中小企业，全方位助力提升实体经济发展的质量与效益。

财务公司是具有较高社会责任的金融机构。依托所属集团和产业，为集团发展和产业进步创造多方面的价值，强调互利互惠、和谐共赢是财务公司的天然属性。财务公司的利益相关方不局限于所属集团、成员单位以及产业链上下游的企业，还包括其他合作伙伴、相关金融机构、政府、社区以及公众、员工等。财务公司践行绿色发展理念，倡导低碳环保的工作与生活方式，还开展了多种多样的慈善与公益活动，为社会公众提供了优质服务。

# Part 4 Service

Finance companies have played a unique role in China's financial system. Relying on their own business groups and their closeness to the real economy, finance companies made great contributions to reform and opening up, development of real economy and public interest.

Since the 18th Central Committee of the Party, especially since the 3rd Plenary Session, China has entered a new era of deepening reform and opening up. With mixed ownership reform and supply side reform as the focus of reform and "The Belt and Road" and "Going Aboard" as the focus of opening-up, finance companies, with the support from their groups, offered specialized financial services and help companies with different ownerships and business features, and from various industries play their own roles in reform and opening-up.

As internal financial institutions that serve groups, finance companies are most good at serving the real economy. The internal structure, management, business philosophy, outlet layout, product design and service of finance companies are tailored to meet the actual needs of their groups and industries. They aim at maximizing the interests of their groups and optimizing the development of main businesses of the groups. They also tried to reduce financial costs, improve the efficiency of funds, control all kinds of risks and optimize the allocation of resources. They deepened integration of industry and finance through creating off-sheets values, realized transformation and upgrading through phasing out backward capacities and served SMEs through developing inclusive financial service, so as to improve the quality and efficiency of real economy development.

Financial companies are financial institutions with a high social responsibility. Relying on their own group and industry, they create a wide range of values for the development of the group and industrial progress. Mutual benefit and harmony are the nature of finance companies. The stakeholders of finance companies not only include their groups, subsidiaries of the group and enterprises in the upstream and downstream of the industrial chain, but also other partners, relevant financial institutions, governments, communities, the public and employees and so on. Finance companies practice the concept of green development and advocate low-carbon and environmental friendly work style and lifestyle. They also carried out a variety of charitable and public welfare activities to provide quality services for the public.

# 第十二章 服务改革大局

财务公司是最具中国特色的金融机构，是中国改革开放发展到一定历史阶段的产物。就金融领域而言，财务公司堪称“改革之子”。根据不同时期国家定位的调整和变化，财务公司充分发挥自身贴近实体经济、服务企业集团的优势，为改革开放的持续深化做贡献。

党的十八大特别是十八届三中全会以来，中国进入全面深化改革的新时期。2016年是全面深化改革的第三个年头，是全面深化改革进入攻坚期和深水区之后的关键一年，也是改革主体框架搭建和顶层设计的关键一年。其中，在以混合所有制改革（简称“混改”）和供给侧结构性改革为重点的经济体制改革中，在以“一带一路”“走出去”为重点的对外开放中，财务公司依托所在集团，开展特色金融服务，为来自各行各业、所有制不同、经营特点各异的企业集团在改革大局中承担职责做出了独特的价值贡献。

## 一　服务经济体制改革

### （一）服务集团混合所有制改革的总体情况

混合所有制改革是国企改革的重要突破口，也是经济体制改革不断深化的重要举措之一。2016年，央企和地方国企的混合有所制改革，在原有试点企业基础上持续推进，成为市场经济顶层设计领域改革的一大亮点。

在这一过程中，相关企业集团所属财务公司，充分树立大局意识和责任意识，发挥企业内部金融服务机构熟悉集团整体情况和混合所有制试点企业实际经营特点的信息优势，突出财务公司业务资质全面、联通外部金融机构与第三方中介机构的专业优势，围绕混合所有制改革的方案设计、政策咨询、筹资融资、资金划转、业务整合等各个重点环节，提供量身打造的专项金融服务，在帮助所属集团妥善推进试点企业混合所有制改革、规避各类风险、完成改革目标的同时，助力试点企业优化经营管理，充分享受优质便捷的内部金融服务，使改革成效落到实处。

根据中国财务公司协会组织的问卷调查，在 8 家开展了混合所有制改革试点的集团中，已有 4 家通过财务公司实施了配合集团混合所有制改革开展的金融服务及相关工作。在混合所有制已经起步的企业集团内，多家财务公司按照集团整体部署，有针对性地提供专属金融服务，优化试点企业经营绩效，助力改革进一步向纵深发展。

### （二）服务集团混合所有制改革的具体实践

在配合所属企业集团推进混合所有制改革的具体实践中，财务公司的价值至少体现于以下三个方面。

第一，财务公司为集团和试点企业提供全方位的咨询与财务顾问服务，涵盖从整体方案、筹融资结构、政策环境、风险控制到注资币种与划汇路径选择等细节因素，充分发挥了内部专业金融机构的智力优势。

第二，直接为试点企业的混合所有制改革操作提供贷款、结算、购汇与外汇结算等全方位金融服务，在确保改革顺利推进的前提下，尽可能控制风险，降低成本，甚至从改革的过程性财务安排中寻找阶段性业务机会，实现集团价值的最大化。

第三，依托财务公司作为专业金融机构联通内外两个金融市场、与外部金融机构和各类第三方中介服务机构关联紧密的优势，确保改革过程的最优化。

从行业实践来看，中石化财务公司、中节能财务公司等财务公司服务集团混改的具体工作，既包括咨询顾问与方案设计，也包括在混改过程中根据不同阶段实际需要提供的具体金融服务，以及联通外部金融机构与中介机构的价值贡献，具有很强的系统性。

**案例**

#### 案例 12-1　中石化财务公司全程服务助力集团混合所有制改革

为配合中国石化集团公司在下属销售公司率先启动的混合所有制改革，财务公司发挥专业优势、主动服务，协助成员单位高效完成资本注入、外汇资金运作以及资金池建设等方面的工作。

在销售公司资本注入过程的外汇政策咨询方面，财务公司安排专人持续跟踪增资动态，密切关注审批进程，主动深入了解项目进展，细致研究相关外汇管理政策，组织多次专题讨论，并上门进行专题介绍，帮助成员单位熟悉政策、业务流程和外汇基本知识，为高效办理后续手续奠定基础。对于注资过程面临的汇率波动风险，财务公司一方面积极发挥银行间外汇市场交易会员的专业优势，加强对汇率走势的研究，另一方面就其衍生品业务需求进行研究，为其进行科学理性分析决策提供参考建议。

在资金运作方面，财务公司预判引入资金从到账到实际结汇使用需要一段时间，及时建议销售公司提早做好资金运作和汇率风险管理的准备。为规避在银行开立资本金账户所面临的资金划转限制和随之而来的对企业存款利率议价能力的影响，建议销售公司借助财务公司开户银行众多的优势，在财务公司也开立资本金账户，进而通过财务公司在银行间进行询比价，使资金运作更充分高效。操作中，财务公司充分发挥同业合作对象多、贴近市场的优势，促使合作银行尽可能提高报价水平。在资金汇入之前，财务公司密切关注市场变化，实时掌握多家银行利率报价情况。在实际交割时，财务公司负责销售公司16.86亿美元的运作，随后由于财务公司报价明显优于市场平均水平，销售公司又追加10亿美元。在运作过程中，财务公司细致安排，精心操作，坚决杜绝资金闲置现象，对期限过短无法运作的也尽全力争取优惠利率；对取得的资金运作收益，财务公司全部让给企业，真正做到了服务企业。

通过财务公司的积极协助，销售公司在2016年第二季度美元汇率较弱的情况下，采取逢高结汇存入高息人民币结构性存款方式规避汇率波动风险，实现结汇收益3.34亿元，并通过商业银行办理人民币结构性存款。通过优惠利率办理定期存款，相比于活期利率，为销售公司增加收益2281万元。同时财务公司还充分发挥砝码作用，通过争取高息定期存款利率的示范作用，帮助销售公司提高了与银行的议价能力，进一步提高了整体资金运作收益，至结汇前，销售公司共取得高出正常存款利息4880万元的存款收益。

资金收汇方面，财务公司对销售公司增资项目中境外投资者分散、投资金额大、审核手续烦琐等客观因素做了充分准备，制定了工作预案。汇入当日，各相关岗位加班加点，密切关注资金划转进度，反复与银行沟通确认，当日即按照资本项目外汇业务管理规定完成了资本金账户开立、合规性审核、资金入账等多项手续，并及时准确向国家外管局报送账户、国际收支等各类信息，确保资金及时准确入账，并且积极配合会计师事务所完成询证流程，协助销售公司及时完成验资工作。

在资金池管理方面，财务公司认真分析混合所有制改革所带来的新的资金集中管理模式与原有模式的不同，为实现新老模式的平稳过渡，财务公司求新求变，进一步梳理业务环节，着重了解混合所有制改革后对资金集中管理和结算方面的具体需求，通过多次对接，落实具体操作细节，为销售公司建立小资金池用于其内部资金划转结算，并做好两个资金池间账户划转等工作。此外，为确保双方业务系统能够同时切换，财务公司专门组织人员修改公司代码 90 余个，全面确保企业资金管理的及时启用与顺利运行。

在服务混合所有制改革过程中，财务公司始终具备大局观和全局意识，全力支持集团推进国有企业改革的进程，始终贯彻服务为先、利益居次的理念，充分践行了公司“立足石化、服务主业”的经营宗旨，同时增强了公司服务企业的能力，达到了拓展业务范围、锻炼队伍的目的。

**案例**

### 案例 12-2　中节能财务公司为混改试点企业提供全方位金融服务方案

为配合中国节能集团内部分企业的混合所有制改革试点，财务公司加强与试点企业沟通，提供量身打造的全方位金融解决方案。

具体工作中，在筹融资方面，财务公司利用与商业银行等金融机构的密切关系，为试点企业筹资做好服务咨询工作，通过分析比选帮助试点企业降低融资成本，争取较好的融资条件。

在财务顾问方面，财务公司凭借专业优势和丰富的金融资源，为试点企业提供宏观经济政策、货币财政政策、金融业务、市场状况、经济资讯等方面信息，提供可行性和专题性的研究报告，为试点企业决策提供服务。财务公司积极加强同证券公司、银行、信托公司及其他机构投资者的沟通和接触，统一协调中介机构的工作，帮助试点企业定制专业化的改制重组或收购方案，盘活企业不良资产。协助试点企业取得并购融资和过桥贷款，进行银团贷款安排等。

此外，国药财务公司专注于打造与集团内混改试点企业国药控股的业务合作新模式，提高与成员单位合作的市场化水平。在国药控股混改试点不断深化的过程中，财务公司进一步发挥金融业务合作中市场化因素的作用，以适应客户所有制状况的调整与变化。在具体工作中，财务公司适应利率市场化改革要求，按照“符合监管、管好风险、服务客户、促进集中”的目标，启动建立客户综合贡献分析体系，以价值为导向、以利率激励为手段促进成员单位资金资源集中。公司存、贷款及中间业务整体定价水平优于同业，最大限度地让利于成员单位。2016 年财务公司对国药控股的信贷投放中，自营贷款、票据贴现、贸易融资业务加权平均利率分别为 4.01%、3.55%、4.24%；对国药控股的通知存款利率达到基准上浮 35%，均明显优于同业水平。这反映了在混改持续推进、集团成员单位所有制趋于多元的情况下，财务公司以建立和完善内部金融服务的市场化定价机制为切入点，更加积极地发挥市场化因素的作用，在财务公司内部金融服务的市场化改革方面取得了实际进展，印证了财务公司行业自身市场化改革的逐步深入。

## （三）服务集团职能改革与整合重组

除服务集团推进混合所有制改革之外，根据中国财协问卷调查，在有效反馈信息的 226 家财务公司中，2016 年内，有 19 家公司通过提供专项贷款、提供顾问咨询服务、协助集团完成机构优化或自身进行机构改革等方式，配合所属集团改革总部职能、优化内部架构；29 家公司通过提供并购专项贷款等方式，配合所属集团进行整合重组，并充分发挥财务公司司库管理等专业职能，帮助被整合重组企业尽快融入集团资金财务管理体系。

在实践中，陕西煤化财务公司紧跟陕煤集团去产能、去库存、降债务规模、关停并转、淘汰落后产能、转型升级、提质增效的战略调整步伐，创建陕煤财司司库管理模式，以提高集团资金使用效率和资金管理能力，并为集团重组战略提供了支撑。在集团 2016 年收购韩城、蒲白矿业公司，彬长矿业收购文家坡矿井的一揽子重组战略实施中，财务公司以司库管理为切入点，全面对接重组相关交易资金筹集操作方案，对开户、资金筹集、资金交割等先后顺序和操作步骤做了精细的安排和组织，通过向陕煤股份公司提供 20 亿元超短并购贷款，经过多轮合规分步操作，完成资产重组交易，为集团合并层面节约利息支出 1682 万元，财务公司增加利息收入 130.5 万元，撬动重组交易资金 164.4 亿元。财务公司司库模式也在这一过程中得到实践检验。

## （四）财务公司自身改革与重组整合

在自身改革方面，财务公司继续以引入战略投资者为切入点，探索公司治理与管理运作新模式。根据财协问卷调查，截至 2016 年末，已有 16 家财务公司引入了战略投资者。

值得一提的是，为配合中国南车与中国北车合并为中国中车的整体部署，中车财务公司于2016年内完成行业内首例吸收合并式的财务公司整合，为央企集团整合重组加速大背景下所属财务公司的整合重组，提供了可资借鉴的宝贵经验。

## 二　依托集团服务国家对外开放战略

近年来，国际业务成为财务公司行业发展的一个重要方向。一方面，这与财务公司所属企业集团加速“走出去”、扩大海外业务规模、参与全球市场竞争和资源配置的实际需求环环相扣，从财务公司的自身定位而言，具有必然性；另一方面，这也是对外开放的扩大与深化在财务公司行业发展过程中的折射，体现了财务公司境内金融服务平台向境外扩展延伸的总体趋势，不仅有利于企业集团和财务公司的健康发展，也有利于对外开放的全局。

财务公司围绕对外开放所发挥的独特作用，集中体现于为所在产业和集团外向型发展所做的金融服务贡献。就2016年而言，至少体现在以下几个方面。

### （一）服务“一带一路”国家战略

财务公司对于配合所属集团落实“一带一路”战略而言，具有特殊的重要意义。作为依托集团、服务集团的内部金融机构，财务公司积极执行所属集团整体部署，从集团在“一带一路”战略中承担的具体职责使命出发，根据不同国家、地区、项目的具体特点，量身打造金融服务方案，以高度的战略使命感和责任感，确保战略妥善推进。

根据财协组织的问卷调查，在有效反馈信息的226家财务公司中，有39家公司在2016年内为配合“一带一路”和“走出去”战略落地提供了金融服务。其中，专项信贷服务全年发生额达1817.85亿元，外汇结算服务全年发生额达692.23亿美元，外汇结售汇服务全年发生额达462.56亿美元，外汇衍生品服务全年发生额达到12.18亿美元，专项财务顾问服务全年项目标的额达1279.00亿元；其他专项服务还包括委托理财、委托投资、电子承兑汇票签发、统保业务等。财务公司服务涉及的国家与地区已超过50个。在中国对外开放和中国企业全球化发展进入全新历史阶段的滚滚洪流中，财务公司以专项金融服务为抓手，做出了切实贡献。

中核财务公司在巴基斯坦核电项目中，协助巴基斯坦原委会设计了“以核养核、滚动发展”模式，从战略角度为巴基斯坦核电建设资金缺口寻求解决之道，帮助集团会同中方投资人，以债权投资或股权投资的方式将资金注入巴基斯坦在建核电项目，补充巴方业主自有资金不足的部分，以支持巴基斯坦核电持续发展，使“一带一路”的共赢发展理念在巴基斯坦落地开花。在阿根廷核电项目中，财务公司发挥自身专业优势，派出专门人员，协助开展包括商务谈判、财务风险分析、财务模型分析、融资成本测算和融资方案设计等相关工作，并于2016年新设信贷服务部（国际化融资），派员参加阿根廷项目前方工作组，暂驻阿根廷，为项目提供包括综合融资解决方案、保险服务、商务谈判服务在内的多层次贴身金融服务。在阿尔及利亚核电项目中，财务公司协助集团，牵头编制了以BOT模式出口阿尔及利亚“华龙一号”核电机组的方案。

中广核财务公司针对集团参与的英国欣克利角C（HPC）新建核电项目投资回收期长、所需投资金额大，且融资模式需要根据前方谈判情况不断调整的情况，设计了多种融资方案，确保在项目谈判不断变化的情况下均能快速反应，有力保障了HPC项目的资金需求；在项目融资转为全资本金投资模式后，财务公司确定了以英镑为主的融资策略，采用国开行境外发债加点的创新定价机制，获得了还款期限长的英镑固定利率贷款；并及时制定股权交割推演方案，最终确保股权交割资金在最终投资决策（FID）前及时到位，确保这一我国核电企业首次参与的欧美发达国家新建核电项目顺利推进。

中铁建财务公司配合集团在“一带一路”沿线37个国家开拓业务，并同时不断发展国内沿线重点省区业务。为缓解铁建新疆重工公司成立初期的资金压力，财务公司提供票据支持，年内共办理电子银行承兑汇票14张。为支持广西资兴高速公路项目建设，财务公司协同外部银行组织银团，为该项目提供71亿元的银团贷款，同时财务公司成功发挥压价作用，将银团贷款利率从期初的上浮5%调整为下浮5%，为该项目节省近2000万元融资成本。

江铜财务公司大力开展外汇归集业务，形成外汇资金池，对外汇资金的流量和流向进行全面监督和统一调控，确保集团外汇资金协调、有序、可控运行，配合集团以“一带一路”沿线国家为重点区域，与国际矿业公司合作进行海外布局。同时，通过外汇资金归集，财务公司将境外成员单位的富余资金（含自有及融资资金）上划至公司主账户，再通过贷款或者委托贷款的方式将资金贷款给境内成员单位。截至2016年12月31日，该平台为铜箔公司办理3笔对外放款，合计4200万美元；为江铜香港公司办理4笔对外放款，合计13685万美元。

## （二）助力集团打造全球资金管理体系

财务公司抓住国家政策调整的机遇，努力争取外汇和跨境业务资质，重点推进跨国公司外汇资金集中运营管理和跨境双向人民币资金池等核心业务，帮助所属集团打通境内外资金通路，逐步建设全球统一的资金管理体系，以全球化的金融服务配合所属集团和产业的全球化发展，成为中国经济全球化舞台上日益重要的角色。

在实践中，中外运财务公司实现了集团全球资金可视化；以集团账户集中管理的统一政策为指导，在集团明确主办银行范围、逐步清理减少境内外非合作银行账户的基础上，境内利用先进的银企直连技术，境外借助 SWIFT 全球化报文传送系统，不断拓宽与境内外各家银行的直连渠道、增加直连账户数量；按计划逐步推进境内外成员单位上线，在统一的资金管理系统中实现境内、境外成员单位账户资金的整合；从实质上提高全集团账户透明度，推进全集团海内外账户的可视、可控，打造全集团境内外统一的资金监控平台。

中集财务公司根据集团成员差异化需求，实施国际贸易融资综合服务；结合不同时期的外汇管理政策，先后开发了出口发票融资、外币互联互通（即跨国公司外汇资金集中运营管理）、出口保理、跨境双向人民币资金池等综合性金融服务产品，助力成员单位业务发展。其中，在出口发票融资业务方面，集团内成员企业在采用赊销方式出口销售过程中，完成合同规定交货义务后，向财务公司提交出口销售合同项下真实发票，获得以应收账款作为主要还款来源的短期贸易融资。截至 2016 年底，财务公司累计向 22 家成员单位发放了出口发票融资 141 笔 5.1 亿美元。

西部矿业财务公司成功完成青海省首笔跨境人民币资金归集，于 2016 年 4 月 8 日实现了 600 万元资金从境外到境内的归集；2016 年全年，财务公司共计归集境外资金 8.46 亿元，对西部矿业集团打通境内外资金通道，加强境外资金管控，提高集团整体资金收益水平和配置效率产生深远的影响。

重汽财务公司深化构建外汇资金管理体系，为财务公司在相关领域的实践，提供了比较完善的范例。

**案例**

## 案例 12-3　重汽财务公司深化构建外汇资金管理体系

为配合重汽集团推进国际化战略，更好地实施海外建厂、海外投融资、建立国际市场营销服务网络等发展举措，重汽财务公司努力构建外汇资金管理体系，填补集团外汇资金管理空缺。

在实践中，集团确定了以重汽财务公司为平台构建外汇资金管理体系的整体思路；财务公司制定了外汇资金管理的“三步走”战略：第一步，开展跨国公司外汇资金集中运营管理业务和跨境双向人民币资金池业务，搭建境内外本外币资金池，实现集团全球资金集中管理；

第二步，利用境内外本外币资金池，结合结售汇业务及金融衍生品业务，有效防范汇率、利率风险，实现全球范围内资金自由流动；第三步，根据集团国际化发展战略需要，适时建立境外区域资金中心。目前重汽财务公司已能够开展外汇资金集中运营管理业务、跨境双向人民币资金池业务、即期结售汇业务，并能进入银行间外汇市场参与交易。

重汽财务公司陆续搭建了境内外币资金池、境外外币资金池、境外人民币资金池以及境内人民币资金池。“四个池子”既各司其职又相辅相成，共同以财务公司为核心。财务公司在全球范围内搭建了一个全币种、全方位、全覆盖的国际资金管理平台。依托资金管理新平台，重汽财务公司致力于将“池内之水”盘活，通过归集、下拨、调拨、对外放款、外债、结售汇等方式开渠引流，打破各资金池间壁垒，在严格遵守现行资金监管政策的前提下，创新资金管理模式，实现能够灵活运用国际国内两个市场的目标，以财务公司为平台，构建营运资金管理、风险管理、投融资管理、风险管理的外汇资金管理体系。

其中，在境内外两个外币资金池的运作过程中，财务公司合理选择合作银行，搭建外汇资金外部网络平台；合理设计账户管理结构，实现账户的集中统一管理；实现境内外成员单位外币资金集中归集和外币资金下拨管理；打通境内外外汇资金通道，实现资金的有效配置，集中调配外债额度与对外放款额度。

为配合外汇资金管理体系建设，财务公司努力搭建外汇资金管理内部网络平台，与交通银行合作开发全行业第一家银财合作的新一代信息系统，整合了重汽财务公司原有分散的信息系统，涵盖了账户管理、存款业务、信贷业务、结算业务、票据业务、网上金融服务、银企直连、外汇业务等所有业务及与银监局、人民银行的监管报送管理等；在内部机构、人员等方面创造条件；同时通过实时动态发布外汇汇率及利率管理政策，制定外汇避险和理财增值的模型和方案，确保外汇资金管理体系的安全性和流动性；完善有效评价机制，确保外汇资金管理健康持续发展。

外汇资金管理体系建设实施以来，重汽财务公司有效提升了集团跨境资金融通能力，进一步降低了财务成本，截至 2016 年末，已融通境内外资金约 1.7 亿美元，节省财务成本约 7000 万元；丰富外汇产品金融服务，助力集团国际化战略；提高风险防范能力，逐步打造集团全球司库管理中心；同时也开拓了财务公司国际化发展道路。

## （三）依托自贸区拓展金融服务

财务公司配合自贸区建设的深化扩展，积极探索依托自贸区特殊优惠政策深化扩展金融服务的新模式，在为所属集团创造价值的同时，帮助自贸区改革进一步拓宽思路，积累经验。

根据财协问卷调查，2016 年依托自贸区开展金融服务的财务公司达到 7 家，其中全年集中收付业务累计发生额达 43901.16 亿元，跨境借款 0.50 亿元，本外币跨境双向资金池业务 182.05 亿元。

在实践中，外高桥财务公司成功打造自贸区首个财务公司平台跨境双向外汇资金通道，依托外高桥集团被授予的 11.7 亿美元外债额度以及 3.43 亿美元对外放款额度，成为自贸试验区成立后首个利用财务公司平台搭建的跨境双向外汇资金通道。借此，财务公司将服务范围延伸至境外成员企业，真正实现服务范围的全覆盖，有助于外汇集中运营管理高效化、规范化、专业化。外高桥财务公司通过该业务开立国内、国际外汇资金主账户，集中管理境内外成员企业外汇资金，开展资金集中收付汇、轧差净额结算、共享外债和对外放款额度等业务，能够极大地提高财务公司整体的资金归集率，并为未来参与境内外外汇资金市场交易创造了条件。

### （四）服务集团全球化发展风险防控

在全球局势趋于动荡，国际金融市场“黑天鹅”事件频频发生的情况下，财务公司充分发挥专业金融服务机构的优势，借助外汇衍生品等金融工具，帮助集团控制全球化发展过程所面临的风险，降低发展成本，提高发展绩效。

实践中，中船财务公司、徐工财务公司等，通过有针对性的金融服务，为集团防控外汇风险做出了贡献。

**案例**

#### 案例 12-4　中船财务公司开展外汇衍生品业务应对集团汇率风险

中船集团为大型出口导向型企业，船舶出口产生大量的出口收汇，而出口收汇与船舶合同签署之间存在较长的时间差。有鉴于此，为帮助成员单位合理管理汇率风险，财务公司积极向国家有关监管部门申请外汇衍生品业务资格。2014 年 7 月，经银监会批准，中船财务公司获得了包括远期结售汇、人民币外汇掉期和远期外汇买卖在内的普通类衍生产品交易业务资质。截至 2016 年 12 月底，共为成员单位办理衍生产品业务 7.85 亿美元。

中船集团下属某船厂2016年10月收到一笔1000万美元的船舶出口款。根据资金安排，该船厂在10月需要将美元结汇用于日常生产经营，但在1年后又需要1000万美元用于购买船用设备。如果选择即期结汇、一年后再进行即期购汇，船厂要承担未来美元升值的风险。为解决该船厂不同时期美元、人民币的用款需求，同时锁定汇率风险，中船财务公司积极主动向该船厂介绍人民币外汇掉期业务，与船厂开展了近端结汇远端购汇的人民币外汇掉期业务。中船财务公司发挥自身专业优势，抓住有利市场时机，成功与该船厂开展了1年期美元兑人民币掉期业务，掉期点仅有760点，解决了该船厂的资金、汇率风险问题。

中船集团下属某船厂计划2016年3月支付200万欧元用于购买船用设备，但是该船厂主要收入为美元。2015年11月，该船厂向中船财务公司咨询，中船财务公司经过专业分析认为，如果选择2016年3月用人民币或美元购买欧元需要承担欧元未来升值的风险，不利于船厂锁定成本，做进一步的经营规划；如果选择用人民币购欧元需要额外支付先将美元转为人民币再将人民币转为欧元的汇兑成本。为此，中船财务公司向船厂介绍远期外币买卖业务，与船厂开展了4个月期限的远期美元买欧元业务，帮助成员单位锁定了汇率风险。

徐工财务公司针对欧元汇率连续下跌、集团收到境外公司还款4000万欧元、立即结汇将产生巨额汇兑损失的情况多次与合作银行分析研究汇率走势，基于对欧元/美元汇率存在反弹可能的判断，积极向集团领导建议推迟结汇，等待市场反弹机会，尽量减少汇兑损失。在人民币加入SDR以后出现贬值的情况下，财务公司积极向集团建议进行结汇操作，制定了周密的分笔结汇方案，并抓住了2016年2月欧元兑美元强势上涨的机会，成功实现结汇，实现了集团利益最大化。

# 第十三章 服务实体经济

财务公司是最贴近实体经济的金融机构，在企业集团化发展到一定阶段的前提下应运而生，以实体经济对金融服务的需求为内生发展方向，天生就是产融结合的产物。中国财务公司行业的发展史，就是一部财务公司为实体经济发展做贡献的历史。

财务公司是最善于服务实体经济的金融机构。无论是在内部架构、管理模式、经营理念，还是在网点布局、产品设计、服务标准等方面，财务公司都紧扣所在行业与所在集团的实际需要，以集团利益最大化、集团主业发展最优化为目标，围绕主业发展需求，发挥其在加速资金流转、提高资金效率、优化资源配置、降低财务成本、管控各类风险、助推全球发展、资金保值增值等各方面的作用，提升实体经济发展的质量与效益。

## 一 深化产融结合，创造表外价值

财务公司服务实体经济，主要切入点是服务所在集团，依托集团主业发展需求，提供内部贴身金融服务与财务管理服务，发挥内部金融机构的独特优势，围绕主业发展的实际需要创造价值。

企业集团化是中国经济发展的必然趋势。财务公司所依托、服务的企业集团，遍及事关国计民生的各个重点产业领域，在国民经济中具有中流砥柱地位。截至 2016 年末，财务公司服务的企业集团分属能源电力、石油化工、机械制造、民生消费等 17 个行业，分布于 29 个省、自治区、直辖市，充分体现了财务公司依托集团服务实体经济的价值所在。

财务公司以服务所在集团为切入点，围绕集团主业，促进实体经济发展，至少具有四个方面的优势：第一，财务公司与所属集团利益取向一致，信息高度对称，充分了解集团主业发展的实际需求，能够从主业发展的整体利益、长远利益着眼展开服务；第二，财务公司在服务网点布局、服务产品设计、服务标准规范等方面，能充分顺应不同成员单位和项目的具体要求，形成量身打造的精准服务，通过多方面的方案优化、服务让利、服务便利，在为主业发展创造金融服务价值的同时，降低财务成本；第三，作为内部金融平台，财务公司具有集团联通内外金融市场的独特优势，在集团主业寻求外部金融机构服务的过程中，可以发挥咨询、中介、压价、合作等多方面的功能，使外部金融机构的服务更好地促进集团主业发展；第四，财务公司在长期贴近集团主业、服务集团主业的过程中，积累了丰富的实践经验，在信息系统、人才队伍、组织机构、管理模式等方面，为高效服务集团主业创造了有利条件。

从服务的成效来看，除财务公司各类业务开展的规模数据之外，财务公司为实体经济发展创造的价值，突出反映在利润之外的表外价值贡献方面。积极关注表外价值贡献、探讨表外价值贡献的计量方式，在集团层面和公司层面的绩效考核中更多地考虑表外价值贡献因素，已成为目前财务公司经营管理中的普遍趋势。

据财协问卷调查，仅反馈有效信息的226家财务公司，2016年全年就为所属集团创造利润之外的价值贡献810.62亿元。其中，存款优惠创造价值贡献55.75亿元；信贷优惠创造价值贡献148.55亿元；日间透支、还款便利等金融服务便利性安排创造价值贡献14.34亿元；通过内部余缺调剂等手段降低整体负债水平创造价值贡献427.43亿元；通过外汇、跨境服务降低外汇交易价格等创造价值贡献59.17亿元；通过结算、外汇服务等手续费减免创造价值贡献13.54亿元；发挥专业优势、捕捉市场机遇、开展业务创新创造价值贡献49.22亿元；其他方面服务创造表外价值贡献42.61亿元，主要包括财务顾问、代理、保证金减免、佣金收入等方面的价值贡献。值得说明的是，同期财务公司行业全年创造的利润总额为795.62亿元，而在统计不完全的情况下表外价值贡献已超过利润总额，合计达到1606.24亿元，充分反映了财务公司强调服务价值、不单纯追求利润的责任担当。

财务公司服务所属集团、助推实体经济发展所创造的表外价值贡献中，最重要的方面是通过内部余缺调剂手段帮助财务公司所属集团降低整体负债水平所创造的贡献，在全部价值贡献中占比达到52.73%。就财务公司发展历史而言，此类金融机构出现的主要动因，就在于面对集团成员单位存贷款同步上升的态势，实现存贷款的内部抵消，降低整体负债水平和总体财务成本。余缺调剂作为财务公司服务集团和实体经济的一项职能，具有悠久的历史，也仍然具有广阔的发展前景。

同时，存款、贷款价格优惠，结算、外汇等服务的手续费减免，外汇、跨境服务降低外汇交易价格等方面的价值贡献，合计达到 277.01 亿元，占全部价值贡献的比重达 34.17%，占有相当比重，充分体现了财务公司让利成员单位的独特价值。此外，从问卷收集的信息来看，财务公司服务集团，为集团主业发展创造表外价值贡献的手段非常丰富，也充分反映了各家公司面对不同产业环境和集团特点的探索与创新。

在具体的服务手段中，近年来，产业链金融成为财务公司将服务范围延伸到集团之外，在更加广阔的空间里服务实体经济的重要突破口，对当前金融业发展脱虚向实的总体方向而言具有重要现实意义，也是对中国特色产融结合的重要阐释。

## 二　淘汰落后产能，服务产业升级

财务公司服务实体经济的一个重点，是依托所属集团的产业特点和产业发展战略，服务产业升级，围绕淘汰落后产能、传统产业升级换代、新兴产业发展各个环节的实际需求，提供高质量金融服务，一方面落实国家产业政策，另一方面帮助集团优化产业结构、提升发展绩效、争取更加广阔的发展空间。

### （一）服务淘汰落后产能

围绕淘汰落后产能提供服务方面，据财协问卷调查，在反馈有效信息的 226 家财务公司中，2016 年共有 28 家公司为集团落实国家产业政策、淘汰落后产能提供了服务。如国联财务公司配合集团板块调整方针，以优惠价格为即将退出的国联房地产提供过渡贷款，保证了房地产企业的安全平稳退出；淮南矿业财务公司配合集团公司，将去产能分流资金、采矿权价款等纳入财务公司管理，共计 24 亿元；兵工财务公司为集团公司亏损企业的清理退出提供专项贷款 2.1 亿元。陕西煤化财务公司助力集团落后产能化解，提供综合性金融服务，取得了良好的效果。

案例

#### 案例 13-1　陕西煤化财务公司助力集团化解落后产能

根据陕西煤化集团化解产业过剩的整体部署，陕西煤化财务公司对产能过剩行业涉及企业的授信业务建立台账，动态跟踪，持续关注，每月 10 日前定期报送产能过剩行业系列监测表。通过统计调查 2016 年第四季度产能过剩行业的授信业务开展情况，对财务公司授信的 16 家成员单位涉及的钢铁、水泥、煤炭等过剩行业进行风险情况调查。

在此基础上，在钢铁行业方面，为支持集团内陕钢集团转型升级和产业配套，助推产能整合，陕西煤化集团为钢铁产业的重整制定了一揽子计划。财务公司积极配合，通过贷款、代签国内信用证、代签银行承兑汇票及签发商业承兑汇票等业务助力陕钢集团化解过剩产能。截至 2016 年第四季度末，财务公司授信钢铁行业的用信余额为 21.32 亿元，比年初减少了 3845 万元。

在水泥行业方面，集团内陕西生态水泥股份有限公司以淘汰落后产能、发展循环经济为契机，采用先进技术和装备，综合利用矿渣、粉煤灰、钢渣、煤矸石等工业固体废弃物生产生态水泥。财务公司对生态水泥的水泥熟料生产线所有主机设备及其附属物提供融资租赁用信 3 亿元，截至 2016 年第四季度末，财务公司授信水泥行业的用信余额为 3.09 亿元，比年初减少 7162 万元。

在煤炭行业方面，面对这一集团支柱新产业，财务公司在支持煤炭企业生产经营的同时，重点关注煤炭行业的信贷风险。在煤炭销售价格回升的趋势下，财务公司对于资质良好、管理严格的大型煤企以及拥有新型煤化工技术专利、高附加值煤炭转化产业链的企业依旧保持信贷投放增加态势，对于资质较差、连续亏损的小型煤企，不再新增贷款，存量贷款到期收回后压缩信贷规模。截至 2016 年第四季度末，财务公司授信煤炭行业的用信余额为 27.41 亿元，比年初增加 18.52 亿元，其中贷款余额 1.3 亿元。

## （二）服务传统产业升级换代

在帮助传统产业实现升级换代方面，财务公司充分发挥资金集中、结算、贷款、票据等多元化服务手段的功能，帮助所属集团确保产业升级成效，降低综合成本，同时缓解在这一产业升级阵痛期所承受的经营压力。

据财协问卷调查，在反馈有效信息的 226 家财务公司中，有 99 家于 2016 年内，为支持传统产业（包括但不限于农业、钢铁、煤炭等）转型升级、技术改造提供了专项信贷服务，年发生额达到 1.96 万亿元。其中，马钢财务公司多措并举帮助集团缓解产业升级期间的经营压力，为平稳实现产业升级换代，提供了可资借鉴的案例。

案例

## 案例 13-2　马钢财务公司多措并举缓解集团产业升级压力

2016 年以来，在供给侧结构性改革的大背景下，马钢集团身处产能过剩行业，面临商业银行压贷、抽贷、要求增加保证金等多方面压力，融资难、融资贵问题突出，这对正常生产经营资金周转造成很大影响。如直接融资方面，2016 年集团银行间市场计划融资 60 亿元，实际只发行了短融 20 亿元，而到期需要归还的中期票据和公司债达 34 亿元，整个集团资金缺口大，外部筹资非常困难。在这种情况下，马钢财务公司从集团深化供给侧改革、缓和经营压力、平稳化解过剩产能的实际需要出发，采取了多方面的服务措施。

第一，马钢财务公司加强集团资金集中管理，为集团供给侧改革盘活家底。具体工作包括：发挥财务公司资金集中、结算、调剂、监控的平台作用，加强全集团资金的集中管理，强化资金刚性管控，杜绝资金体外循环；通过创新资金归集模式，注重对多元化股权结构成员单位资金的归集，做好新设子公司及参股合资子公司资金、工会资金、企业年金等特殊专项资金的归集；积极申办跨境人民币双向资金池和跨境外汇资金集中运营业务，为马钢集团筹措归集境外资金建立了通道；通过与省市财政部门积极争取，开立了职工分流安置专项奖补资金共管账户，成功归集去产能政府奖补资金 8.14 亿元。经过努力，2016 年全口径资金集中逐月提升，年末资金归集度超过 60%；可归集资金集中度一直保持在 90% 以上。这些措施加大了集团对成员单位货币资金的管控力度，同时，最大限度地减少外部沉淀资金，提升了全集团资金的使用效率。

第二，稳步提升信贷规模，为集团融资排忧解难。2016 年受吸收存款持续下降影响，马钢财务公司可用于投放的长期信贷资金严重不足。财务公司坚持“不抽贷”“不压贷”原则，通过资金精细化运作和再贴现、同业拆借、债券市场正回购等外部融资手段调节头寸压力，在保证支付的前提下，最大限度地稳步提升信贷规模，满足成员单位的融资需求。全年累计信贷资金投放 37.75 亿元，其中新增贷款 14.24 亿元，办理票据贴现 23.45 亿元，下游供应商买方信贷 0.06 亿元，日均贷款比上年增加 4 亿元。年末信贷资产 55.32 亿元，较上年同比增加 28.24%，有效缓解了集团外部融资减少带来的资金压力。

第三，发挥电票生“金”功能，为集团生产经营雪中送炭。在公司经营遇困的特殊时期，财务公司电票在提升集团支付能力、拓宽融资渠道、降低融资成本等方面发挥着重要作用，在集团外部融资受阻的情况下及时解决了集团资金缺口。2016 年累计开立电票 40.44 亿元用于对集团上游支付，日均电票承兑余额达 21.59 亿元；为成员单位办理外部财务公司电票贴现 3800 万元，积极解决股份公司持有大量下游客户财务公司电票沉淀带来的资金占用，有效缓解融资压力，促进了集团产品的销售。

## （三）服务新兴产业发展

财务公司积极主动支持所属集团发展新兴产业，量身打造金融服务产品。针对某些新兴产业项目按照传统项目标准难以通过外部金融机构获得充分金融支持的问题，财务公司在充分了解项目、严格管控风险的基础上，给予必要的金融服务支持，充分发挥了内部金融服务机构的独特优势。

据财协问卷调查，在反馈有效信息的 226 家财务公司中，有 73 家于 2016 年为新兴产业发展（包括但不限于新能源、文创等）提供了专项信贷服务，年发生额达到 1591.20 亿元。在实践中，海亮财务公司支持教育产业、湖南出版财务公司扶助新兴文创产业的实践，都具有一定的借鉴意义。

案例

### 案例 13-3　海亮财务公司支持教育产业发展

海亮财务公司配合集团聚焦教育供给侧改革，充分发挥平台功能，提供各类金融服务与产品，大力支持集团教育板块发展建设。具体工作包括如下内容。

第一，信贷支持助力教育园建设。财务公司面对海亮教育园的信贷需求，做好项目可研和偿债能力评估，及时收集项目进展相关信息，与浙江省工行、中行、进出口银行等金融机构接洽，争取项目贷款，共融得低息中长期项目贷款 6 亿元，根据教育园建设进度和后期资金备付需要，为教育集团提供 5 年期流动资金贷款 8 亿元，贷款利率为基准利率下浮 30%。财务公司及时到位的资金支持，确保了教育园项目建设按期、优质交付使用，也使得 2 万名师生的正常教学如期开展。

第二，发挥综合服务优势。在园区建设时，财务公司积极与有关金融机构进行园区金融服务支持项目的对接，设计完善的金融服务方案，如校园一卡通开发、ATM 机和 POS 机的安装、代收费、上门收款、代发工资、投资理财、个人消费金融等一揽子专属服务方案，极大地方便了教职员工、学生和家长，发挥了财务公司一站式金融服务的优势。

此外，财务公司积极与保险机构协商沟通，在降低学生人身险、校园资产财产险等费用的同时，扩大保障范围，2016年节约保费约50万元。财务公司积极争取将学校医院医疗费用纳入保险报销范围，方便师生就医并降低就医成本；同时制定普惠保险优惠政策，所有师生及其亲属等投保合作保险机构可享受集团保险优惠费率等，受到广泛欢迎。

案例

## 案例13-4　湖南出版财务公司扶助新兴文创产业

湖南出版财务公司致力于扶助集团新兴文创产业，集中力量通过信贷服务支持集团成员单位天闻数媒科技有限公司（简称“天闻数媒”），解决新兴产业融资难问题。

天闻数媒是目前国内规模最大、技术最领先的数字学习解决方案研究、开发及服务提供商。但是，作为新兴文创企业，相对传统企业而言，天闻数媒面临与金融机构有效联动弱、融资门槛高、融资渠道狭窄的问题。

作为内部金融机构，财务公司有的放矢提供信贷支持，助力文创产业发展。2014年，天闻数媒中标湖南南县教育信息化等多个“三通两平台”的建设项目，中标项目所有的高科技电子设备，承担项目建设的主要部分。该部分必须从外部进行采购，采购款项一般需半年内付清，建设的项目大部分收款期为五年或更长，因此天闻数媒中标项目建设资金压力较大，必须融入相应的项目资金，才能支持其持续发展。对该项目来说，由于主要产品是数字平台，在传统渠道融资，难以拿出易于估价的抵押物，属于典型的文化产品融资难的情况。

财务公司作为集团内部融资平台，对该项目有深入了解，在认真调研天闻数媒运营情况、充分评估其产品和运营风险的基础上，对天闻数媒先后信用授信5000万元和1亿元，累计授信额度达到1.5亿元。根据其在各节点上的业务发展需要，先后分三次向天闻数媒累计投放流动资金贷款1.5亿元，一举解决了其资金需求问题，实现了对其产业持续健康发展不间断的支持。

# 三　发展普惠金融，服务中小企业

发展普惠金融，降低金融服务门槛，使社会各阶层和群体更好地享受高效金融服务，是金融领域供给侧结构性改革的重要内容。而小微企业又是普惠金融的重要对象。扩大面向小微企业的金融服务范围，提高金融服务效率和针对性，化解小微企业融资难、融资贵问题，对于激发小微企业活力、推动实体经济的整体健康发展具有重大意义。

财务公司发展普惠金融，服务小微企业，一方面对集团内小微企业的特点予以深入研究，了解其金融服务需求，有针对性地降低服务门槛，提高服务效率，打造便捷、易用、低门槛的服务产品；另一方面通过买方信贷、产业链金融等渠道，将金融服务延伸到集团之外的小微企业，进一步拓展财务公司普惠金融的服务范围。

专项信贷服务是财务公司发展普惠金融、服务小微企业的主渠道。据财协问卷调查，在反馈有效信息的 226 家财务公司中，有 167 家于 2016 年为支持小微企业发展提供了专项信贷服务，年发生额达到 1897.18 亿元。

在实践中，江铃财务公司为青海陆风销售公司提供了雪中送炭的专项信贷服务。在该公司资金短缺、融资困难的情况下，财务公司提供了面向此类小微经销企业的专项库存融资支持。同时，业务经理和风控人员对企业进行深入调研，在全面掌握企业经营状况的基础上，为企业的发展提供了建设性的意见。在财务公司帮助下，该公司于 2016 年全年实现整车销售 478 辆，月均销量近 40 辆，同比增长 10 倍以上，资产总额从 2015 年末的 252.08 万元增长到 2016 年末的 842.46 万元。

新奥财务公司则将服务小微型下游客户与产业链金融结合起来。针对众多下游客户往往受规模小、融资难等掣肘的业务痛点，2016 年，财务公司密集调研了泉州、东莞、洛阳、青岛、常州等地的成员企业，大胆尝试商票保贴业务：下游客户通过开立电子商业承兑汇票来支付成员企业“煤改气”工程费和天然气采购费用，再由成员企业向财务公司申请贴现。通过这一手段，贯通产业链上下游的资金流动，进一步提高了客户黏度；同时，财务公司提供给下游企业的贴现利率远低于市场水平，极大地降低了企业的融资成本。截至 2016 年末，财务公司买方信贷累计发放 6050 万元，年末余额约 4600 万元。

万向财务公司积极推动小微企业金融服务，制定了《万向财务有限公司小微企业信贷管理办法》，持续规范小微企业信贷业务，加强信贷保障，降低小微企业融资成本。2016 年，公司小微企业申贷获得率达到 100%，小微企业贷款余额 56.05 亿元，同比增长 56.08%，高于各项贷款增速，较年初增加 20.14 亿元，增量高于上年同期。小微企业贷款户数为 22 家，与年初相比增加 1 家，小微企业贷款户数增量不低于上年。公司切实推进了小微企业金融服务工作，实现了小微企业贷款“三个不低于”目标。

# 第十四章 服务社会公众

财务公司作为服务企业集团的内部金融机构，主要通过贴近企业集团需求、发挥金融服务职能、为所属企业集团和实体经济提供价值贡献等履行社会责任。目前，财务公司所属企业集团遍及各行业和国民经济社会发展的方方面面。财务公司通过服务集团、服务实体经济，从而服务社会与公众，具有丰富的内涵；在财务公司积极探索产业链金融，并思考未来包括产业银行在内的全新方向的情况下，也具有广阔的发展空间。

作为企业公民，财务公司在与利益相关方和谐共赢、服务节能环保与绿色经济、发展慈善公益事业方面，为社会与大众创造了直接价值，体现了财务公司社会责任的多元性。财务公司行业虽然是金融业中一个较小的门类，企业数量、资产规模、人员规模相对有限，但在服务社会公众、创造直接价值贡献等方面的实践，仍具有鲜明特色和重要意义，是财务公司行业责任担当的重要支柱。

2016 年 11 月，财务公司行业首度编撰发布了《中国企业集团财务公司行业社会责任报告（2015）》，这是继 2012 年中国财协制定并组织会员单位签署《企业集团财务公司履行社会责任公约》之后，财务公司行业社会责任工作有效开展的一大标志性事件，是首个系统性梳理、总结行业发展成绩、履行社会责任情况的报告。

## 一　促进利益相关方和谐共赢

财务公司是不单纯追求自身利润的金融机构，注重依托所属集团和产业，为集团发展和产业进步创造多方面的价值贡献。强调互利互惠、和谐共赢，是财务公司的天然属性。同时，财务公司与利益相关方的和谐共赢，并不局限于所属集团、集团成员单位以及集团产业链上下游的金融服务对象，还包括其他业务合作伙伴、其他金融机构、政府、社区和公众、员工等。财务公司努力在自身发展的同时，促进与利益相关方的和谐共赢。

以其他金融机构为例，财务公司与商业银行等金融机构，在资金头寸与通道、服务网络、产品开发、信息交流、系统建设等方面，具有广阔的合作空间，在服务集团和实体经济方面各有优势、互为补充。财务公司对集团内金融服务需求进行整合和梳理，在此基础上与商业银行服务有序对接，这根本上有利于社会金融服务效率的提升，也有利于各类金融机构的互利共赢。

在政府方面，财务公司除直接服务集团和实体经济之外，也根据实际情况响应各级政府号召，发挥专业金融优势，在经济和社会发展中贡献独特价值。2016 年 4 月，由上海浦东发展集团下属浦发基金管理公司作为基金普通合伙人发起，中国保险投资（简称“中保投”）基金、浦发集团及其他资金作为有限合伙人，合作签约成立了上海中保浦东城市发展股权投资基金（简称“中保浦东城市基金”），基金总规模 390.8 亿元。在这一基金设立过程中，浦发财务公司勇于担当、提出合理建议，帮助浦发集团抓住了与中保投基金的合作机遇；并积极参与与中保投基金的商务谈判，主动发挥投行财务顾问和后勤保障功能，配合集团顺利推进各项筹备工作，助推中保浦东城市基金成功签约。该基金为浦发集团开启了借助保险资金支持实体经济及自身产业发展的新模式，也有利于助力上海城市基础设施建设，协助推进上海市城区协调发展，优化城市发展格局，实现了与当地政府的和谐共赢，具有突出的社会意义。

## 二　倡导绿色低碳工作生活方式

“十三五”规划前所未有地将“绿色”与“创新、协调、开放、共享”定位为“发展理念”，作为“十三五”乃至更长时期我国五大发展思路、发展方向、发展着力点之一，贯穿于“十三五”经济社会发展的各领域各环节。作为有责任、有担当的企业公民，财务公司也将“绿色”作为自身发展理念的重要内容。

促进节能环保，建构绿色经济，要求财务公司在自身发展中贯彻绿色发展理念，降低能源与资源消耗，提高发展绩效。近年来，各家财务公司因地制宜，从推广无纸化办公、优化流程、节水节电等点滴细节入手，践行绿色发展理念，并在员工中倡导绿色低碳工作和生活方式，初步形成了全行业的绿色文化氛围。不过，作为服务集团和实体经济的金融机构，财务公司在促进节能环保、建构绿色经济中的作为，更多还是体现在依托所属集团和行业，围绕绿色经济发展的各个环节提供有针对性的特色金融服务，提高绿色经济的绩效。

据财协问卷调查，反馈有效信息的 226 家财务公司中，有 53 家公司在 2016 年为节能与环境保护治理类项目提供了信贷专项服务，累计发生额达到 821.58 亿元。除此之外，部分财务公司为新能源产业发展有的放矢地提供综合性的专项金融支持；部分财务公司将服务范围扩展到碳交易领域，体现了金融创新精神。据问卷调查，2016 年已有 3 家财务公司开展碳交易业务，全年业务发生额达到 1.94 亿元。

从财务公司支持绿色经济发展的实践来看，浙能财务公司配合集团率先实施发电机组全面超低排放改造，将信贷工作重点全面调整为支持符合国家产业政策、经济效益好、有发展前景的企业，加大对浙能集团内清洁能源和节能环保企业的信贷支持力度，将绿色信贷纳入考察因素，分析行业环境风险，控制贷款行业投向，贯彻落实“区别对待，有保有控”的信贷政策。2016 年底，浙能财务公司对集团内水力发电、天然气发电和节能技术服务等环保相关企业的贷款余额为 17.44 亿元，占公司贷款余额的 15.85%，有力地支持了相关企业的项目建设、技术改造和节能减排工作。同期，浙能财务公司对集团燃煤机组发放项目贷款存量 33.64 亿元，为集团燃煤机组的超低排放改造提供了有力资金保障。

中信财务公司大力支持中信环保板块深耕污水治理行业。针对境外成员单位中信环境技术有限公司（简称“中信环境”），财务公司积极将贷款业务下延至中信环境在境内收购、新建、在建或待建的各家使用中信环境高科技含量膜技术的水厂；主要以项目贷款方式满足各家水厂的较长期的资金需求；水厂贷款项目均以收费权质押为增信方式；为保证每期本息回收，中信财务公司与各家水厂签署了资金归集协议，并利用直连系统加大对各家水厂日常资金的管控力度。截至 2016 年末，财务公司已为中信环境下属水厂提供资金 5.5 亿元，切实提升了地方园区的污水治理水平。

宇通财务公司汽车金融服务精准助力新能源客车产业发展。在新能源客车市场销售增长迅猛、客户融资需求旺盛的情况下，财务公司秉持“以客户为中心”的经营理念，深入分析客户类型、融资需求、经营模式、还款能力、补贴政策、关键风险点等因素，向宇通集团下游客户推出了按揭贷款、融资租赁等多种产品。2016 年，宇通财务公司累计为宇通集团下游客户融资 2.84 亿元，促进新能源车辆销售 1530 台，实现销售额 10.60 亿元。

浦发财务公司为支持节能减排、循环低碳、环境保护技术的发展和应用，创设了一整套符合集团实际的财务数据模型测算体系。2016 年，财务公司利用财务数据模型测算体系为集团环保、市政、房地产板块企业的投资决策提供了较为有力的数据支撑。如在环保项目投标方面，对拟投标项目的未来现金流、内含报酬率以及各类敏感性指标进行了测算和分析，对环保公司的测算结果进行复核和验证等，为环保公司的项目投标提供专业化建议，效果显著。

此外，作为国内唯一一家集团主业为节能减排、环境保护的央企财务公司，中节能财务公司紧扣节能环保产业发展的各个环节，提供全方位金融服务，为财务公司服务绿色经济提供了典型案例。

**案例**

## 案例 14-1　中节能财务公司全方位支持节能环保产业发展

中国节能环保集团公司（简称“中国节能”）作为国内唯一一家主业为节能减排、环境保护的中央企业，承担着推动绿色产业发展、协助政府研究制定和推行相关产业政策的社会责任，是我国节能环保领域规模最大、产业链最完整、综合实力最强的专业化产业集团和集成服务运营商。中节能财务公司是中国节能下属全资非银行金融机构，成立于 2014 年 7 月，专注于为集团绿色产业提供专业化、个性化的贴身金融服务。

财务公司聚焦产融结合，致力于将绿色金融产品引入集团产业，推动集团绿色产业发展。在不足两年的时间里，财务公司已初步建立以集团资金归集平台、资金结算平台、资金监控平台、内部资金融通平台、投资银行业务平台为核心的金融服务体系。财务公司自成立以来通过资金调剂累计减少集团对外融资规模 351.64 亿元，节约财务费用 8.81 亿元。财务公司在提升集团竞争力、放大产业协同效应等方面发挥越来越重要的作用。

资金瓶颈是绿色低碳产业发展的一大挑战。作为集团内部金融机构，财务公司充分发挥资金调剂作用，通过贷款投放引导内部资金集中于集团重点支持项目；作为银团贷款牵头者，财务公司引导多家银行信贷资源流向绿色产业。截至 2016 年末，财务公司已累计发放绿色贷款 258.15 亿元，组织多笔银团贷款，撬动外部银行资金 18.09 亿元。这些绿色信贷资金极大地促进了集团内清洁能源、节能服务、固废处理、新材料等绿色产业板块的业务发展，累计减排二氧化碳 145.01 万吨，节约标煤 76.87 万吨，减少二氧化硫排放 0.92 万吨、氮氧化物排放 0.61 万吨、氨氮排放 7.45 吨，COD 削减 2980 吨，处理固体废弃物 171.65 万吨，节约用水 306.94 万吨，产生了较大的节能环保环境效益。

财务公司深入探究集团节能、环保、清洁能源、资源循环利用等绿色产业运作模式，根据不同板块发展需要提供综合金融方案；通过专业的客户经理团队，为成员单位协调外部融资、管理存量融资、控制资金链风险，为绿色产业相关企业设计整体资金方案。集团固体废弃物处理专业公司在改制引资中，面临资金瓶颈问题，财务公司为其设计发行并购债、开展资产收益权转让以及电费收入资产证券化等创新融资工具约 20 亿元；集团清洁能源板块某上市公司在快速发展中面临资金缺口，财务公司为其设计了短期流贷与项目银团贷款相结合的整体融资方案；为满足集团节能板块企业的资金需求，财务公司为其设计了不动产投资计划引入保险资金。

## 三　开展慈善与社会公益活动

作为企业集团成员单位，财务公司社会公益方面的工作通常由所属集团统筹实施。不过，作为具有自身特色的金融机构，财务公司在力所能及的范围内开展了一系列关于社会公益与慈善活动的探索，体现了财务公司不以“内部”金融服务机构为局限的强烈社会责任感。

据财协问卷调查，反馈有效信息的 226 家财务公司中，2016 年共有 78 家公司开展了公益捐赠，捐赠共计 272 笔，捐赠总金额达到 2.06 亿元。财务公司行业组织、参与社会公益活动共 303 次，员工参与总计达到 4190 人次，充分体现了社会公益活动的参与广泛性。

财务公司服务社会公益的实践，充分体现了大处着眼、小处着手、点滴之间见真情的特色。其中，五粮液财务公司根据集团开展兴文县范家村建卡贫困户结对帮扶工作的部署，开展精准扶贫。公司组织了爱心捐款，全体员工踊跃参与；公司高管先后五次带队深入贫困户家中，送去爱心与温暖，给予贫困户坚定脱贫致富的信心与勇气；按照“脱贫不脱帮”的指导思路，公司积极帮助贫困户谋划产业发展道路，以“授人以渔”的方式巩固扶贫成效。经多次与当地村委会干部及贫困户沟通，结合当地实际，确定了养殖土鸡项目，捐赠产业扶贫资金用于鸡棚建设，提供全程技术支持并积极联系产品销路。2016 年公司结对帮扶贫困户按期实现了脱贫目标。

华电财务公司组织金帆爱心团队，坚持为敬老院献爱心，为老人提供心理呵护和爱心陪伴。

海马财务公司组织“送一本书·造一个梦”爱心活动，为祖国边陲新疆克州乌恰县边防战士和牧民捐赠图书。

营口港财务公司组织员工到辽宁省盖州市梁屯小学走访慰问贫困学生，向学校捐赠了书籍和衣物，并向贫困学生发放助学金。

国投财务公司实施全方位精准扶贫。配合集团对口扶贫部署，选派 1 名优秀中层干部赴甘肃省合水县革命老区挂职；公司董事长实地调研并走访贫困户，实施对口扶贫结对子工作方案；组织员工开展爱心捐赠，一周内募集善款 12.2 万元，年内完成首次善款支出 7.2 万元，对 14 户特困户和 6 名贫困单亲家庭大学生实施精准帮扶，并倡议员工与 6 名大学生结对子，实施持续帮扶。

万向财务公司多次组织员工开展西湖护景公益活动。员工利用休息时间，带着环保袋和长柄垃圾钳在西湖风景区清理地面上的烟头、塑料袋、纸屑等废弃物，与环卫工人一起努力，促进了景区的整洁和美丽。

此外，兵装财务公司在云南砚山实施教育精准扶贫的案例，比较充分地体现了财务公司社会公益事业的精细化特色。

**案例**

## 案例 14-2　兵装财务公司从教育入手实施精准扶贫

云南省砚山县是国家扶贫开发工作重点县，也是中国兵器装备集团公司的对口扶贫帮扶县，兵装财务公司作为兵装集团唯一的非银行金融机构，在规范经营、健康发展的同时，积极响应中央号召，按照集团公司的要求，认真履行社会责任。财务公司自 2015 年起定点对砚山县进行精准教育扶贫，具体工作如下。

第一，从教育需求入手。砚山县是国家级贫困县，各行各业都需要帮扶，如何使有限的资金发挥最大的作用？公司在扶贫前对砚山县进行了详细的帮扶前调研。在调研中公司深深感觉到，要从根本上扭转砚山县的贫困局面，必须在“输血”的同时培养其“造血”功能，大力支持教育事业发展。在这样的背景下，财务公司确定每年拿出 120 万元支持、帮扶砚山县的教育事业。

第二，从急事、实事入手。财务公司将教育帮扶的具体可选事项详细列表，根据调研的情况，经与县教育局、扶贫办沟通、协商，确定了在全县 18 所中学帮扶多媒体教学设施。选准项目后，公司与县教育局联合制定《兵装财务公司帮扶砚山县 18 所中学多媒体教室的方案》；公司与县人民政府签订了教育扶贫协议，利用 4 年时间，兵装财务公司每年拿出 120 万元扶贫资金，全面完成砚山县全部中学的多媒体教室建设，争取实现每个中学建设一个现代化的“多媒体教室”，每间教室包含教师机 1 台、学生机 50 台、电源稳压器 1 台及学生桌椅和相关配套设备若干，为砚山县的孩子们提供了优质教育资源和信息化学习环境。所有学校的多媒体教室统一取名为“兵财多媒体教室”。

第三，从学生需求入手。结合学生的困难焦点，在公司支持和员工捐款的合力下，公司拿出一半资金开发“圆梦兵财”助学计划项目，给予120名考上大学的贫困学生每人5000元捐赠款，为他们插上了圆梦的翅膀。其余一半资金用于“成长兵财”助学项目，帮助家庭经济困难中学在校优秀学生完成中学学业。此外，公司以“捐资助学，奉献爱心”为主题的个人捐助活动也同时启动。公司领导和员工以个人名义，采取“一对一、一对多、多对一”等多种方式，每年向县里的贫困学生捐款，帮助特贫特困学生安心完成学业，增强了其脱贫的信心和决心。

# 第五篇　发展篇

2016 年，财务公司行业立足本源、规范发展，在深化功能定位、创新发展方式、强化业务合作等方面开展了一系列探索，行业发展呈现一些新进展和新特点。同时，财务公司也面临着一些来自外部环境和企业集团的挑战，自身建设还有待进一步提升完善。

资金集中管理是财务公司的基础职能和核心职能。近年来财务公司的资金管理已经由“现金池”逐步扩大至“票据池”和“外汇池”。资金集中管理的内涵得到进一步深化。产业链金融是财务公司业务的重要抓手，产业链下游业务，如消费信贷业务和买方信贷业务等持续强化；延伸产业链金融业务，如“一头在外”的票据贴现业务和应收账款保理业务等稳步推进。财务公司之间合作的加强是促进相关产业集团结算支付和信用流转质效提升的重要手段。在加强多边合作、创新合作模式等方面财务公司进行了许多积极探索。探索金融科技的新应用是财务公司行业发展的又一特征。财务公司在互联网金融领域的探索呈现服务渠道互联网化、互联网与产业链相融合、由 PC 端向移动端跨越等特点。

财务公司行业发展面临的挑战体现在四个层面。宏观环境层面，未来一个时期世界经济不确定性将进一步显现，中国经济进入“新常态”，利率和汇率市场化改革取得重大进展，将对财务公司的经营管理、盈利模式、定价模式、外汇业务等构成挑战。政策环境层面，宏观审慎评估体系（MPA）、存款准备金等政策的普适性与财务公司的特殊性的匹配，以及未能加入中国人民银行支付清算系统使其基础功能受限等都对财务公司形成重要制约。企业集团层面，适应企业集团生产经营新形势、服务企业集团落实“一带一路”战略、支持企业集团加快推进国企改革、平衡服务与利润双重考核要求都对财务公司形成挑战。财务公司自身层面，其发展定位、风险管理体系、薪酬激励机制等还有待进一步明确和健全。

# Part 5 Development

In 2016, finance companies focused on their main functions and achieved standardized development, and they have explored new functions, new development models, and business cooperation, so the whole industry showed some new progress and characteristics. Meanwhile, finance companies also faced challenges from the external environment and corporate groups; therefore, there is still room for further improvement.

Cash pooling is the basic and core function of finance companies. In recent years, the financial management has been gradually expanded from the "cash pool" to "bill pool" and "foreign exchange pool". The connotation of cash pooling has been further deepened. Industrial chain finance is an important starting point for the finance company. Downstream business of the industrial chain, such as the consumer credit business and the buyer's credit business, continues to strengthen; steady progress has been made in extending the industrial chain financial business, such as the "one outside" bill purchase business and accounts receivable factoring business. Strengthened cooperation of financial companies is an important to improve the efficiency of payment and credit transfer for related industry groups. Finance companies also made explorations in multilateral cooperation, innovative cooperation model, etc. Exploring the new application of fin-tech is another feature of this industry. Exploration of finance companies in the field of Internet finance shows more IT-based service channels, deeper integration of the Internet and the industry, transformation from PC to the mobile service, etc.

The challenges facing the development of the finance company are reflected in four dimensions. As for macro environment, uncertainties of the global economy will become more apparent, Chinese economy will enter into a New Normal, and market reform of interest rate and foreign exchange rate will make substantial progress, all of which bring challenges to finance companies in terms of business operation, profitability models, pricing models, foreign exchange business, etc. In policy environment, finance companies are under some restrictions due to the macro-prudential assessment system (MPA), balance between the universal policy regarding deposit reserve and the special characteristic of finance companies, and failure to join the PBoC payment settlement system. From the perspective of corporate groups, finance companies face challenges in adapting to the new business situation, serving the Road and Belt initiative, supporting the SoE reform, and balancing the relationship between services and profits. For finance companies, their development orientation, risk management system, remuneration incentive mechanism, etc still need to be clarified and optimized.

# 第十五章 行业发展特点

2016 年，财务公司行业立足本源、规范发展，在深化功能定位、创新发展方式、强化业务合作等方面开展了一系列的探索，行业发展呈现一些新进展和新特点。

## 一　资金管理内涵不断深化

资金集中管理是财务公司的基础职能和核心职能。近年来，财务公司资金集中度不断攀升，2016 年末，全行业资金集中度达到 45.58%，连续 3 年呈现同比上升趋势。在此基础上，财务公司资金管理由“现金池”逐步延伸至“票据池”和“外汇池”，资金集中管理的内涵进一步深化。

### （一）“票据池”业务加快推进

传统的资金管理主要体现为现金管理，但是随着票据的日益广泛使用，企业集团逐渐开始重视票据这类资金形式和支付工具。票据作为企业集团重要的金融资产，是企业“未来的现金”，加强票据管理的集约化程度，能够进一步盘活企业资产、降低财务管理风险。财务公司作为企业集团的资金集中管理平台，近年来，在对货币资金进行归集的基础上，进一步推进了票据集中管理。2016 年，行业“票据池”业务呈加快推进趋势，各财务公司根据集团资金管理和票据业务的特点开展了不同形式的“票据池”业务，据不完全统计，已有超过三分之一的财务公司完成或正在积极推进“票据池”的搭建，在加强集团票据风险管控、提高票据资产周转效率等方面发挥了重要的作用。

“票据池”业务主要是将集团内部收到的所有票据集中入池，由银行（含财务公司和外部商业银行）提供票据托管、票据池授信等一揽子管理、结算、融资服务。财务公司开展“票据池”业务的模式主要包括借助银行票据池产品运营和财务公司自主开发系统独立运营两种。部分财务公司已经开展并构建了较为成熟的自主运营的“票据池”模式。例如，海尔财务公司以内部票据管理平台和直连央行 ECDS 电票系统为载体，持续推进票据 100% 电子化，实现海尔集团票据从收票、验票、托收、内部清算、账务处理，到出票、承兑、质押、贴现，以及票据信息查询和出具报告的全流程统一管控；中化财务公司作为中化集团票据池平台，专项研发票据系统管理纸质票据与电子票据，并与集团资金管理系统、财务公司核心业务系统和成员企业业务系统对接，构建托管池、质押池和贴现池，为成员企业提供统一托管、统一开票、统一贴现、统一运作等票据业务服务。

**案例**

## 案例 15-1　开滦财务公司票据池业务

第一，票据集中管理模式。开滦财务公司采用“信息集中、分散入池、预算控制、额度共享”的票据集中管理模式。其中，信息集中指所属集团各成员单位收付银行承兑汇票的信息录入财务公司票据管理系统，集中反映票据现实状态及流转过程；分散入池指唐山区域和外埠区域成员单位按照就近入池原则，将票据实物委托给当地合作银行入池管理；预算控制指将票据收支纳入资金预算管理，无预算不准对外支付或开具银行承兑汇票；额度共享指由集团公司视情况为符合条件的单位提供一定额度的票据质押。

集团公司确定的开票方式选择顺序为：优先选择开具具有银行保贴或可置换银行承兑汇票功能的商业承兑汇票；其次选择在财务公司开具电子银行承兑汇票；再次选择以信用方式在合作银行开具银行承兑汇票（含电票）；然后选择以票据动态质押方式在合作银行开具银行承兑汇票（含电票）；最后选择使用财务公司同业质押方式，委托合作银行代理签发银行承兑汇票。未经批准，任何单位严禁以企业存款为质押开具银行承兑汇票。为保证各成员单位独立核算和公正性，由集团公司委托财务公司审批各单位新开票据使用额度，原则上各单位可用新开票据额度不得高于其入池质押票据与保证金之和。当集团整体票据资源不足以覆盖新开票据额度时，由财务公司作为第三方进行保证金置换。

第二，票据集中管理风险控制。一是要求各成员单位在收取银行承兑汇票时优先收取国家政策性银行、国有商业银行、全国性股份制商业银行开出的银行承兑汇票。二是要求各成员单位保证票据来源的合法性和票据实际持票人的一致性，定期进行挂失和公示催告票据筛查。每日核对清点票据，委托合作银行对托管、质押票据进行严格审查。三是针对不同的票据业务品种签署合作协议，约束银、财、企三方在票据业务中的行为。四是要求各成员单位切实加强银行承兑汇票的对账工作。五是对现用浪潮票据管理系统进行优化拓展，实现票据全流程信息控制与管理。六是要求各成员单位设置专兼职应收票据核算岗位，并按内控要求细分岗位设置，对关键环节实施双人办理、相互牵制的内控措施。

第三，分阶段实施、协调联动推进票据集中管理。财务公司采取先唐山后异地，先纸质票据后电子票据，先个体票据池后集团票据池，先纸质流转控制后信息系统控制的分阶段、分步骤推进方式。为提高财务公司电子商业汇票的市场接受度和流动性，对外与知名大银行开展同业合作，申请对财务公司电子商业汇票进行保贴，以突破财务公司电子票据向全国推广的瓶颈；对内为集团以及各成员单位开具电子商业汇票，使得成员单位之间贸易往来更加便捷，同时降低交易成本和财务费用。

## （二）“外汇池”业务持续探索

随着企业集团跨国经营发展步伐的加快，财务公司进一步扩展资金集中管理范围，以全球化视野积极探索并建立全球统一的资金管理体系，重点推进跨国公司外汇资金集中运营管理和跨境双向人民币资金池等核心业务，结合集团战略布局，打造服务集团和产业全球化发展的“外汇池”，推动企业集团全球资金集中管理水平的持续提升。2016 年，分别有 52 家、48 家财务公司使用跨境双向人民币资金池开立的人民币专用存款账户进行收款和付款，收款累计 712.23 亿元，付款累计 703.95 亿元，跨境双向人民币资金池的净流入是 8.28 亿元。

通过搭建“外汇池”进一步强化全球资金管理。财务公司推动企业集团资金集中度不断提高，对提升企业集团全球资金效率、降低财务费用等发挥了重要作用。例如，西门子财务公司从外资财务公司的实际情况出发，成功实施跨国公司外汇资金集中运营方案；通过本、外币资金池，实现了全集团 95% 以上的资金集中，提高了支付透明度，让服务定价更加直观；实现了集中即期结售汇，节约外汇交易成本，引入银行竞价机制；实现了财务公司经常项下跨境集中代付，简化流程，提高自动化水平，2016 年经常项目集中收付汇当年累计 2.1 万笔，折合 33 亿美元；同时由专业的交易员团队将集中的资金盈余部分在同业市场上集中运用，为集团争取更大收益。又如，东航财务公司搭建外汇资金集中运营管理平台，并与中国银行合作成功获批跨境双向人民币资金池业务资格，大大便利了集团境内外资金统一管理、调拨和支付，资金效率明显提升，技术操作大大简化，财务费用显著降低。对东航这样一个高负债运营的企业来说，有效挖掘了内部资金潜力，避免存贷“两头大”，对集团全球资金管理质效的提升产生良好效果。

## 二　产业链金融服务继续增强

近年来，财务公司行业以服务实体经济为切入点，根据所属集团的实际情况，充分发挥财务公司作为企业集团内部金融机构的信息数据优势，探索具有财务公司自身特色的产业链金融服务模式，不断丰富产业链金融的产品与服务，深化产融结合、以融促产、以产带融，深化创新产业链金融服务，为金融业助力实体经济发展提供了富有特色的创新例证。

目前财务公司产业链金融业务主要分为两类：一类是产业链下游金融业务，主要面向产业链下游企业或个人，包括消费信贷、买方信贷和产品融资租赁等业务；另一类是延伸产业链金融业务，主要面向产业链上游企业，包括“一头在外”票据贴现业务和“一头在外”应收账款保理业务。

财务公司行业植根于实体企业，是产业金融的突出代表。据调查，2016 年，除已获得延伸产业链金融业务试点资格的财务公司之外，有 204 家财务公司具有很强的产业链金融业务开展意愿，占比达到 90.26%，有 56 家财务公司所属集团已经提出了产业银行概念，或把产业银行相关工作列入“十三五”规划，行业对于进一步深耕产业金融的发展思路具有较强的共识。从近年来的发展实践看，财务公司的产业链金融业务的发展力度呈现不断加大的趋势。

### （一）产业链下游金融服务持续加强

2016 年，财务公司继续向产业链下游开展消费信贷、买方信贷和产品融资租赁，年末余额合计达到 1421.21 亿元，同比增长 27.69%，业务规模仍然保持较高的增长速度。在产业链下游金融服务的业务模式和风控手段等方面，很多财务公司开展了有益的探索。

案例

## 案例 15-2　上汽财务公司创新开展汽车消费贷款业务

上汽财务公司在产业链终端向最终购车人提供汽车消费贷款业务，充分利用经销商网络，建立起消费贷款销售渠道。同时，为满足各类客户融资需求，设计出灵活多样的贷款品种，除了传统的等额本息贷款、等额本金贷款外，还提供了组合式贷款、气球式贷款、随心还、随心贷等贷款产品。

为提高放款速度，财务公司通过引入经销商阶段性担保责任，推行个贷先放款后抵押模式；通过安装在经销商处的信贷系统终端实现借款合同电子签章，并利用高清拍摄仪实现扫描放款；还自主研发远程协议面签系统，将面签环节的各要素形成完整的证据链，使金融业务效率进一步提高。

为保障消费贷款资产安全，公司通过引入外包资源建立内外部联动的催收管理体系，依托大数据并积极运用信息技术手段等方式构建了高效精细的催收运营模式。

通过上述方式，公司汽车消费信贷业务不仅实现了迅猛发展，成为公司的重要盈利点，而且也对集团的整车销售具有极大的推动作用。2016 年，上汽财务公司汽车消费贷款合同放款量突破 60 万单，同比增长 69%，汽车消费贷款余额 247 亿元，同比增加 182.72 亿元。

案例

## 案例 15-3　海尔财务公司以成员单位产品为标的的经销商买方信贷业务

海尔财务公司对产业链客户进行分层管理，根据经销商客户特点，推出个性化金融服务产品，满足不同客户的不同融资需求。例如，针对销售额在 2000 万~ 3000 万元的一线城市中型产业链工程类客户，推出符合工程特点的程易贷产品。该产品不仅解决了客户因资金问题而不敢承接优质工程业务的难题，也缓解了原有订单融资产品中订单变融资、融资变库存的风险，有效促进了整个产业链上库存的化解。针对年销售额 500 万元以下的乡镇零售网点贷款，推出了“生意兴融”纯信用小额贷款。该产品给予客户预先授信，在单户 30 万元额度内给予其流动资金贷款支持，同时根据客户零售回款的销售特点为其设计了分期还款的模式。此外，还创造出“信贷工厂”商业模式，即“+ 互联网”

模式，其核心在于依托先进的信息技术打造“流程银行”。“信贷工厂”的运用使得经销商融资效率和风险控制水平大幅提升。

## （二）延伸产业链金融试点稳步推进

近年来，财务公司行业以服务实体经济为切入点，探索产业链金融服务的延伸与深化，为金融业助力实体经济发展提供了富有特色的创新例证。目前已有 5 家财务公司获得产业链金融试点资格。相关公司根据所属集团的实际情况，不断丰富产业链金融的产品与服务，深化产融结合、以融促产、以产带融，与金融改革与金融创新脱虚向实的整体方向遥相呼应。

根据财协问卷调查，在反馈有效信息的 226 家财务公司中，除已获得试点资格的公司之外，有 204 家公司具有很强的产业链金融业务开展意愿，占比达到 90.26%。开展产业链金融已成为财务公司深化金融改革与创新的普遍要求。另外，有 56 家公司所属集团已经提出产业银行概念，或已把产业银行相关工作列入“十三五”规划，揭示了财务公司行业乃至中国金融行业的持续改革创新的新方向。

从 2016 年试点单位延伸产业链金融业务的开展情况看，试点财务公司对产业链上游的金融服务进一步加强，有效缓解了产业上游中小微企业融资难的问题。截至 2016 年末，5 家财务公司试点业务累计发生额 423.75 亿元，同比增长 95.97 亿元。

### 1.“一头在外”票据贴现业务

“一头在外”票据贴现业务，是指产业链交易双方中一方为集团成员单位，另一方为成员单位的集团外直接交易对手，集团外交易对手需要票据融资时可持集团成员单位支付的票据至集团财务公司办理的票据贴现业务。各试点财务公司结合自身产业链特点，积极开展了“一头在外”票据贴现业务，其做法各有千秋，成效颇佳。

**案例**

### 案例 15-4　武钢财务公司产业链金融满足小微企业融资需求

武钢产业链上游客户以中小微企业居多，在目前金融环境下获得贷款资金难度较大。上游客户从武钢获得的票据较多，存在大量的票据融资需求，但这些中小微企业票据贴现受到银行信贷规模和授信的限制。如果这些中小微企业持有的票据无法变现，将直接影响供应链上游企业的生产经营，进而可能对武钢的原料供应产生影响。

武钢财务公司选择上游的“一头在外”票据贴现业务作为产业链金融业务的突破口。武钢集团成员单位对产业链上游企业支付时开出纸质或电子的商业承兑汇票或银行承兑汇票。成员单位代理其上游客户向武钢财务公司申请贴现，武钢财务公司将贴现款直接支付给上游客户。武钢财务公司持有这些贴现票据或根据资金情况将票据通过转贴现转让出去。通过“一头在外”票据贴现业务，武钢财务公司既解决了上游客户融资难、融资贵的问题，又使风险相对于下游客户更加可控。

在武钢财务公司“一头在外”票据贴现业务中，贴现票据涉及资源集团、武钢国贸、武钢耐火、昆钢股份、鄂钢等 20 余家成员单位。贴现申请人（非成员单位）共 368 家，为钢铁供应链上游企业，是成员单位煤、矿石、废钢、辅材、备品备件、工程劳务等的供应商，其中 357 家是中小微企业，占贴现单位总数的 97.01%。在“一头在外”票据贴现业务中，投入中小微企业的贴现资金 20.77 亿元，占“一头在外”贴现资金总额的 96.25%。

## 2.“一头在外”应收账款保理业务

“一头在外”应收账款保理业务，是指产业链交易双方中一方为集团成员单位，另一方为成员单位的集团外交易对手，集团外交易对手需要保理融资时可将其付款方为成员单位的应收账款转让给集团财务公司，由集团财务公司为其办理应收账款保理融资业务。目前，在 5 家试点财务公司中，除武钢财务公司外，其余 4 家财务公司都开展了“一头在外”应收账款保理业务，其做法也各有特点，效果颇丰。

例如，格力财务公司利用格力电器在产业链中的核心地位，开发出供应商保理融资业务系统（FN9 系统），并对产业链上的信息流进行整合。在该保理系统中，可实现保理业务申请、应收账款数据维护、授信评级、业务审批、数据统计、贷后管理、风险控制等业务各环节的线上操作。上游供应商足不出户即可完成保理融资。财务公司要求保理融资的应收账款必须获得该笔应收账款债务人的确认才予以办理，在获得确认后，无须上游供应商提供抵、质押物等其他担保。2016 年，格力财务公司为供应商办理应收账款保理融资 5.4 亿元。

## 三　行业合作进一步加强

对于处于同一产业或产业链上下游的企业集团而言，其财务公司具备良好的合作条件，财务公司合作的进一步加强，使企业集团的支付结算更为顺畅、信用流转更为便捷，为优化产业发展的金融环境提供了良好的支持。在此背景下，近年来财务公司之间的合作不断加强。截至2016年末，已有74家财务公司与其他财务公司签署了合作协议，在签订合作协议的财务公司中，合作对象平均为4家，最多的为12家。行业合作的主要领域涵盖同业授信、票据保贴、票据托收、票据转贴、担保业务和代理收付款业务等。

2016年，财务公司的业内合作不断深入，很多公司在加强多边合作、创新合作模式、深挖合作潜能等方面进行了积极的探索。如中化工程财务公司不断深化财务公司多边合作，依托与中国化工财务公司、中海油财务公司、京能财务公司、陕西煤化财务公司、云天化财务公司5家财务公司的战略合作协议，在同业授信、票据转贴现、票据互认、保函、保理等方面加强合作，并在“中海油泰州项目”“京能锡林煤化工项目”中出具保函2.55亿元，回收工程款2.84亿元，为业主降低财务成本200余万元，取得良好成效。又如十大军工集团财务公司在2016年联合推出“军工票”产品，在探索行业合作新模式方面做出了崭新尝试。

**案例**

### 案例15-5　“军工票”的行业合作探索

“军工票”是以兵工财务公司为首的十大军工集团所属财务公司在一致行动的基础上，以客户支付和融资需求为导向，为成员单位签发票据，并为客户提供票据鉴证、保贴、贴现、转贴现和再贴现等服务和服务组合的统称。

“军工票”的开发背景。一是军品支付结算效率低下，亟待提高。国防军工行业客户的货款支付往往无法与军品组织生产同步，企业之间应收和应付账款规模大，互信水平较低，结算效率不高，这种相互欠款的现象严重影响了企业的资金筹划和生产经营。二是银行票据融资成本高、限制多。近年来，军民品企业对融资规模和品种不断提出新要求，特别是对便利、高效、低成本的票据融资业务需求迫切。但是，企业在银行办理票据业务面临融资成本高、限制多等问题。三是财务公司间票据互认存在局限性，需要标准化、社会化和集中化。兵工财务公司虽然已与多家财务公司签订票据互认协议，但在开展票据互认工作过程中，仍存在较多问题难以解决。例如，财务公司之间两两开展票据互认，实际只发生在特定企业之间，限定了票据的使用对象，推广范围有限。

“军工票”的主要做法。相互合作的财务公司以建立产业链金融生态圈为目标，通过加强综合金融平台建设、完善“军工票”业务体系、强化风险控制体系、优化运行机制等措施，实现产业链上有关主体的“风险共担，利益共享”。主要做法有：①整合各方诉求，做好产品研发与推广；②打造“互联网＋票据”平台，为“军工票”金融体系建设创造条件；③创新“军工票”业务产品，完善业务体系建设，包括开展“军工票”保贴业务、鉴证业务、贴现业务、转贴现和再贴现业务；④依法合规，稳健创新，形成具有军工特色的风险文化；⑤建立客户信用评价机制，保障“军工票”的稳健运行；⑥“前中后台”联动，优化“军工票”运行机制，包括系统内首推“客户经理制”，财务计划部提供充足的资金和授信保障；⑦理顺产业链，上下游共推“军工票”金融服务；⑧各军工财务公司联合，一致行动，共同打造，包括确立统一的签票理念，建立共同的签发标准和增信渠道，成立“军工票”票据中心。

“军工票”的实践效果。一是产业链结算效率、运行效率大幅提高。一方面，能够实现军品货款的即时结算（签订合同即可收到票据），结算效率大幅提高；另一方面，促使产业链上各总装配套企业迅速安排投产计划，军品生产效率大幅提升。二是客户财务成本有效降低。主要表现为：①为客户免费签发“军工票”，实行较低的贴现利率，直接为客户节省成本；②充分发挥金融平台作用，对“军工票”有效增信，信用风险有效降低，与银行批量开展票据贴现合作，谈判能力增强，客户降低贴现成本效果明显；③所签“军工票”直接替代银行承兑汇票，省去银行手续费、承诺费、额度占用费等成本，节省保证金占用；④“军工票”能够直接支付到系统外，可替代一部分贷款，节省贷款利息支出。据统计，“十二五”期间，“军工票”共为企业节省费用5亿多元。

## 四　金融科技探索持续深入

随着云计算、大数据、移动互联、区块链等技术和理念的突破与广泛应用，财务公司行业在金融科技领域进一步加强探索，进一步加快探索建立与IT领域新技术、新思维深度融合的全新服务平台，在互联网金融等方面的探索持续深入。截至2016年末，已有17家财务公司正式开展了“互联网＋”方面的探索与创新，另有103家公司开始筹备相关业务或已对相关业务有所考虑。

从近年来财务公司行业探索金融科技的特点来看，许多财务公司紧密围绕各自企业集团及成员单位发展特点，积极探索新技术、新理念的应用与融合，在产品、渠道、服务等方面开展了一系列探索，集中体现在以下几个方面。

一方面，财务公司积极探索产业链金融与金融科技的有效融合。作为产业金融的集中代表，财务公司近年来在积极开展产业链金融业务的进程中，着力加强互联网、大数据等新技术与产业链金融的融合及对产业链金融的支持。例如，宝钢财务公司依靠其与集团电商平台共同开发的“宝融通”，为上海钢铁交易中心提供在线质押融资服务；中国化工财务公司在集团电商平台建设中积极履行建立主账户与管理资金流等方面的职责，实现通过电商平台进行资金结算和货物融资等功能；海尔财务公司搭建向所有产业链企业开放的“海融易”在线服务平台，将金融产品和服务嵌入生产销售的各个环节，实现与集团成员企业共享客户、订单、物流、发票、账务等信息，并据此完成在线审查、授信、放款与贷后跟踪监测，使产业链金融在线上线下得到融合。

另一方面，财务公司逐步探索服务渠道由 PC 端向移动端的延伸。伴随移动金融的蓬勃发展，财务公司也将金融服务从 PC 端延伸至移动端，整合利用渠道资源，深化创新服务手段。例如，申能财务公司自主开发移动金融平台“申 e 通”；宝钢财务公司在 2016 年重构移动金融布局推出“小财迷”移动金融品牌，按照“业务 + 社交、松耦合 + 软连接、专业化分工、口碑式营销”的理念，形成移动资金平台、移动办公平台和移动票据平台三项主要功能；兵装财务公司推出了“掌上兵财”APP，具备信贷业务信息总览、账户交易明细查询、财务付款交易审批、金融服务产品介绍等功能，成为客户业务查询与审批的一站式服务平台。

此外，部分财务公司还在积极应用大数据和云计算等方面做出有益探索，其中，兵装财务公司探索“互联网 +”，打造集团金融服务生态链、诚通财务公司金融云创新等案例具有一定代表性。

**案例**

## 案例 15-6　兵装财务公司开展“互联网 +”探索创新，打造集团金融服务生态链

兵装财务公司以无缝对接主业、高效对接需求为目标，抓住企业支付结算、融资、销售、稳定供应链及投资等核心需求，打造生态化金融服务体系，通过互联网技术，充分利用自身的金融专业化运作能力以及对实体经济的了解，实现与各类型金融机构、内部成员企业、供应商、经销商及消费者的高效连接。

在产品创新中，财务公司打破原有产品限制，围绕客户需求链式开发产品，积极把制造业产品和金融产品结合起来，形成“制造业 + 服务业”的全新组合，大大增强了产业竞争力。产品设计向场景化服务发展，金融业不再自成体系，而是与商业场景无缝结合，尽可能使商业决策和金融决策合二为一。

基于核心企业的大数据以及多年来积累的业务数据，财务公司开发了以信用数据化为基础的针对供应商的小额贷款和个人消费贷款。以汽车产业为例，基于汽车产业很明显的链条式特征，财务公司以信息技术为抓手，除了为核心企业提供传统融资外，针对下游开发了逐车还款、票据加贷款模式的经销商存货融资模式；针对消费者融资需求，开发了基于客户画像的快速放款的多种汽车消费贷款产品，实现了 2 小时放款。

基于汽车厂商的核心地位，财务公司针对上游供应商开发了以票据为载体穿透层级的供应商融资服务，同时依据核心企业供应商白名单、核心厂商真实贸易数据、第三方机构的数据，主动授信，设计小额快捷的供应商融资，满足供应商单笔金额小、时效性强、需求大的融资需求。

此外，财务公司依据其资金状况，对接相应的资产证券化和收益权转让信托产品，满足集团成员单位和外部企业的理财需求。针对汽车产业票据付款占多数的情况，财务公司利用电子票据工具，为核心企业搭建了票据池。财务公司的金融服务嵌入企业的每一链条，金融业与制造业碰撞出新的火花。

为克服金融服务的地域限制，财务公司通过搭建核心系统平台、供应链系统平台、汽车金融系统平台、移动 APP、门户网站连接系统内外的合作伙伴，最大限度地支持客户利用各种渠道同财务公司连接，不断提高业务自动化处理程度，抓住客户需求的痛点，培养用户服务路径依赖 。

通过金融服务生态系统建设，兵装财务公司 2016 年向汽车经销商提供了 828 亿元信贷支持，为 39 万个个人客户提供了购车支持，累计服务了 72 万个客户。通过推广使用电子票据，助推供应链金融的票据业务策略，取得“军工票”意向额度 100 亿元，全年签票 49 亿元，票据池入池票据 80 亿元。2016 年实现了首笔基于个人消费信贷资产的收益权转让 15 亿元。此外，还成功孵化了汽车金融公司，向金融平台迈进。

**案例**

## 案例 15-7　诚通财务公司金融云助力集团资本运营

诚通财务公司从诚通集团作为国有资本运营公司的业务特点出发，构建以中国诚通资金网为基础的诚通金融云，支撑金融板块对接金融市场的长、中、短期细分市场，高效配置资源，实现国有资本、资产、资金等要素在不同形态转换中的保值和增值。

依托诚通资金网，财务公司积极搭建由资产端、互联网金融平台端、用户端构成的“诚通金融云”，通过互联网金融平台提供标准化、定制化的金融产品及服务，并通过筹融资通道对接实现从境内外货币市场、资本市场等金融市场及面向社会公众筹融资。

其中，资产端是通过综合运用证券、基金、信托、保险、期货等金融工具，将集团存量与增量资产通过资产证券化等多种形式转化为传统金融产品、非传统金融债权产品及非传统金融股权产品等可流通金融资产的过程。

互联网金融平台端以现有诚通资金网基础设施平台及资金结算、信贷、外汇等业务系统为雏形，运用“互联网 + 技术、互联网 + 模式、互联网 + 思维”方法论，以支付清算体系、征信体系、安全保障体系等基础设施体系为保障，应用互联网、云计算、大数据等先进技术，通过构建由私有云与公有云组成的企业混合云平台，提供标准化、多元化的金融产品及服务，促进资产流通，刺激金融产品与模式创新。

用户端是指在为集团及成员单位提供资金融通、支付结算、金融顾问等综合性服务的同时，通过资产端的特定金融产品设计，吸引社会公众流量，筹集社会资本。

与此同时，诚通金融云与人民银行、银监会、证监会、保监会、国家外管局、征信中心、行业各协会等部门对接，接受行业监管与指导，防范金融风险。

# 第十六章
# 行业发展面临的挑战

财务公司作为集团内部金融机构，依托集团，服务集团，是为集团成员单位提供资金管理和金融服务的非银行金融机构。在监管机构、企业集团的大力支持下，近年来财务公司抓住机遇实现了健康快速良性发展。但随着宏观环境、政策环境、集团发展需求和行业自身情况的变化，财务公司行业也面临一些来自内外部的挑战，需要在发展中予以重视。

## 一　宏观环境层面的挑战

当前及未来一个时期，世界经济的不确定性仍然存在，中国经济进入“新常态”，金融改革不断深化，这些宏观层面的因素都对财务公司有着深远的影响，行业发展面临一些挑战和考验。

第一，世界经济不确定性因素增加，财务公司保障企业全球资金安全高效运转面临考验。2016 年，世界经济复苏差异凸显，“黑天鹅”事件频发，国际货币走势各异，汇率风险明显加大。由于下半年中国对外投资和其他外汇支出较多，2016 年人民币贬值较往年明显一些，预期 2017 年人民币汇率在弹性增强的同时，将在合理均衡水平上保持基本稳定。企业集团，特别是拥有大量海外资产和海外市场的企业集团，风险敞口凸显，汇兑风险加大。财务公司作为集团内部资金管理中心，对于协助集团抵御汇率风险负有义不容辞的责任。如何运用好现有的金融手段，建立全球化的资金管理体系，从集团内部熨平汇率波动影响，维护企业集团全球资金安全是财务公司面临的重要挑战。

第二，中国经济进入“新常态”，财务公司应对下行压力、助力供给侧结构性改革责任重大。近年来，我国经济发展的内在支撑条件和外部需求环境都已发生深刻变化，经济增长由高速向中高速转换。目前我国经济形势趋稳向好，但经济结构仍需继续优化，许多企业集团仍面临转型升级、结构调整的压力。财务公司植根于集团，最能切身感受到宏观经济形势的发展变化，其面临的挑战主要集中在：一是“新常态”下经济增速放缓，传统产业受到的冲击仍未消退。综观财务公司行业，超过三分之二的成员单位属于采矿、制造、能源、建筑、交通等传统工业，增速放缓影响更加明显。2016 年全年第二产业 GDP 增速和工业增加值均明显低于 GDP 增速。财务公司的发展速度始终受到所处行业的限制。二是作为支持供给侧结构性改革的最直接平台，财务公司在“降成本”“去杠杆”等方面的作用仍需进一步发挥，对于处于产能过剩和结构调整行业的财务公司，通过金融服务推动和支持企业集团淘汰落后产能、促进转型升级责任重大。

第三，金融改革与金融创新不断深化，财务公司的盈利模式、定价能力和风险管理能力面临挑战。随着我国金融改革的推进，利率市场化不断深入，金融创新层出不穷，金融竞争日趋激烈，这些变化对财务公司的挑战主要体现在以下方面。一是金融市场存贷款利差收窄，金融市场竞争日益激烈，财务公司传统的利差盈利模式面临挑战。进一步加快财务公司盈利模式转变，紧密围绕财务公司功能定位，提升服务集团与产业发展的核心价值，是当前行业发展面临的重要课题。二是随着利率市场化的不断推进，自主定价能力成为金融机构的核心竞争力之一。探索建立适合行业特点的利率定价模式、增强产品和服务优势、切实提升定价能力成为财务公司面临的挑战。三是随着市场上金融产品的不断增加，资金价格的波动频率和波动幅度增大，对财务公司准确把握金融市场发展形势，全面有效管控利率风险、信用风险和流动性风险，保证集团资金安全高效运转提出更高要求。

## 二　政策环境层面的挑战

近年来，随着我国金融改革的深入推进和市场环境的不断变化，监管部门各种新政陆续出台，政策规范性进一步提高，业务限制有序放宽，为支持财务公司行业功能深化和业务创新创造了有利条件。但财务公司在政策环境方面仍面临一些挑战。

第一，部分政策未考虑财务公司的特殊性。与商业银行等金融机构面向社会公众吸存放贷的货币创造机制不同，财务公司的吸存放贷实质上是企业集团内部资金的集中管理和调配，其吸存资金全部来源于企业集团内部成员单位，资金集中存放于财务公司是为了更高效地投放给有资金需求的集团成员企业，提高资金配置效率，更好地服务于集团和实体产业。目前，部分政策未充分考虑财务公司的特殊性，对充分发挥财务公司职能，提升实体企业资金效率形成挑战。

例如，宏观审慎评估体系（MPA）在广义信贷增速方面对财务公司与其他金融机构一样参照M2增速进行规模控制，对贷款规模进行限制并做压减，这不符合财务公司业务逻辑和功能定位，对财务公司服务单一集团的这类内部金融机构而言，制约了资金集中和内部资金调剂的功能发挥，也在很大程度上造成部分本应投入制造业等产业集团的资金沉淀在金融系统中，难以进入实体企业。又如存款准备金政策，需要考虑财务公司在货币创造中影响微弱和直接服务实体企业的功能定位，进一步降低甚至取消财务公司存款准备金，释放财务公司支持实体企业的能力，促进财务公司充分发挥资金集中管理功能和服务集团实体经济发展。

第二，部分基础功能受限。作为存款类金融机构，财务公司尚未获准加入人民银行支付清算系统。依托各商业银行办理清算的现行模式，使得财务公司在为企业办理资金归集和资金结算的过程中，面临结算效率受损、资金占用增加、多通道对接银行造成管控风险加大等问题，影响了财务公司服务实体企业的质效。

第三，部分政策的衔接与协调不足。在各监管部门简政放权、不断优化调整管理要求的同时，财务公司的制度环境也存在部分政策协调性问题，如《企业集团财务公司管理办法》对外汇及离岸跨境等业务的限制与现行外汇政策的适应性不足、拆入资金余额比例和投资比例等风控要求有待制度进一步衔接等。

面对这些政策环境方面的挑战，需要财务公司正确理解政策内涵，在全面落实各项金融监管政策要求的同时，有针对性地做出调整安排，积极消除不利影响，同时加强向相关部门的汇报及与之沟通，争取更加有利的政策环境，充分发挥财务公司支持实体经济的能力。

## 三　企业集团层面的挑战

企业集团改革发展中面临的新形势、新问题，对财务公司服务能力和稳定协调发展提出了新要求，主要体现在以下几个方面。

第一，企业集团生产经营形势复杂多变，要求财务公司发挥更大作用。财务公司的内生属性决定了其发展与所属集团所处产业周期、发展阶段和景气程度密切相关。在国内经济增速放缓、实体经济相对低迷的环境下，一些企业集团出现投资收缩、现金流紧张、盈利下滑等问题，这一方面对财务公司的资金存量和业务开展形成一定影响；另一方面，集团对财务公司在助力企业降本增效、转型升级等方面的需求也更为迫切，对财务公司基础管理、资金运作能力和风险管控能力等方面都提出新的挑战。

第二，企业集团落实“一带一路”战略，对全球化金融服务需求日趋迫切。近年，国家提出和大力实施“一带一路”发展战略。企业集团积极响应，加大了对沿线国家地区的投资力度。深入推进“一带一路”和“走出去”战略加速了企业集团国际化发展步伐。全球化视野下的资金管理和金融服务需求快速增长，随之而来的是对财务公司国际化金融服务能力要求的急剧提高。熟练掌握和灵活运用国家各类外汇政策，培养建立具有高水平的国际金融服务专业团队，快速提升适合本集团全球化发展的资金服务能力是财务公司面临的重要挑战。

第三，企业集团加快推进国企改革，亟须财务公司做好配套工作。国企改革是经济体制改革不断深化的重要举措之一。在《关于深化国有企业改革的指导意见》的顶层设计基础上，2016 年 2 月底，国资委公布了央企兼并重组、部分重要领域混合所有制改革等国企“十项改革试点”内容，成为市场经济顶层设计领域改革的一大亮点。随着国企改革尤其是混合所有制改革的深入推进，财务公司助力所属集团完成改革目标，规避各类风险，量身打造专项金融服务迫在眉睫。对财务公司在国企改革过程中方案设计、政策咨询、筹资融资、资金划转、业务整合等各个重点环节的内部金融服务能力也提出了更高要求。

第四，企业集团实施服务与利润双重考核，财务公司经营面临多方压力。2014 年国资委和银监会联合发布《关于进一步促进中央企业财务公司健康发展的指导意见》，明确财务公司要以服务集团资金集中管理为基本定位，立足集团主业发展，服务集团成员企业，充分发挥“资金归集平台、资金结算平台、资金监控平台、金融服务平台”四项功能，即财务公司发展应定位为服务实体经济而非逐利。从企业集团角度看，财务公司作为内部金融机构，金融服务的费率、便利性、保障性等各方面都应优于外部金融机构，以保障企业正常生产经营并实现集团的降本增效。但是，目前企业集团自身面临的效益考核压力会向下传导至财务公司，很多财务公司的考核仍然倚重经济效益类指标，服务类指标比重较低。在资金配置、融资策略、资金定价等各个方面平衡好服务与效益的关系，是财务公司面临的一个重要课题。

## 四　财务公司层面的挑战

由于内外部环境和自身功能发挥方面的原因，财务公司提升服务能力，支持企业集团实体经济发展，还存在较大提升空间，尤其是以下几个方面亟须加强。

第一，职能定位仍需进一步加强。近年来，企业集团多元化经营发展趋势显著，很多集团组建金融控股平台，丰富金融牌照，发挥金融板块支持产业发展的作用，提升集团整体效益。集团金融控股平台的建立，一方面为财务公司协同多种金融资源助力企业集团发展提供了更广阔的平台，另一方面也对财务公司在不断丰富的集团内部金融板块中找准定位、提升价值提出了挑战。财务公司在企业集团产融结合的进程中，如何以资金管理为核心，不断发挥专业优势，进一步明确职能定位与发展方向是行业面临的共同课题。

第二，风控体系有待继续完善。经过多年发展，财务公司的客户群已拓展至境外，业务范围涵盖传统本外币存贷业务、国际业务、产业链金融业务等各个方面，财务公司面临的各类风险挑战不断增多。2016 年 9 月，中国银监会发布《银行业金融机构全面风险管理指引》（银监发〔2016〕44 号），要求银行业金融机构建立全面风险管理体系，采取定性和定量相结合的方法，识别、计量、评估、监测、报告、控制或缓释所承担的各类风险，财务公司参照执行。与商业银行等机构相比，目前很多财务公司在风险管理体系、风险计量方法和风险管控手段的研究和实践方面仍有一定差距。在当前国内外各类金融风险不断积累的情况下，财务公司亟须在服务改革大局和振兴实体经济的同时，加快完善风险管理体系，更加清醒地认识并切实管控好各类风险。

第三，薪酬激励机制面临挑战。受集团薪酬水平体系影响，财务公司薪酬水平和激励机制与外部金融机构有一定差距。尤其是近年国企普现降薪潮，加之一、二线城市生活成本高企，财务公司的专业金融人才流失较为严重。专业的金融人才队伍是财务公司创新发展的重要支撑，探索建立符合财务公司治理特点的薪酬激励机制，提升财务公司行业在金融人才市场上的竞争力和吸引力，打造一支稳定、专业、高水平的人才队伍成为财务公司面临的挑战之一。

# 第六篇　展望篇

2017 年是实施“十三五”规划的重要一年，也是供给侧结构性改革的深化之年，在中国经济增长速度放缓的同时，增长质量将进一步提高，增长新动能有望进一步形成，企业盈利改善，民间投资回升，工业生产稳定，物价温和上行、经济脱虚入实。同时，国内外发展环境和条件更加复杂多变，仍有可能发生“黑天鹅”事件，非金融企业信贷增长乏力，房地产价格高企，流动性风险上升，汇率贬值压力犹存。

2017 年货币市场流动性将延续偏紧态势，资金价格将现窄幅波动，金融机构流动性管理难度加大。债券市场收益率保持在阶段性高位甚至小幅上升，可能抑制债市投资需求，随着新的债市投资需求被催生，债券市场将呈现结构性调整。股票市场将延续窄幅震荡、小步上行走势。人民币将在合理均衡水平上呈现双向波动态势，可能由于美元走强而小幅走弱。财政政策将更加积极有效，货币政策将保持稳健中性。银监会将坚持稳中求进工作总基调，继续对财务公司保持稳健审慎监管态势。

随着财务公司行业的不断发展成熟，2017 年，财务公司的司库定位继续加强，司库管理的内涵和外延将进一步明确和深化，司库职能的实现形式将不断丰富。金融服务继续深化，在有效防范风险的前提下不断深化创新金融服务方式，产业链金融业务有望稳步推进，电票业务将迎来快速发展，持续提升金融服务实体质效。风险压力继续增加，财务公司在加强风险管理文化、完善风险管理体系、强化风险管理措施等方面将进一步加大投入。资产规模继续增长，财务公司将继续保持“确保头寸、侧重信贷、兼顾投资”的特点；存放同业规模会继续小幅增加，价格可能随市场走势逐步走低；投资规模趋于平稳，投资方向保持稳健。盈利能力继续减弱，财务公司存贷利差继续收窄，净息差和净利差继续回落；短期贷款快于中长期贷款增长趋势将延续，导致财务公司盈利能力下降；金融投资收益仍将作为盈利补充，大幅增利的难度依旧很大。

# Part 6 Prospects

The year of 2017 is an important year to implement the 13th Five Year Plan and deepen the supply-side structural reform and restructuring. Despite the economic slowdown, quality of development will be improved. New economic drivers are expected to be created, business profits to be increased, private investment to be recovered, industrial production to be stabilized, commodity price to go upward moderately and the real economy to continue to grow. At the same time, domestic and foreign development environment will be more complex and changeable. There is still possibility of black swan event. There are still problems, such as sluggish credit growth of non-financial enterprises, high real estate prices, higher liquidity risks and exchange rate depreciation pressure.

Liquidity in money market will remain tight in 2007. The price of funds will fluctuate within a narrow range. It will be more difficult for financial institutions to manage liquidity. Bond market yields will remain high and even go up slightly, which may inhibit investment in bond market. With the new investment demand in bond market, this market will undergo structural adjustment. The stock market will continue to fluctuate within a narrow range and rally a little bit. RMB will show two-way volatility in a reasonable and balanced level and may weaken slightly due to stronger dollar. Fiscal policy will be more proactive and effective, while monetary policy will remain stable and neutral. China Banking Regulatory Commission will improve its work in a stable way and continue to conduct prudent supervision on finance companies.

With the continuous development of finance companies, they will consolidate their role as treasuries in 2017. The definition and extended meaning of treasury management will be made clear and there will be more ways to realize the function of treasuries. Finance companies will continue to innovate their financial services with the premise of effective risk control. Industrial chain finance business is expected to be advanced steadily and digital ticket business will usher in an era of rapid development. All these will continue to improve the quality and efficiency of services to the real economy. With higher risk pressures, finance companies are increasing input in cultivating the risk management culture, improving the risk management system, and strengthening risk management measures. The asset size will maintain balanced growth. Finance companies will continue to ensure the position, focus on credit and take investment into account as usual. Due from banks will continue to grow slightly and price may go down with market trend. Investment size and direction will remain stable. The Profitability of finance companies will continue to fall steadily, the deposit and lending spreads will continue to narrow and net interest margin will go down. Short-term loans will still grow faster than medium and long-term loans, leading to weaker profitability of finance companies. Returns from financial investment will be added to profits, but it's still difficult for finance companies to realize large increase of profits.

# 第十七章 2017年经济金融形势与政策展望

## 一　2017年中国经济走势展望

2017 年，世界经济增长低迷态势仍在延续，“逆全球化”思潮和保护主义倾向抬头，主要经济体政策走向及外溢效应变数较大，不稳定、不确定因素明显增加，给我国经济平稳发展带来了潜在风险。2017 年主要经济体经济复苏和宏观政策走向存在不确定性，金融领域的潜在风险较为显著。美联储加息预期不断强化，美元阶段性走强将使短期人民币汇率继续承压，市场情绪变化和跨境资金流动可能加大市场流动性的变化。同时，英国脱欧的不利影响依然存在，欧、日等经济体复苏态势不明朗，这些不确定性因素随时可能加大国际金融市场的波动。甚至，特朗普新政的实际成效和美联储货币政策正常化步伐的节奏也存在变数。

当前，我国发展处在爬坡过坎的关键阶段，经济运行存在不少突出矛盾和问题。我国经济短期底部回暖，中长期仍面临下行压力。2016 年房地产市场、民间投资、工业品出厂价格指数（PPI）回升三个超预期因素加剧了新的结构性矛盾，总体上经济增长脆弱性上升，而依靠私人部门内生经济增长的动力尚未真正建立起来。2017 年，房地产调控导致房地产销售趋于下降、房地产投资放缓，对于银行盈利和不良贷款率控制均会产生不利影响，同时对经济增长的支撑也会弱化。

2016 年 12 月召开的中央经济工作会议提出，要继续坚持稳中求进的工作总基调，继续深化供给侧结构性改革。2017 年政府工作报告对经济社会发展的预期目标进行了描述：①国内生产总值增长 6.5% 左右，在实际工作中争取更好结果；②居民消费价格涨幅 3% 左右；③城镇新增就业 1100 万人以上，城镇登记失业率保持在 4.5% 以内；④进出口回稳向好，国际收支基本平衡；⑤居民收入和经济增长基本同步；⑥单位国内生产总值能耗下降 3.4% 以上，主要污染物排放量继续下降。为此，财政政策方面，

2017 年赤字率拟按 3% 安排，财政赤字 2.38 万亿元，比 2016 年增加 2000 亿元。其中，中央财政赤字 1.55 万亿元，地方财政赤字 8300 亿元。货币政策要保持稳健中性，2017 年广义货币 M2 和社会融资规模余额预期增长均为 12% 左右。

展望 2017 年，虽然中国经济发展中还存在不少矛盾和潜在风险，但基于严密防范系统性风险的底线思维模式，随着全面深化改革的不断推进，中国经济增长速度在放缓的同时，经济增长质量将进一步提高，经济增长新动能有望进一步形成，为全面建成小康社会打下更为扎实的基础。

## 二　2017年货币金融市场展望

2016 年，中国金融市场全面深幅调整，考验了政府和监管层的管理能力和危机处理能力，丰富了各层次市场主体的经历，使得投资者更加成熟，为 2017 年的发展积累了经验。2017 年是实施“十三五”规划的重要一年，也是供给侧结构性改革的深化之年，中国经济将在调整中增长，企业盈利改善、民间投资回升、工业生产稳定、物价温和上行、经济脱虚入实。同时，国内外发展环境和条件更加复杂多变，仍有可能发生“黑天鹅”事件，美元处于加息周期，将引发全球流动性紧缩，经济增长中的不确定性因素显著增多，非金融企业信贷增长乏力、房地产价格高企、流动性风险上升、汇率贬值压力犹存。2017 年，金融市场面临更大的不确定性。

### （一）货币市场展望

2017 年，国内外环境仍然存在诸多不确定性，货币市场的扰动因素较多。首先，主要经济体货币政策走向存在不确定性，将加大金融领域的潜在风险。同时，美元阶段性走强将使短期人民币汇率继续承压，市场情绪变化和跨境资金流动将会加大对市场流动性的抽离。其次，针对外汇占款持续下降引发的流动性缺口，管理层仍将慎用降准手段，以 MLF 为主要渠道补充基础货币存在一定的期限错配，将加大资金到期压力。最后，楼市泡沫制约利率下调，利率中枢难以有效下降。

综合来看，2017 年货币市场流动性将延续偏紧态势，资金价格将现窄幅波动，银行间市场各期限利率较 2016 年将会稳中有升，特别是短端利率可能保持在相对高位，使得金融机构流动性管理的难度加大，金融去杠杆可能深入发展。

## （二）资本市场展望

### 1. 债券市场展望

2017年，中国债市面临多重不利因素。首先，中央经济工作会议强调防控金融风险，防控资产泡沫，提高监管能力，将使债券市场的风险不断暴露；其次，货币政策保持稳健中性，去杠杠意图明显，力图维护流动性基本稳定，将更多地通过MLF等渠道增加资金供给，这将提高资金成本；再次，美联储预计加息3次，美元将继续走强，造成流动性紧张预期；最后，人民银行将银行表外业务纳入宏观审慎评估体系（MPA），将对理财规模增量产生限制，减少银行的债券委外投资，从而减少债券投资需求。债券市场收益率有可能保持2016年底以来较高水平甚至可能继续小幅上升。

不过，也存在诸多要素使债券市场存在一定的投资机会。首先，中国经济弱势增长局面难以在短期内根本改观，一些低风险偏好的资金需求将更加青睐利率债；其次，人民币加入SDR后，债券市场国际化纵深发展，国际投资者将会增多；再次，债券产品创新继续提速，对资本的吸引力增强；最后，政府推动PPP项目与资本市场深度结合，将有利于各类资本进入债市。

综合来看，2017年债券市场收益率保持在阶段性高位甚至小幅上升，有可能抑制债市投资需求，使得债券市场价格面临压力。但是，新的债市投资需求将被催生，债券市场将呈现结构性调整。

### 2. 股票市场展望

从中央经济工作会议和政府工作报告可以看出，首先中央政府对金融风险的担忧上升，货币政策稳健中性，流动性偏紧，股市难以获得推升动力；其次，结构性失调仍是阻碍经济发展的最主要原因，经济结构调整深化，行业板块面临深度调整；再次，2015年和2016年初的大跌让大量投资者市场预期实质恢复需要时间；最后，2017年股市面临许多国际风险，美联储政策调整特别是缩表操作可能使美国股市面临下行压力，这将导致新的不确定性，给股市带来不利影响。

第一，2017年，供给侧结构性改革将加快推进，“互联网+”“双创”等将加快新产业、新行业形成，形成热点轮动，基础设施继续加码，将成为股市上行的重要驱动因素；第二，相对于其他投资渠道，股市仍有较大上升空间，大类资产轮动将改善市场资金环境；第三，十九大召开将提振市场预期，体制机制改革可能强化市场信心；第四，养老保险基金入市，将给市场带来增量资金，使投资主体多元化，提振投资者信心；第五，新三板挂牌公司突破万家，新三板的转板制度提上议事日程，将进一步丰富中国股票市场，形成多层次的市场结构。

综合来看，2017 年，中国股市虽然难以形成趋势性大幅上涨行情，但是或将优于 2016 年表现，延续窄幅震荡、小步上行走势。

### （三）外汇市场展望

2017 年，市场预期美联储将加息 3 次，使得包括人民币在内的外围经济体货币面临贬值压力。但是，由于特朗普政府面临不确定性，美联储能否如约加息，还受到国际政治经济形势以及美国国内发展态势的制约，美元指数自身的波动幅度将加大。英国脱欧的影响还没有完全释放，后续影响依然存在，欧、日等经济体复苏态势不明朗，这些不确定性因素随时可能引发国际金融市场的大幅波动。随着跨境资本流动宏观审慎管理能力的提高，人民币兑美元汇率应该不会出现大幅度单边贬值。

从中长期来看，在中国经济基本面较好、供给侧结构性改革红利即将释放、贸易顺差较高以及外汇储备充足等背景下，人民币不具备长期贬值的基础。同时，人民币正式纳入 SDR 提振了人民币资产配置需求，有助于外汇市场供求改善。2017 年人民币将在合理均衡水平上呈现双向波动态势，可能由于美元走向而小幅走弱。

## 三　2017年政策趋势展望

2017 年，我国政府将坚持稳中求进工作总基调，牢固树立和贯彻落实新发展理念，适应把握引领经济发展“新常态”，坚持以提高发展质量和效益为中心，坚持宏观政策要稳、产业政策要准、微观政策要活、改革政策要实、社会政策要托底的政策思路，坚持以推进供给侧结构性改革为主线，适度扩大总需求，加强预期引导，深化创新驱动，全面做好稳增长、促改革、调结构、惠民生、防风险各项工作，保持经济平稳健康发展和社会和谐稳定，以优异成绩迎接党的十九大胜利召开。

可以预计，我国将着力于稳增长、保就业、防风险，继续实施积极的财政政策和稳健的货币政策，在区间调控基础上加强定向调控、相机调控，提高预见性、精准性和有效性，注重消费、投资、区域、产业、环保等政策的协调配合，确保经济在合理区间运行。

财政政策将更加积极有效。2017 年赤字率拟按 3% 安排，财政赤字 2.38 万亿元，比上年增加 2000 亿元。全年再减少企业税负 3500 亿元左右，涉企收费约 2000 亿元。2017 年将落实和完善全面推开“营改增”试点政策，简化增值税税率结构，由四档税率简并至三档，营造简洁透明、更加公平的税收环境，进一步减轻企业税收负担。

货币政策将保持稳健中性。2017 年广义货币 M2 和社会融资规模余额预期增长均为 12% 左右。人民银行将综合运用货币政策工具，维护流动性基本稳定，合理引导市场利率水平，疏通传导机制，促进金融资源更多流向实体经济；进一步完善调控模式，强化价格型调节和传导，完善宏观审慎政策框架，使政策传导渠道更加畅通，机制更加完善，抑制资产泡沫，防止“脱实向虚”，提高金融运行效率和服务实体经济的能力，同时牢牢守住不发生系统性金融风险的底线。

2017 年，银监会将坚持稳中求进工作总基调，坚持以深化供给侧结构性改革为主线，切实提升服务实体经济的质效；以坚守不发生系统性风险为底线，扎实推进重点领域防控；以回归本源、专注主业为导向，深入推进银行业改革开放。监管层对财务公司的要求：一是引导财务公司立足本源、专注主业，发挥功能优势，优化金融服务，提升服务质效；二是鼓励财务公司坚持运用金融专长，更好地服务企业集团供给侧结构性改革；三是要求财务公司持续关注外部风险传导，切实提升风险管理精细化程度，进一步增强风险抵御能力。

# 第十八章 2017年行业发展趋势展望

2017年是实施“十三五”规划的重要一年，也是供给侧结构性改革的全面深化之年。作为供给侧结构性改革政策落地的天然载体和重要市场主体，财务公司将继续加强司库功能定位，深化金融服务创新，完善风险管理体系，做精做实各类业务，为实体经济和企业集团的发展添砖加瓦。

## 一 司库定位继续加强

近年来，在监管部门和中国财协的倡导下，关于司库管理的相关理论探讨和政策研究日益充分，越来越多的企业集团接受和践行司库管理的理念。截至2016年末，根据中国财协组织的问卷调查，已有82家财务公司明确建立司库管理制度或已将司库管理工作列入“十三五”规划，较2015年末的75家增加7家，占参与调查财务公司机构数量的36%。

财务公司以加强企业集团资金集中管理和提高企业资金使用效率为目的，是司库职能发挥的最佳载体，具有熟悉金融政策和拥有专业化的金融人才及技术平台等优势。强化财务公司的持牌司库职能，能够更加有力地加强对企业集团金融资源的管控。可以预期，“十三五”后半程，随着供给侧结构性改革的持续深化和财务公司行业的不断发展成熟，持牌司库型财务公司的数量将继续呈现持续增长态势，持牌司库管理的内涵和外延将进一步明确和深化，财务公司司库职能的实现形式将不断丰富，财务公司在推动企业集团转型发展过程中的独特价值将进一步提升。

## 二 金融服务继续深化

近年来，面对企业集团不断丰富的多层次金融服务需求，在监管部门的支持下，财务公司充分发挥产业金融优势，在产业链金融、电票业务推广等创新业务领域开展了许多探索与尝试，取得了良好的效果。2016 年，央行出台多项政策大力推广电子商业汇票，银监会关于稳步推进财务公司延伸产业链金融服务试点政策的文件正式印发，为财务公司进一步提升金融服务能力、深化金融创新提供了良好的政策契机。2017 年，财务公司有望继续以产业需求为导向，在有效防范风险的前提下不断深化创新金融服务方式，在产业链金融和电票业务等领域迎来发展机遇，持续提升金融服务实体质效。

一方面，产业链金融业务有望稳步推进。财务公司发展产业链金融，能够充分发挥企业集团内部金融机构的独特优势，有效整合产业链上下游的信息流、物流和资金流，大力支持集团产业链薄弱领域，改善小微企业的融资环境，有助于稳定供应商关系，促进集团产品销售，在金融风险可控的前提下，为产业链上下游企业提供有力的融资支持，促进产业链生态圈的健康良性发展。

2017 年，随着延伸产业链试点政策的稳步推进，预计有更多的财务公司开展产业链金融服务，业务规模将稳步增长，围绕延伸产业链金融的业务创新与合作将进一步加强。

另一方面，电票业务将快速发展。近年来，财务公司行业以“军工票”为代表的票据业务创新和合作不断加强。2016 年全行业票据承兑业务同比增长 37.23%，财务公司票据业务创新发展的趋势日趋明显。同时，2016 年中国人民银行连续出台多项政策大力推广电票业务，全面放开财务公司电票线上清算功能，建设票据交易平台（票交所），为财务公司行业电票业务的发展创造了良好的外部环境。据统计，有超过 140 家财务公司计划申请开通电子商业汇票线上清算功能，并且具备在 2017 年完成相关信息系统及管理制度配套的条件。电票线上清算功能的开通，将大幅提高财务公司电票支付规模和流转效率，为防范票据业务风险提供有力支持。

2017 年，大力发展以电票为主要形式的票据业务，将成为充分发挥财务公司独特优势、顺应监管政策导向、符合企业集团发展需求、惠及产业链上下游的重要举措，财务公司有望利用这一契机，做大做强票据业务，积极探索行业内票据合作的新产品和新模式。

## 三　风险压力继续增加

银监会在 2017 年全国银行业监督管理工作会议上明确提出，要把防控金融风险放到更加重要的位置，重点严控不良贷款风险，严盯流动性风险，严防交叉性金融风险，严治互联网金融风险。2017 年是供给侧结构性改革的全面深化之年。随着“三去一降一补”的加快推进，经济结构调整成为未来的大趋势，财务公司的风险压力进一步增大，风险管理仍将面临挑战。

一是企业集团产业结构调整和财务公司市场化业务的增加可能导致信用风险加大。2017 年，经济发展动能正处在新旧转换的关键期，经济下行压力仍然较大，受实体经济去产能、去库存等因素影响，各类隐性风险正在加速暴露，部分行业企业集团转型升级带来的压力，也可能传导和增加财务公司的信用风险。同时，随着行业的不断发展壮大，业务品种的不断丰富和拓展，财务公司将更多地进入成员单位产品的买方信贷、消费信贷、融资租赁以及延伸产业链金融领域，这些完全市场化的业务类型增加了财务公司信用风险的防范任务。

二是稳健货币政策的回归或将影响流动性风险。2017 年，央行负责人周小川提出以渐进方式向稳健货币政策回归，流动性或将延续阶段性紧平衡态势。在央行实施稳健货币政策的形势下，影响财务公司流动性风险的重要外部政策变量还包括央行针对存款类金融机构实施的 MPA 考核。由于外源性资金来源渠道相对匮乏以及货币市场参与程度较低，MPA 考核使金融同业之间的资金往来受到一定程度的挤压。财务公司在面临一定的流动性压力时能够动用的外部手段更加有限，这进一步加大了 2017 年财务公司流动性管理的压力。

三是外部风险频发或将增大财务公司风险管理压力。宏观经济政策、产业结构调整以及国内国际经济金融形势变化等外部因素对企业集团所在行业和集团自身的经营影响持续加剧，部分民营企业集团受融资担保的影响，潜在经营风险逐步显现，产业风险向财务公司渗透的可能性进一步加大，对企业集团内部小贷公司、融资担保公司等金融及类金融机构在集团金融板块协同运作中的风险隔离不容忽视。

为应对不断加大的风险压力，2017 年，财务公司进一步强化风险管理的趋势将更加凸显，在加强风险管理文化、完善风险管理体系、强化风险管理措施等方面将进一步加大投入，关注重点可能包括外部产业风险传导、内部金融风险隔离、信用风险及流动性风险防范等方面，为进一步增强自身风险抵御能力，确保行业风险管理状况保持稳健奠定良好基础。

## 四　资产规模继续增长

2014～2016年，财务公司全行业表内外资产规模持续加大，三年增速分别为24.50%、20.61%和12.43%，资产规模呈现逐年增长、增速放缓的趋势。预计2017年行业资产规模发展将延续这一趋势。一方面，随着全行业资金集中度持续提升和新设机构的加入，财务公司行业资产规模将持续加大；另一方面，考虑到企业集团继续压降货币资金存量、部分企业集团经营业绩可能继续下滑等因素，财务公司资产规模增速可能进一步放缓。

从资产结构来看，2017年财务公司将继续保持“确保头寸、侧重信贷、兼顾投资”的特点。

贷款规模平稳增加，投放结构更加多元。随着供给侧结构性改革的不断深化，2017年，部分财务公司因所在集团属于去产能和去库存涉及的行业范围，外部融资难度加大，对财务公司贷款的需求将进一步增长。但考虑到年度货币政策环境和人民银行MPA考核及部分时点贷款规模的调控，预计贷款增速放缓。此外，随着财务公司向产业链下游开展消费信贷、买方信贷和产品融资租赁等业务的持续增加，以及向产业链上游开展延伸产业链金融业务试点的推进，贷款投放结构将更加多元化。

同业资产增速回落，调节功能发挥明显。从同业资金融通类业务看，作为拓展财务公司融资渠道和提升现金管理水平的手段，同业业务一直是财务公司主动规避流动性风险的有效途径，受流动性压力可能增加的影响，业务发生额及交易频率可能呈增长趋势；从同业存放情况看，受不具备清算资格等因素影响，财务公司备付率相对较高，加之资金富裕型财务公司资金集中度逐步提高后受投资比例限制的影响，预计2017年，行业存放同业规模会继续小幅增加，存放同业价格则有可能随市场走势逐步走低，增速回落。

投资规模趋于平稳，投资方向保持稳健。近年来，在利率市场化的不断推进，传统业务利差逐步收窄，集团利润考核压力传导等因素影响下，投资日益受到财务公司重视，但由于受投资比例限制，以及企业集团成员贷款需求的增长，预计2017年，投资业务规模将保持稳定。从投资品种上看，由于受业务资质、财务公司自身风控水平、人员素质的限制，财务公司投资业务将继续集中在低风险的理财和固定收益类产品上。

## 五　盈利能力继续减弱

随着利率市场化改革的深入，传统业务利差不断收窄，财务公司利润总额虽不断提升，但盈利能力略有下降。2014～2016 年，财务公司行业利润三年增速分别为 25.11%、10.43% 和 5.00%，继续保持较好的增长态势，但增速放缓明显。2016 年，全行业资产收益率和净资产收益率分别为 1.39% 和 9.83%，同比分别下降 0.19 个和 1.13 个百分点，全行业净息差和净利差分别为 1.87% 和 1.70%，同比分别下降 0.33 个和 0.29 个百分点。

预计 2017 年，财务公司行业盈利能力继续稳中有降，随着供给侧结构性改革的不断深化，财务公司服务集团、让利集团、支持集团发展的要求愈发凸显，结算、担保、财务顾问等中间业务手续费的减免幅度扩大，资产收益率和净资产收益率等盈利能力指标可能继续回落。

主营业务方面，2016年，财务公司行业平均贷款收益率为4.74%，比上年降低1.06个百分点。随着财务公司为进一步降低成员单位融资成本，发放比外部市场利率更优惠的贷款，以及资金集中需要提供比肩市场甚至高于市场的存款利率，财务公司存贷利差继续收窄，净息差和净利差继续回落。

在贷款期限结构方面，短期贷款较中长期贷款增长较快趋势也将延续。这些都将导致财务公司盈利能力的下降。

金融投资方面，由于股票市场低迷、资本市场不确定性因素增多，加之财务公司一贯趋于谨慎的投资风格，投资品种大多配置于低风险的理财和固定收益类产品的特点，2017 年，财务公司的投资收益仍将作为盈利补充，大幅增利的难度依旧很大。

作为最贴近实体经济的金融机构，2017 年，财务公司将立足本源，专注主业，理清发展思路，发挥功能优势，优化金融服务，防范金融风险，积极助力集团转型升级发展，不断提升服务实体经济质效，全面支持“三去一降一补”，在深化供给侧结构性改革中发挥更大作用。

# 附　录

# 附录1
# 财务公司机构名录

| 序号 | 机构名称 | 机构简称 |
|---|---|---|
| 1 | 中油财务有限责任公司 | 中油财务公司 |
| 2 | 中国电力财务有限公司 | 中国电力财务公司 |
| 3 | 中海石油财务有限责任公司 | 中海油财务公司 |
| 4 | 中国石化财务有限责任公司 | 中石化财务公司 |
| 5 | 三峡财务有限责任公司 | 三峡财务公司 |
| 6 | 神华财务有限公司 | 神华财务公司 |
| 7 | 中船重工财务有限责任公司 | 中船重工财务公司 |
| 8 | 航天科技财务有限责任公司 | 航天科技财务公司 |
| 9 | 中国移动通信集团财务有限公司 | 中移动财务公司 |
| 10 | 中国华能财务有限责任公司 | 华能财务公司 |
| 11 | 中国华电集团财务有限公司 | 华电财务公司 |
| 12 | 中航工业集团财务有限责任公司 | 中航工业财务公司 |
| 13 | 中国铁建财务有限公司 | 中铁建财务公司 |
| 14 | 中核财务有限责任公司 | 中核财务公司 |
| 15 | 中国大唐集团财务有限公司 | 大唐财务公司 |
| 16 | 兵工财务有限责任公司 | 兵工财务公司 |
| 17 | 中国电建集团财务有限责任公司 | 中电建财务公司 |
| 18 | 航天科工财务有限责任公司 | 航天科工财务公司 |
| 19 | 中电投财务有限公司 | 中电投财务公司 |
| 20 | 兵器装备集团财务有限责任公司 | 兵装财务公司 |

续表

| 序号 | 机构名称 | 机构简称 |
| --- | --- | --- |
| 21 | 中建财务有限公司 | 中建财务公司 |
| 22 | 国电财务有限公司 | 国电财务公司 |
| 23 | 中铝财务有限责任公司 | 中铝财务公司 |
| 24 | 中交财务有限公司 | 中交财务公司 |
| 25 | 中粮财务有限责任公司 | 中粮财务公司 |
| 26 | 海航集团财务有限公司 | 海航财务公司 |
| 27 | 中信财务有限公司 | 中信财务公司 |
| 28 | 中铁财务有限责任公司 | 中铁财务公司 |
| 29 | 国投财务有限公司 | 国投财务公司 |
| 30 | 京能集团财务有限公司 | 京能财务公司 |
| 31 | 中化集团财务有限责任公司 | 中化财务公司 |
| 32 | 中远财务有限责任公司 | 中远财务公司 |
| 33 | 中国电子科技财务有限公司 | 中电科财务公司 |
| 34 | 国机财务有限责任公司 | 国机财务公司 |
| 35 | 中车财务有限公司 | 中车财务公司 |
| 36 | 中国电子财务有限责任公司 | 中国电子财务公司 |
| 37 | 首钢集团财务有限公司 | 首钢财务公司 |
| 38 | 诚通财务有限责任公司 | 诚通财务公司 |
| 39 | 北京金隅财务有限公司 | 金隅财务公司 |
| 40 | 北京汽车集团财务有限公司 | 北汽财务公司 |
| 41 | 中外运长航财务有限公司 | 中外运财务公司 |
| 42 | 首都机场集团财务有限公司 | 首都机场财务公司 |
| 43 | 中煤财务有限责任公司 | 中煤财务公司 |
| 44 | 中冶集团财务有限公司 | 中冶财务公司 |
| 45 | 中节能财务有限公司 | 中节能财务公司 |
| 46 | 五矿集团财务有限责任公司 | 五矿财务公司 |
| 47 | 中化工程集团财务有限公司 | 中化工程财务公司 |
| 48 | 北大方正集团财务有限公司 | 北大方正财务公司 |
| 49 | 中国化工财务有限公司 | 中国化工财务公司 |

续表

| 序号 | 机构名称 | 机构简称 |
| --- | --- | --- |
| 50 | 保利财务有限公司 | 保利财务公司 |
| 51 | 中国铁路财务有限责任公司 | 中国铁路财务公司 |
| 52 | 北京控股集团财务有限公司 | 北京控股财务公司 |
| 53 | 通用技术集团财务有限责任公司 | 通用财务公司 |
| 54 | 联通集团财务有限公司 | 联通财务公司 |
| 55 | 中国航空集团财务有限责任公司 | 国航财务公司 |
| 56 | 亿利集团财务有限公司 | 亿利财务公司 |
| 57 | 供销集团财务有限公司 | 供销财务公司 |
| 58 | 国药集团财务有限公司 | 国药财务公司 |
| 59 | 中国核工业建设集团财务有限公司 | 中核建财务公司 |
| 60 | 华联财务有限责任公司 | 华联财务公司 |
| 61 | 中国黄金集团财务有限公司 | 中国黄金财务公司 |
| 62 | 中国航油集团财务有限公司 | 中航油财务公司 |
| 63 | 北京首都旅游集团财务有限公司 | 首旅财务公司 |
| 64 | 中材集团财务有限公司 | 中材财务公司 |
| 65 | 北京金融街集团财务有限公司 | 金融街财务公司 |
| 66 | 清华控股集团财务有限公司 | 清华控股财务公司 |
| 67 | 北京粮食集团财务有限公司 | 京粮财务公司 |
| 68 | 大唐电信集团财务有限公司 | 大唐电信财务公司 |
| 69 | 新华联控股集团财务有限责任公司 | 新华联财务公司 |
| 70 | 物美商业财务有限责任公司 | 物美财务公司 |
| 71 | 上海汽车集团财务有限责任公司 | 上汽财务公司 |
| 72 | 中船财务有限责任公司 | 中船财务公司 |
| 73 | 上海电气集团财务有限责任公司 | 上海电气财务公司 |
| 74 | 中海集团财务有限责任公司 | 中海财务公司 |
| 75 | 宝钢集团财务有限责任公司 | 宝钢财务公司 |
| 76 | 申能集团财务有限公司 | 申能财务公司 |
| 77 | 上海浦东发展集团财务有限责任公司 | 浦发财务公司 |
| 78 | 光明食品集团财务有限公司 | 光明财务公司 |

续表

| 序号 | 机构名称 | 机构简称 |
|---|---|---|
| 79 | 上海华谊集团财务有限责任公司 | 华谊财务公司 |
| 80 | 百联集团财务有限责任公司 | 百联财务公司 |
| 81 | 东航集团财务有限责任公司 | 东航财务公司 |
| 82 | 锦江国际集团财务有限责任公司 | 锦江财务公司 |
| 83 | 上海上实集团财务有限公司 | 上实财务公司 |
| 84 | 上海复星高科技集团财务有限公司 | 复星财务公司 |
| 85 | 上海外高桥集团财务有限公司 | 外高桥财务公司 |
| 86 | 上海文化广播影视集团财务有限公司 | 上海文广影视财务公司 |
| 87 | 中国重汽财务有限公司 | 重汽财务公司 |
| 88 | 山东能源集团财务有限公司 | 山东能源财务公司 |
| 89 | 山东重工集团财务有限公司 | 山东重工财务公司 |
| 90 | 兖矿集团财务有限公司 | 兖矿财务公司 |
| 91 | 山东钢铁集团财务有限公司 | 山东钢铁财务公司 |
| 92 | 山东黄金集团财务有限公司 | 山东黄金财务公司 |
| 93 | 山东晨鸣集团财务有限公司 | 山东晨鸣财务公司 |
| 94 | 南山集团财务有限公司 | 南山财务公司 |
| 95 | 山东省商业集团财务有限公司 | 山东商业财务公司 |
| 96 | 西王集团财务有限公司 | 西王财务公司 |
| 97 | 日照港集团财务有限公司 | 日照港财务公司 |
| 98 | 新凤祥财务有限公司 | 新凤祥财务公司 |
| 99 | 山东招金集团财务有限公司 | 招金财务公司 |
| 100 | 江苏省国信集团财务有限公司 | 国信财务公司 |
| 101 | 江苏交通控股集团财务有限公司 | 江苏交通财务公司 |
| 102 | 徐工集团财务有限公司 | 徐工财务公司 |
| 103 | 沙钢财务有限公司 | 沙钢财务公司 |
| 104 | 江苏悦达集团财务有限公司 | 悦达财务公司 |
| 105 | 国联财务有限责任公司 | 国联财务公司 |
| 106 | 红豆集团财务有限公司 | 红豆财务公司 |
| 107 | 江苏华西集团财务有限公司 | 华西财务公司 |

续表

| 序号 | 机构名称 | 机构简称 |
|---|---|---|
| 108 | 江苏凤凰出版传媒集团财务有限公司 | 凤凰出版传媒财务公司 |
| 109 | 苏州创元集团财务有限公司 | 苏州创元财务公司 |
| 110 | 江苏国泰财务有限公司 | 江苏国泰财务公司 |
| 111 | 三房巷财务有限公司 | 三房巷财务公司 |
| 112 | 亨通财务有限公司 | 亨通财务公司 |
| 113 | 南方电网财务有限公司 | 南方电网财务公司 |
| 114 | 珠海格力集团财务有限责任公司 | 格力财务公司 |
| 115 | 广东粤电财务有限公司 | 粤电财务公司 |
| 116 | 珠海华发集团财务有限公司 | 华发财务公司 |
| 117 | 美的集团财务有限公司 | 美的财务公司 |
| 118 | 广东省交通集团财务有限公司 | 广东交通财务公司 |
| 119 | TCL 集团财务有限公司 | TCL 财务公司 |
| 120 | 广州发展集团财务有限公司 | 广发财务公司 |
| 121 | 中国南航集团财务有限公司 | 南航财务公司 |
| 122 | 粤海集团财务有限公司 | 粤海财务公司 |
| 123 | 广东省广晟财务有限公司 | 广晟财务公司 |
| 124 | 中广核财务有限责任公司 | 中广核财务公司 |
| 125 | 顺丰控股集团财务有限公司 | 顺丰财务公司 |
| 126 | 创维集团财务有限公司 | 创维财务公司 |
| 127 | 中兴通讯集团财务有限公司 | 中兴财务公司 |
| 128 | 深圳华强集团财务有限公司 | 华强财务公司 |
| 129 | 深圳能源财务有限公司 | 深圳能源财务公司 |
| 130 | 中集集团财务有限公司 | 中集财务公司 |
| 131 | 港中旅财务有限公司 | 港中旅财务公司 |
| 132 | 中开财务有限公司 | 中开财务公司 |
| 133 | 深圳市有色金属财务有限公司 | 深圳有色财务公司 |
| 134 | 东风汽车财务有限公司 | 东风财务公司 |
| 135 | 武汉钢铁集团财务有限责任公司 | 武钢财务公司 |
| 136 | 中国能源建设集团财务有限公司 | 中国能建财务公司 |

续表

| 序号 | 机构名称 | 机构简称 |
| --- | --- | --- |
| 137 | 湖北交投集团财务有限公司 | 湖北交投财务公司 |
| 138 | 湖北能源财务有限公司 | 湖北能源财务公司 |
| 139 | 湖北宜化集团财务有限责任公司 | 湖北宜化财务公司 |
| 140 | 大冶有色金属集团财务有限责任公司 | 大冶有色财务公司 |
| 141 | 浙江省能源集团财务有限责任公司 | 浙能财务公司 |
| 142 | 浙江省交通投资集团财务有限责任公司 | 浙江交投财务公司 |
| 143 | 物产中大集团财务有限公司 | 物产中大财务公司 |
| 144 | 万向财务有限公司 | 万向财务公司 |
| 145 | 海亮集团财务有限责任公司 | 海亮财务公司 |
| 146 | 巨化集团财务有限责任公司 | 巨化财务公司 |
| 147 | 天津物产集团财务有限公司 | 天津物产财务公司 |
| 148 | 天津港财务有限公司 | 天津港财务公司 |
| 149 | 天津天保财务有限公司 | 天津天保财务公司 |
| 150 | 天津渤海集团财务有限责任公司 | 天津渤海财务公司 |
| 151 | 渤海钢铁集团财务有限公司 | 渤海钢铁财务公司 |
| 152 | 天津医药集团财务公司 | 天津医药财务公司 |
| 153 | 山西焦煤集团财务有限责任公司 | 焦煤财务公司 |
| 154 | 潞安集团财务有限公司 | 潞安财务公司 |
| 155 | 晋煤集团财务有限公司 | 晋煤财务公司 |
| 156 | 大同煤矿集团财务有限责任公司 | 同煤财务公司 |
| 157 | 阳泉煤业集团财务有限责任公司 | 阳煤财务公司 |
| 158 | 太钢集团财务有限公司 | 太钢财务公司 |
| 159 | 河南能源化工集团财务有限公司 | 河南能源化工财务公司 |
| 160 | 中国平煤神马集团财务有限责任公司 | 平煤神马财务公司 |
| 161 | 中国一拖集团财务有限责任公司 | 一拖财务公司 |
| 162 | 郑州宇通集团财务有限公司 | 宇通财务公司 |
| 163 | 河南双汇集团财务有限公司 | 双汇财务公司 |
| 164 | 天瑞集团财务有限责任公司 | 天瑞财务公司 |
| 165 | 河钢集团财务有限公司 | 河钢财务公司 |

续表

| 序号 | 机构名称 | 机构简称 |
| --- | --- | --- |
| 166 | 冀中能源集团财务有限责任公司 | 冀中能源财务公司 |
| 167 | 新奥财务有限责任公司 | 新奥财务公司 |
| 168 | 开滦集团财务有限责任公司 | 开滦财务公司 |
| 169 | 河北建投集团财务有限公司 | 河北建投财务公司 |
| 170 | 河北港口集团财务有限公司 | 河北港口财务公司 |
| 171 | 淮南矿业集团财务有限公司 | 淮南矿业财务公司 |
| 172 | 马钢集团财务有限公司 | 马钢财务公司 |
| 173 | 铜陵有色金属集团财务有限公司 | 铜陵有色财务公司 |
| 174 | 淮北矿业集团财务有限公司 | 淮北矿业财务公司 |
| 175 | 安徽省皖北煤电集团财务有限公司 | 皖北煤电财务公司 |
| 176 | 安徽省能源集团财务有限公司 | 安徽能源财务公司 |
| 177 | 海尔集团财务有限责任公司 | 海尔财务公司 |
| 178 | 海信集团财务有限公司 | 海信财务公司 |
| 179 | 青岛港财务有限责任公司 | 青岛港财务公司 |
| 180 | 青岛啤酒财务有限责任公司 | 青啤财务公司 |
| 181 | 青建集团财务有限责任公司 | 青建财务公司 |
| 182 | 内蒙古电力集团财务有限责任公司 | 内蒙古电力财务公司 |
| 183 | 鄂尔多斯财务有限公司 | 鄂尔多斯财务公司 |
| 184 | 伊利财务有限公司 | 伊利财务公司 |
| 185 | 包钢集团财务有限责任公司 | 包钢财务公司 |
| 186 | 内蒙古伊泰财务有限公司 | 伊泰财务公司 |
| 187 | 重庆力帆财务有限公司 | 重庆力帆财务公司 |
| 188 | 重庆化医控股集团财务有限公司 | 重庆化医财务公司 |
| 189 | 重庆市能源投资集团财务有限公司 | 重庆能源财务公司 |
| 190 | 重庆机电控股集团财务有限公司 | 重庆机电财务公司 |
| 191 | 云南云天化集团财务有限公司 | 云天化财务公司 |
| 192 | 云南冶金集团财务有限公司 | 云南冶金财务公司 |
| 193 | 云南建工集团财务有限公司 | 云南建工财务公司 |
| 194 | 云南昆钢集团财务有限公司 | 昆钢财务公司 |

续表

| 序号 | 机构名称 | 机构简称 |
| --- | --- | --- |
| 195 | 东方电气集团财务有限公司 | 东方电气财务公司 |
| 196 | 四川长虹集团财务有限公司 | 长虹财务公司 |
| 197 | 四川省宜宾五粮液集团财务有限公司 | 五粮液财务公司 |
| 198 | 新希望财务有限公司 | 新希望财务公司 |
| 199 | 湖南华菱钢铁集团财务有限公司 | 华菱财务公司 |
| 200 | 中联重科集团财务有限公司 | 中联重科财务公司 |
| 201 | 湖南出版投资控股集团财务有限公司 | 湖南出版财务公司 |
| 202 | 湖南高速集团财务有限公司 | 湖南高速财务公司 |
| 203 | 陕西煤业化工集团财务有限公司 | 陕西煤化财务公司 |
| 204 | 西电集团财务有限责任公司 | 西电财务公司 |
| 205 | 陕西延长石油财务有限公司 | 延长石油财务公司 |
| 206 | 鞍钢集团财务有限责任公司 | 鞍钢财务公司 |
| 207 | 营口港务集团财务有限公司 | 营口港财务公司 |
| 208 | 本钢集团财务有限公司 | 本钢财务公司 |
| 209 | 贵州茅台集团财务有限公司 | 茅台财务公司 |
| 210 | 振华集团财务有限责任公司 | 振华财务公司 |
| 211 | 贵州盘江集团财务有限公司 | 盘江财务公司 |
| 212 | 酒钢集团财务有限公司 | 酒钢财务公司 |
| 213 | 甘肃电投集团财务有限公司 | 甘肃电投财务公司 |
| 214 | 金川集团财务有限公司 | 金川财务公司 |
| 215 | 紫金矿业集团财务有限公司 | 紫金矿业财务公司 |
| 216 | 福建省能源集团财务有限公司 | 福建能源财务公司 |
| 217 | 福建七匹狼集团财务有限公司 | 七匹狼财务公司 |
| 218 | 厦门翔业集团财务有限公司 | 厦门翔业财务公司 |
| 219 | 厦门海翼集团财务有限公司 | 厦门海翼财务公司 |
| 220 | 江西铜业集团财务有限公司 | 江铜财务公司 |
| 221 | 江铃汽车集团财务有限公司 | 江铃财务公司 |
| 222 | 一汽财务有限公司 | 一汽财务公司 |
| 223 | 吉林森林工业集团财务有限责任公司 | 吉林森工财务公司 |

续表

| 序号 | 机构名称 | 机构简称 |
| --- | --- | --- |
| 224 | 哈尔滨电气集团财务有限责任公司 | 哈尔滨电气财务公司 |
| 225 | 东方集团财务有限责任公司 | 东方财务公司 |
| 226 | 海马财务有限公司 | 海马财务公司 |
| 227 | 海南农垦集团财务有限公司 | 海南农垦财务公司 |
| 228 | 忠旺集团财务有限公司 | 忠旺财务公司 |
| 229 | 大连港集团财务有限公司 | 大连港财务公司 |
| 230 | 宁波舟山港集团财务有限公司 | 宁波港财务公司 |
| 231 | 西部矿业集团财务有限公司 | 西部矿业财务公司 |
| 232 | 宝塔石化集团财务有限公司 | 宝塔石化财务公司 |
| 233 | 广西交通投资集团财务有限责任公司 | 广西交投财务公司 |
| 234 | 西门子财务服务有限责任公司 | 西门子财务公司 |
| 235 | 松下电器（中国）财务有限公司 | 松下财务公司 |
| 236 | 日立（中国）财务有限公司 | 日立财务公司 |

# 附录2
# 中国财务公司协会2016年大事记

## 1月

2016 年 1 月 13 日，中国财务公司协会（以下简称“中国财协”）在北京组织举办了财务公司行业统计分析系统培训，来自全国 76 家财务公司的共 104 位从业人员参加了此次培训。

2016 年 1 月 18 ~ 19 日，由香港特区政府和香港贸发局联合主办的以“亚洲：塑造增长新典范”为主题的第九届亚洲金融论坛在香港会议展览中心隆重举行。中国香港特首梁振英、美联储前主席伯南克、中国银监会前主席刘明康等政府界人士、跨国金融机构和企业高级管理人员等担任主题演讲嘉宾。共有来自 27 家财务公司的 54 人应邀出席了本次金融论坛。

## 2月

2016 年 2 月 25 ~ 26 日，中国财协组织召开了“2016 年度宏观经济形势及企业运营环境分析会”。会议由中国财协专职常务副会长王岩玲主持，中国财协党委书记张电中、秘书长李矛斗、银监会非银部和北京银监局相关领导、中国社会科学院和中国人民大学的相关专家、37 家财务公司的主要负责人等出席了会议。按照行业及产业相关度共分为“石化、煤炭、电力”“钢铁、有色、机械、建筑”“电子电器、民生消费品制造、农林牧渔”和“汽车、交通运输、投资控股”四个专场。与会人员就 2016 年宏观经济形势、财务公司背靠的企业集团及其所处行业发展现状与趋势等进行了深入的分析研判，为财务公司下一步有效防控风险、提升金融服务水平提供参考和借鉴。

**3月**

2016年3月2日，中国财协2016年会员大会在北京召开，全国215家财务公司会员代表共220多人参加了会议。会议审议通过了中国财务公司协会第九届理事会、监事会2015年工作报告和《企业集团财务公司行业评级办法（试行）》（以下简称"《办法》"）。

2016年3月9日，应天津银监局邀请，中国财协专职常务副会长王岩玲参加了天津地区财务公司工作座谈会。天津市国资委、银监局、金融办相关负责人，天津辖内6家企业集团的董事长、总经理以及5家财务公司的负责人参加了会议。天津银监局局长向世文参加会议，天津市政府副市长阎庆民亲临会议并做重要讲话。此次会议是天津地区首次高级别的财务公司工作座谈会，充分体现了天津市政府对财务公司的关注和支持，以及对财务公司功能作用的肯定。会上，王岩玲代表中国财协就行业现状和财务公司的发展状况进行了发言。

2016年3月14日，中国财协专职常务副会长王岩玲会见了英国企业司库协会（以下简称"ACT"）开发总监詹姆斯·洛克耶（James Lockyer）一行。王岩玲表示，学习、借鉴国外司库管理经验和先进模式，有利于推动中国企业集团财务公司的持续健康发展，同时，中国的财务公司也希望更多地分享自身发展过程中的相关经验。詹姆斯·洛克耶简要介绍了ACT的基本情况和分层级人才培养计划，并邀请王岩玲参加当年的ACT年会，希望可以在年会上与中国财协进行深入交流，推动双方持续合作，共同促进行业发展。

2016年3月24～25日，中国财协在北京举办"财务公司非现场监管报表填报培训班"。共有186家财务公司的310名负责报表填报的人员参加。中国财协秘书长李矛斗主持开班仪式并讲话，中国银监会审慎规制局统计制度处、非银部财务公司监管处、北京银监局统计处的相关人员分别就2016年非现场监管报表解读、财务公司特色报表填报要求及填报说明、非现场监管统计报表复核要点进行了权威的解读和讲解，并对参训人员提出的问题进行了解答。

**4月**

2016年4月20～21日，中国财协会长、中国电力财务公司董事长盖永光，中国电力财务公司副总经理侯文捷，中国财协副秘书长张若甜等一行六人赴深圳调研。盖永光一行先后走访了深圳市长亮科技股份有限公司、中广核财务公司、深圳能源财务公司，就信息系统建设、财务公司管理办法执行情况、“营改增”的影响等进行了深入调研与交流。

2016年4月22日，中国财协组织召开“营改增”对财务公司的税负影响研讨会，来自不同行业和地区的17家财务公司参与会议。参会人员就“营改增”后各公司税负变化情况做了详细说明，就税负变化的原因、影响及对策等进行了深入交流。会议邀请了中国人民大学商学院税法专家张玉周教授参与讨论。

## 5月

2016年5月17日，应西门子金融服务集团邀请，中国财协专职常务副会长王岩玲带队参加了在德国慕尼黑西门子金融服务集团总部举办的司库研讨会。上海电气财务公司总经理秦怿、副总经理冯淳林也应邀参加了此次会议。会议主要介绍了西门子金融服务集团在司库战略与架构、资本市场、资金管理、信息技术、银行关系管理、金融风险管理等方面的相关经验，为中国财务公司行业的发展提供了重要借鉴。

2016年5月18～21日，应英国企业司库协会（以下简称“ACT”）邀请，中国财协专职常务副会长王岩玲带队参加了在英国利物浦举办的2016年ACT年会。应主办方邀请，中国电力财务公司董事长盖永光、上海电气财务公司总经理秦怿、中油财务公司副总经理王增业、中石化财务公司副总经理高中元等也应邀参加了本次年会。参会代表积极参与了“关注中国”圆桌论坛，分享了自身的发展经验，其间也与王子食品、三菱欧洲、英美烟草等跨国公司展开了经验交流，与ACT CEO科林·泰勒（Colin Tyler）展开了合作洽谈，取得了卓越成效。

2016年5月29日，中国财协首次开通微信公众号。

2016年5月29日，中国财协第九届四次常务理事会于在湖南长沙召开。会议听取了《关于中国财协新会员入会情况的报告》，共有本钢财务公司、悦达财务公司、昆钢财务公司、物产中大财务公司、粤海财务公司、中联重科财务公司、宝塔石化财务公司7家公司成为中国财协新会员。

2016年5月30～31日，中国企业集团财务公司2016年年会在长沙举行。湖南省政府副省长、秘书长向力力到会致辞，中国银行党委副书记、行长陈四清，国务院国资委党委委员、总会计师沈莹，中国人民银行支付结算司司长谢众，中国银监会党委委员、主席助理杨家才，中国银监会非银部副主任毛宛苑发表讲话。相关政府部门、同业协会、企业集团、财务公司、新闻媒体等方面的代表出席会议。中国财协会长盖永光主持发布了财务公司行业第一本发展报告《中国企业集团财务公司行业发展报告（2016）》。中国财协专职常务副会长王岩玲发布了中国企业集团财务公司2015年度行业评级结果。

此外，中国财协还分别就“财务公司金融服务国际化”“创新驱动发展”“业务发展与风险管理”组织专题对话，就财务公司发挥司库功能组织召开主题交流。

## 6月

2015年6月11日，中国财协组织召开“三严三实”专题教育党课暨党委中心组扩大会议。中国财协全体职工参与会议，深刻学习理解“三严三实”的重要意义。

## 7月

2016年7月6～7日，中国财协在北京举办“财务公司‘营改增’专题培训班”。共有106家财务公司的121名相关人员参加。中国财协副秘书长李清军主持开班仪式并讲话；北京市国家税务局马海涛、德勤会计师事务所税务专家俞娜分别就“营改增”政策解读、“营改增”对财务公司影响及应对进行了权威授课；太钢集团财务公司财会部负责人郝玉坤从业务实践入手，针对“营改增”政策要点、行业影响、业务应对衔接、发票管理等进行了专题授课。授课结束后，参训人员在交流座谈环节与授课老师和同业人员进行了充分的交流、互动。

2016年7月4～11日，中国财协在北京举办第一期“国际财资管理师（CTP）认证课程培训班”，正式启动了中国财协“中国国际化司库人才培训项目”。来自46家财务公司的72名学员参加了首期培训，中国财协党委书记、常务副会长张电中在开班仪式上讲话，并全程参与培训。中国人民大学商学院赵宇斌老师、通用电气亚太区资金主管钟晓路老师、南开大学金融学院刘程副教授、中国税务研究中心执行主任吕伟教授分别对四个模块二十个章节进行了授课。培训课程结束后，中国财协纪委书记曹春彦向结业考试合格学员颁发了结业证书。

8月

2016年8月1～4日，中国财协专职常务副会长王岩玲一行赴江苏银监局及江苏国信、江苏交控、江苏华西、三房巷、沙钢、国泰6家江苏企业集团财务公司进行调研。江苏银监局副局长章莳安、非银处处长沈浩兵介绍了《办法》和行业评级实施以来江苏省财务公司机构的发展和经营业绩情况，充分肯定了《办法》和行业评级的积极作用，对行业评级指标体系提出了完善意见和建议。王岩玲表示，中国财协将综合各方意见，认真研究修改，使行业评级做到更加公正、公平，并将汇总《办法》调研情况向监管部门汇报，在汇总后进行集中研究并修改完善。

2016年8月30日至9月2日，中国财协在内蒙古呼和浩特市举办2016年第一期“财务公司高级管理人员研修班”。共有华东片区、华南片区77家财务公司的88名高级管理人员参加了培训。中国财协纪委书记曹春彦主持培训，党委书记张电中做了培训总结。中国财政科学研究院研究员、博士生导师杨照南从供给侧分析了当前经济下行的成因与对策；对外经济贸易大学中文学院白延庆教授以“现代管理者的卓越思维与卓越艺术表达”为主题，帮助管理者提升领导力；中国人民大学商学院赵宇斌教授系统地介绍了国际财资管理体系框架。此外，研修班还邀请TCL财务公司总经理黎健、大唐财务公司副总经理彭志刚分享了各自公司在资金运营管理及企业集团资金归集与管控方面的实践经验。

2016年8月30日至9月2日，中国财协党委书记、常务副会长张电中，专职常务副会长王岩玲和纪委书记曹春彦一行赴内蒙古银监局及内蒙古电力财务公司、伊利财务公司、鄂尔多斯财务公司进行了调研。调研小组分别听取了各财务公司负责人对本集团和财务公司生产经营情况、集团对财务公司的定位考核的介绍和对行业评级体系的意见建议，并就财务公司加强自律管理、强化合规经营和评级意识进行了充分交流。王岩玲对调研财务公司的经营发展情况进行了充分肯定，对各公司就评级体系提出的意见建议表示感谢，并表示后续会进行系统研究并修改完善。

9月

2016年9月5～13日，中国财协在北京举办第二期“国际财资管理师（CTP）认证课程培训班”。来自40家财务公司和中国财协的70名学员参加了培训，中国财协专职常务副会长王岩玲、纪委书记曹春彦全程参加了培训。曹春彦做了开班和结业讲话，并为学员颁发了结业证书。中国人民大学商学院赵宇斌老师、南京大学商学院吕伟副教授分别对财资管理基础、现金与营运资本管理、投融资管理、财资运营管控与信息技术4个模块20个章节进行了授课，使参训学员在系统学习CTP课程体系的同时从全新视角理解了财资管理。

2016年9月8日，中国财协在北京组织召开了“北京地区财务公司境外资金运营管理交流会”。北京地区的70余家财务公司约135人参加了本次交流会。会议上，国家外管局相关领导宣讲了财务公司从事境外资金集中运营管理的外汇政策；中国银行相关专家介绍了企业集团跨国资金集中运营策略；中油财务公司、西门子财务公司介绍了其在集团境外资金管理模式中的角色定位、功能发挥及在境外资金管理方面的先进经验。参会代表就财务公司如何加强集团境外资金集中管理，提升集团全球化资金运营效率进行了深入交流。

2016年9月19日，中国财协专职常务副会长王岩玲、秘书长李矛斗、副秘书长李清军一行赴浙江银监局调研，同时参加“杭州地区财务公司对《办法》和行业评级的成效及完善建议座谈会”，浙能财务公司、万向财务公司、浙江交投财务公司、物产中大财务公司的高管和浙江银监局非银处副处长谢绯参加了座谈。浙江银监局副局长周松方、非银处处长胡晓辉、副处长谢绯介绍了浙江省财务公司经营情况、行业评级及监管评级的总体情况，在肯定行业评级的同时，对行业评级指标体系提出了完善建议。座谈会就《办法》落实过程中面临的问题、评级体系中部分指标的合理性和修改意见等进行了深入交流。王岩玲表示，中国财协将汇总《办法》的调研情况并如实向监管部门汇报，对行业评级办法进行认真研究并修改完善。

2016年9月21日，中国财协在山西省太原市组织召开“北方地区财务公司业务交流会”。山西银监局副局长吴增平莅临会议并致辞，中国财协专职常务副会长王岩玲出席会议并讲话。交流会以“供给侧结构性改革下的财务公司”为主题，邀请同煤财务公司、包钢财务公司就供给侧结构性改革背景下财务公司如何支持企业集团转型发展，拓宽财务公司发展空间，以及在此过程中如何防范、应对各类风险做主题发言。北方地区37家财务公司代表参加了本次交流会，并就所属集团经营情况、财务公司发展概况及经营管理方面的特色做法与先进经验、发展中遇到的瓶颈与诉求等问题进行了交流。

2016年9月21～23日，中国财协专职常务副会长王岩玲与华东、华南区15位理事赴山西省太原市的财务公司进行调研。9月21日，各位理事参加了北方地区财务公司业务交流会，了解了北方地区37家财务公司的整体经营情况并与参会财务公司代表进行了交流。9月22～23日，各位理事赴太钢财务公司、焦煤财务公司走访调研，听取了两家财务公司关于企业经营情况和财务公司发展情况的介绍，了解了两家财务公司经营管理方面的特色做法、当前面临的困难和问题以及政策诉求等，并就财务公司如何服务集团转型，拓展发展空间提出了建议。

2016年9月26日，中国财协以通讯方式召开了第九届五次常务理事会议。

## 10月

2016年10月12日，中国财协在广州市组织召开“华南地区财务公司业务交流会”。会议由中国财协副会长张蓓蕾主持，邀请武钢财务公司和格力财务公司就财务公司开展产业链金融服务试点情况进行介绍。华南地区49家财务公司代表参加了本次会议，并就财务公司发展过程中面临的共性问题进行了充分的讨论。中国财协专职常务副会长王岩玲出席会议并做总结讲话。她表示，对于好的经营管理经验和特色业务，中国财协将在行业内进行宣传和推广；针对大家反映的问题，中国财协将进一步加强呼吁，推动问题的解决，同时也希望财务公司苦练内功，夯实基础，为下一步业务开展做好准备。

2016年10月13～14日，中国财协专职常务副会长王岩玲、副会长刘蓉以及北京和北方地区的15位理事一行赴创维财务公司和中兴财务公司调研。创维集团总裁杨东文、中兴通讯股份公司执行副总裁韦在胜、创维财务公司总经理吴晓光、中兴财务公司总经理张帆等相关负责人出席了调研座谈会。座谈中，各位理事还就财务公司如何更好地服务集团，支持主业和业务创新与两家财务公司进行了深入的交流。此外，为深入了解广东地区财务公司情况，各位理事还参加了华南地区财务公司业务交流会。

2016 年 10 月 19 日，中国财协在北京组织召开“财务公司电票业务研讨会”，来自全国 180 家财务公司的 240 余人参加了此次会议。中国财协专职常务副会长王岩玲出席会议并讲话。中国人民银行支付结算司支付工具管理处副处长翁泉介绍了电票业务及推广开展电票线上清算的最新政策，并就财务公司提出的政策疑问给予专业解答。参会人员热情高涨、踊跃发言，分享了各自公司开展电票业务的经验。此次会议的召开将有力促进财务公司行业电票业务的发展，加快电票线上清算的顺利推进。

2016 年 10 月 24 日，中国财协专职常务副会长王岩玲、秘书长李茅斗一行赴徐工财务公司调研，并与徐工集团公司财务部部长赵成彦、徐工财务公司总经理刘丽军等进行了座谈。就徐工财务公司提出的财务公司金融债、人民银行再贷款、财务公司保险代理业务等业内关心的问题，王岩玲表示，中国财协会积极与监管部门沟通协商，通过多种渠道反映诉求，推动问题的解决，力争为财务公司行业谋求更好、更宽松的发展环境。

2016 年 10 月 25 ~ 28 日中国财协在北京举办“财务公司信贷基础业务培训班”，来自 117 家财务公司的 287 人参加了培训。讲义编写组主要成员、国投财务公司高级客户经理刘永军博士进行授课。课程结束后，刘永军与学员进行了互动交流，并对学员提出的问题进行了详细解答。

2016 年 10 月 26 日，中国财协在安徽省合肥市组织召开“华东地区财务公司业务交流会”。会议由中国财协副会长李占国主持，安徽银监局非银处副处长严正出席了交流会。海尔财务公司和上汽财务公司重点介绍了财务公司在开展电票业务及参与线上清算试点过程中积累的经验。华南地区 64 家财务公司代表参加了本次会议，围绕财务公司电票业务开展情况、业务需求、面临的困难以及财务公司加入人民银行支付清算系统的连接方式、系统搭建等操作性问题进行了充分的讨论。中国财协专职常务副会长王岩玲出席会议并做总结讲话。王岩玲表示，中国财协会进一步研讨会员单位提出的较为集中的诉求，以会员需求为出发点，为会员单位搭建平台，促进行业健康发展。

2016年10月27日，中国财协专职常务副会长王岩玲、秘书长李矛斗一行赴安徽能源财务公司调研，并与安徽能源集团公司总会计师邵德慧、总经理彭松等进行了座谈。王岩玲高度赞扬了安徽省能源集团对财务公司发展的支持，充分肯定了安徽能源财务公司对未来发展的规划，并表示中国财协将通过多种渠道反映诉求，力争为财务公司行业谋求更好、更宽松的发展环境。

## 11月

2016年11月1～4日，中国财协在北京举办“财务公司风险管理基础业务培训班”，来自127家财务公司的240人参加了培训。培训以《企业集团财务公司全面风险管理讲义》为教材。讲义编写组组长、国投财务公司风险管理部经理代中平，编写组副组长、中核财务公司风险管理部经理王佳，编写组主要成员、航天科技财务公司风险管理与法律部王慧分别从全面风险管理体系的信用风险、市场风险、流动性风险、操作风险四方面进行了授课。

2016年11月4日，中国财协第九届六次常务理事会在北京召开。会长盖永光主持了会议，常务理事张电中、王岩玲、刘蓉、刘永、李占国、张蓓蕾、沈根伟、陈景东出席了会议，监事长陈宇列席了会议。会议审议通过了《关于修订〈中国财务公司协会章程〉的议案》等3项议案。

2016年11月7日，中国财协第九届监事会监事在监事长陈宇带领下，赴上汽财务公司、外高桥财务公司走访调研。中国财协专职常务副会长王岩玲参加了本次调研。监事会调研了两家公司的经营情况、在健全法人治理机构、加强内部控制体系建设、依法合规经营等方面开展自律工作的情况，重点了解了上汽财务公司在人力资源管理方面的先进经验，参观了外高桥财务公司自贸区文化展示中心，并听取了两家财务公司对中国财协工作的意见和建议。

2016年11月16～18日，中国财协在江苏苏州举办“第二期财务公司高级管理人员研修班”。共有北京片区、北方片区及未参加第一期培训的华东、华南片区115家财务公司的119名高管参加了培训。中国财协专职常务副会长王岩玲主持培训并做了开班讲话，党委书记张电中在研修班结束前做总结讲话。中油财务公司副总经理王增业就“司库管理理论与实践”进行了主题分享；TCL财务公司总经理黎健、大唐财务公司副总经理彭志刚分别就各自公司在资金运营管理及企业集团资金归集与管控方面的实践经验进行了交流；中国财政科学研究院研究员、博士生导师杨照南从供给侧结构性改革角度分析当前经济下行的成因与对策；对外经济贸易大学中文学院白延庆教授分享了现代管理者的卓越思维与口语表达。

2016年11月28日，中国财协在北京召开“财务公司行业信息化建设交流会”。来自181家财务公司的323名代表参加了会议。会议邀请兵工财务公司、上汽财务公司重点讲解了财务公司电票线上清算系统建设情况；中化财务公司、中石化财务公司和中国电力财务公司分别介绍了财务公司利率市场化、“营改增”系统建设和信息化运维管理及安全管理工作开展情况，并回答了大家提出的问题。

2016年11月29日，中国财协在银监会召开首次新闻发布会，发布《中国企业集团财务公司行业社会责任报告（2015）》。中国财协专职常务副会长王岩玲，监事长陈宇出席本次发布会并答记者问。

2016年11月30日，中国财协第九届监事会监事在监事长陈宇带领下，赴大唐财务公司走访调研。监事会在大唐集团公司党组成员、总会计师大唐财务公司董事长刘传东的陪同下参观了大唐集团资金调控中心，就资金归集、账户监控、支付预警等问题与现场人员进行交流；听取了大唐财务公司整体经营情况和在资金集中管理方面的经验介绍；并围绕财务公司功能定位、协助企业集团加强资金管控、积极参与集团债务重组、满足成员单位融资需求、流动性管理、同业授信合作等话题进行了深入的交流。

## 12月

2016年12月13～14日，中国财协在北京举办“财务公司结算基础业务培训班”。共有来自109家财务公司的180人参加了培训。讲义编写组主要成员大唐财务公司结算业务部经理助理舒晓玲、海航财务公司结算业务部总经理助理郭河、中核财务公司综合管理部副经理胡孟分别从资金集中管理、结算业务概述、结算业务风险管理与业务规范四方面进行了授课。课程结束后授课老师与学员就学习内容、业务操作方面的问题进行了交流。

2016年12月22～23日，中国财协在成都组织召开“2017年经济形势展望暨资产配置交流会”。近200名代表参加了本次会议。中国财

12月

协专职常务副会长王岩玲出席会议并致辞。清华大学国际关系学院教授、国务院参事何茂春发表了题为“国际国内新形势、‘十三五’规划与‘一带一路’战略构想”的演讲；科技部科技金融处处长沈文京发表了题为“为创新融资——促进科技金融创新的实践探索”的演讲；清华大学经济管理学院教授周立发表了题为“产业链金融与产融结合的创新特点简论”的演讲；兴证证券资产管理有限公司专家介绍了2017年中国宏观经济发展及债券市场、A股及港股市场未来发展趋势；中船财务公司副总经理陈小东和上汽财务公司固收及权益投资经理朱春富分别介绍了所属公司在资产配置方面的具体做法。

2016年12月27日，中国财协在北京举办了“财务公司行业统计分析系统培训”。来自全国203家财务公司的225人参加了此次培训。

# 后 记

在经济缓中趋稳，稳中向好，供给侧结构性改革取得阶段性成果的 2016 年，企业集团财务公司（以下简称“财务公司”）强化“服务集团”的基本定位，紧跟集团改革发展和战略转型的需要，不断深化和改进金融服务，为“三去一降一补”政策的落地、供给侧结构性改革的顺利推进、产业结构性深入调整提供了有力的支持。中国财务公司协会（以下简称“中国财协”）联合中国社会科学院财经战略研究院（以下简称“社科院财经战略研究院”），组织行业内财务公司组成编写组，编著《中国企业集团财务公司行业发展报告（2017）》（以下简称“《报告》”）。这是第二次编著。在《报告》撰写过程中，编写组总结了首次编著的经验，广泛听取领导和专家的意见建议，先后四次召开研究讨论会和专家座谈会，反复讨论体系框架，深入了解行业发展情况，不断充实报告内容，对篇章结构做出了较大调整和优化。《报告》在忠实记录 2016 年财务公司行业发展情况的基础上，深入分析了数据背后的原因，运用大量案例生动展现了全行业发展的特点，分析研判了 2017 年行业发展的趋势。

《报告》的撰写得到了监管部门和中国财协领导的关心和支持。中国财协专职常务副会长王岩玲和社科院财经战略研究院院长何德旭共同主持《报告》的起草工作；中国财协副秘书长李清军和张若甜作为课题牵头人全程参与编写工作；各会员单位积极反馈调查问卷和案例，为报告的成稿提供了翔实的数据资料和丰富的案例；社会科学文献出版社对《报告》的出版给予了大力帮助。在此一并表示衷心感谢！

《报告》由中国财协、社科院财经战略研究院、中国电力财务有限公司、中油财务有限责任公司、中海石油财务有限责任公司、中核财务有限责任公司、航天科技财务有限责任公司、国投财务有限公司、江苏省国信集团财务有限公司等机构共同撰写。

《报告》评审组专家成员包括中国信托业协会首席经济学家蔡概还、中国银行业协会研究部主任李健、中油财务有限责任公司副总经理王增业、中海石油财务有限责任公司副总经理李鹏、中国大唐集团财务有限公司副总经理杨娅。

各篇章的写作分工如下：第一、二、三章分别由中国社会科学院王朝阳、郑联盛撰写，第四章由中国财协康漪提供，第五章由中国财协张若甜、尚丽丽撰写，第六章由国信财务公司李昂、黄寿昌撰写，第七章由中国电力财务公司沈张勇、航天科技财务公司王晓莉撰写，第八章由中国电力财务公司陈春晔撰写，第九章由航天科技财务公司王晓莉撰写，第十章由国投财务公司韩娟撰写，第十一章由中核财务公司张剑撰写，第十二、十三、十四章由中海油财务公司汪恒撰写，第十五、十六章由中油财务公司姚淑瑜、王文忠撰写，第十七章由中国社会科学院王朝阳、郑联盛撰写，第十八章由中国财协陈达、陶亮撰写。

中国社会科学院郑联盛、王朝阳，社会科学文献出版社史晓琳等负责报告的统稿工作。中国财协张若甜、陈达、陶亮承担了部分内容的修改完善工作，中国财协尚丽丽、刘姜琛、孙现梅在报告撰写过程中做了大量的数据收集整理和组织协调工作，中国财协钟舒婷承担了报告目录及各篇摘要的英文翻译工作。

《报告》较上年度报告进行了完善和改进，但由于自身水平所限，缺点和错误在所难免。我们真诚地欢迎各位领导、专家和社会各界读者朋友不吝赐教、批评指正。

编写组

2017 年 4 月

**图书在版编目(CIP)数据**

中国企业集团财务公司行业发展报告. 2017 / 中国财务公司协会, 中国社会科学院财经战略研究院编著. -- 北京：社会科学文献出版社, 2017.5

ISBN 978-7-5201-0778-5

Ⅰ. ①中… Ⅱ. ①中… ②中… Ⅲ. ①企业集团－金融公司－经济发展－研究报告－中国－2017 Ⅳ. ①F279.244

中国版本图书馆CIP数据核字（2017）第085807号

**中国企业集团财务公司行业发展报告（2017）**

编　　著 / 中国财务公司协会
中国社会科学院财经战略研究院

出 版 人 / 谢寿光
项目统筹 / 高　雁
责任编辑 / 高　雁　史晓琳

出　　版 / 社会科学文献出版社·经济与管理分社（010）59367226
地址：北京市北三环中路甲29号院华龙大厦　邮编：100029
网址：www.ssap.com.cn

发　　行 / 市场营销中心（010）59367081　59367018

印　　装 / 三河市东方印刷有限公司

规　　格 / 开　本：787mm×1092mm　1/16
印　张：16.25　字　数：317千字

版　　次 / 2017年5月第1版　2017年5月第1次印刷

书　　号 / ISBN 978-7-5201-0778-5

定　　价 / 148.00元